名社世
人会主
传义界
记

The
Autobiography of
Lukács

卢卡奇自传

[匈] 卢卡奇 著
杜章智等 编译

中央编译出版社
Central Compilation & Translation Press

图书在版编目（CIP）数据

卢卡奇自传/（匈）卢卡奇著；杜章智等编译 . -- 北京：
中央编译出版社，2023.5
ISBN 978-7-5117-4262-9

Ⅰ.①卢… Ⅱ.①卢… ②杜… Ⅲ.①卢卡齐（Lukacs,
Gyorgg 1885-1971）- 自传 Ⅳ.① K835.151

中国版本图书馆 CIP 数据核字（2022）第 165592 号

卢卡奇自传

统筹策划	张远航
责任编辑	汪　婷
责任印制	刘　慧
出版发行	中央编译出版社
地　　址	北京市海淀区北四环西路 69 号（100080）
电　　话	（010）55627391（总编室）　　（010）55625176（编辑室）
	（010）55627320（发行部）　　（010）55627377（新技术部）
经　　销	全国新华书店
印　　刷	北京文昌阁彩色印刷有限责任公司
开　　本	880 毫米 × 1230 毫米　1/32
字　　数	264 千字
印　　张	15.25
版　　次	2023 年 5 月第 1 版
印　　次	2023 年 5 月第 1 次印刷
定　　价	128.00 元

新浪微博：@ 中央编译出版社　微信：中央编译出版社（ID：cctphome）
淘宝店铺：中央编译出版社直销店（http://shop108367160.taobao.com）
　　　　　（010）55627331

本社常年法律顾问：北京市吴栾赵阎律师事务所律师　闫军　梁勤
凡有印装质量问题，本社负责调换。电话：（010）55626985

前　言

匈牙利著名马克思主义哲学家、美学家、文学理论家卢卡奇·捷尔吉（1885—1971），无疑是国际共产主义运动史上最有争议的人物之一。他一生坎坷，几起几落；他的著作长期以来一直引起人们的争论。他为总结革命经验而写的《历史与阶级意识》一书，在1923年一出版就在共产国际内部受到批评，被扣上"修正主义"的帽子，以后一直成为禁书。卢卡奇也多次为这部著作进行自我批评。可是在西方，它却受到不少左派知识分子的极力推崇，甚至奉为圣典，成为"西方马克思主义"中某些流派的思想源泉。1928年，他作为匈牙利共产党领导人为筹备召开匈共二大而起草的《勃鲁姆提纲》，试图用符合实际形势的"民主专政"口号取代原来的"无产阶级专政"口号，当即被共产国际和党内反对派斥为"取消主义"。在可能被开除党籍的威胁下，卢卡奇被迫再次作自我批评，

并退出匈牙利的政治运动。可是，卢卡奇在这个文件中的
主张不久之后就成了匈牙利政治的现实。1949年，卢卡奇
又因为他的《文学和民主》一书受到批判，主要被指控没
有跟上无产阶级专政的政治形势，仍然宣扬"人民民主"
和"人民民主的文学"，其结果必然是"向右转"，反对
"社会主义力"和"社会主义的现实主义"。卢卡奇在战后
抱着满腔热情回到匈牙利，本来是想通过自己的工作团结
广大知识分子为祖国的社会主义建设多做贡献，这时又只
好违心地作自我批评，并退出政治生活。1956年苏共二十
大以后，卢卡奇又积极回到自己国家的政治生活中来，他
公开揭发批判当时匈共领导照搬苏联模式而在社会主义建
设中造成的错误，要求进行彻底的改革，并在纳吉政府中
担任了文化部部长的职务。在这次不幸事件之后，一直到
1967年他被许可重新回到党的队伍中来为止，卢卡奇在
国内以及在苏联等国一再被作为修正主义分子受到批判。
但是与此同时，不管压力多么沉重，环境多么艰难，卢卡
奇继续坚持关心自己国家社会主义的命运，继续关心马克
思主义理论的建设。他一面坚持写作他的大型理论著作
《审美特性》和《关于社会存在的本体论》，一面继续撰写
时文或接受采访，就社会主义建设和马克思主义理论中的

问题发表他的看法。他一再强调，社会主义的成败取决于社会过程的民主化和马克思主义的复兴，而要使马克思主义复兴，就必须走革新的道路。卢卡奇的这些观点自然也曾成为对他的不同评价的根源。

卢卡奇无疑也是 20 世纪最著名、最有影响力的思想家之一。他的思想发展中有过几个急剧的转变，每一次转变都取得了高水平的思想成果，产生了深刻的影响。他在成为马克思主义者以前曾是晚期资产阶级意识形态的鼻祖。他那个时期的代表作《心灵和形式》在资产阶级文坛上名噪一时。其中所收的一篇关于克尔凯郭尔的文章《形式遇生活而破灭》被认为是存在主义哲学发展的开始，因为它不仅按其表达力，而且按其内容的深度都使一切后来的存在主义流派的哲学大为逊色。另一篇文章《悲剧的形而上学》则以完整的形式表达了生命哲学。卢卡奇在所谓"马克思主义学徒期"所写的《历史与阶级意识》一书，在对马克思著作研究的基础上，提出了自己的异化理论。这本书对海德格尔、曼海姆，法兰克福学派的批判理论家阿多尔诺、霍克海默、本杰明等，以及后来的新左派理论家都产生了极深的影响。要是没有《历史与阶级意识》，当代的资产阶级（特别是左翼）的思潮会是什么样子，实

在是很难想象的。他进入马克思主义的成熟期后，在20世纪30年代写的《青年黑格尔》为国际上的黑格尔研究开创了一代新风。他所写的大量文学评论以及由他首倡的关于在马克思恩格斯著作中存在着马克思主义文艺理论体系的思想，更是为他赢得了世界的声誉。他在晚年写的《审美特性》一书中试图把马克思主义理论系统地应用于美学，在《关于社会存在的本体论》一书中则试图系统地阐述马克思主义的哲学理论，并且对他在走向马克思主义的道路上的全部复杂的理论发展作出总结。这些著作已在国际学术界引起广泛的反响。卢卡奇的名字和著作在20世纪的头几十年就已远远越出匈牙利国境和中欧知识分子的狭小圈子，现在在国际上关于文学、美学、哲学，尤其是关于马克思主义的讨论中，卢卡奇的强烈影响无处不在。

卢卡奇一生的经历可以说是一部小小的欧洲思想史。他以这样那样的方式和他的时代的几乎每一位杰出的思想家联系在一起。他是德国著名生命哲学家西美尔亲授的学生，他也深受著名社会学家马克斯·韦伯的影响。他和恩斯特·布洛赫有过共同的起点，后来成为终生的朋友。法兰克福学派在20世纪20年代末诞生时有他在场，他们讨论过他的《历史与阶级意识》，有好几位批判理论家以后一直和他保持着个人关系。他在 30 年代就表现主义问题与布莱希特等人的论战（他和布莱希特后来的关系一直很友好，布莱希特逝世后，他在墓前发表了演说），他在 1945 年以后与萨特和存在主义的论战，都引起了极为广泛的反响。他在晚年非常关心左派运动的发展，热切地期待着马克思主义通过革新得到复兴。他为后人留下了极为丰富的思想遗产，他的著作全集在联邦德国新维德的卢赫特汗特出版社共出了十七大卷。半个多世纪以来的欧洲思想史，如果把卢卡奇略去，肯定要出现一个明显的窟窿。

对卢卡奇的研究，在西方，从 20 世纪 20 年代中期围绕着他的《历史与阶级意识》一书进行的论战以来就没有中断过。研究的规模随着"西方马克思主义"的发展而不断扩大。属于"批判马克思主义"范畴的各种流派（如法兰克福学派、存在主义派、实践派等）的理论家们，以青年卢卡奇的理论概念作为他们构造自己理论的起点或基础，而属于"科学马克思主义"范畴的各种流派（如结构主义派、新实证主义派等）的理论家们，又不免要把卢卡奇的理论概念作为自己构造理论时的参照，并对它们表示自己的态度。50 年代中期以后，西方有许多刊物经常反映关于卢卡奇的理论观点的讨论。卢卡奇主要是用德文和

匈牙利文写作，他的一些重要理论著作早已译成了英、法等国文字。正像西方有"马克思学"一样，那里也出现了"卢卡奇学"。1983年，格林伍德出版社在美国和英国同时出版了弗朗索瓦·H.拉坡安特编辑的一本卢卡奇研究著作目录《卢卡奇和他的评论者》。根据这本书的资料，从20世纪20年代到1982年以前，专门研究卢卡奇的书籍：英文的出了24本，德文的53本，法文的16本，意大利文的40本，西班牙文的14本，其他语种的（包括苏联、东欧各国）11本；专门研究卢卡奇的论文：英文的624篇，德文的346篇，法文的170篇，意大利文的220篇，西班牙文的56篇，其他语种的162篇；有11家刊物出了卢卡奇专辑；通过了55篇以卢卡奇思想为研究对象的博士论文。不需要评论，单是这些数字就足以说明问题了。

在东方，过去由于一些原因，根本谈不上对卢卡奇的研究。只是从20世纪60年代后期，特别是卢卡奇于1971年逝世以后，情况才有所变化。首先是在卢卡奇的祖国匈牙利，从卢卡奇逝世前后起就开始对他进行重新评价，通过1975年纪念卢卡奇诞生九十周年、1981年纪念他逝世十周年和1985年纪念他诞生一百周年的活动，实际上已全面恢复了卢卡奇在匈牙利的政治和精神生活中以及在国际学术界所应享有的崇高地位。为了筹备 1985 年纪念卢卡奇诞生一百周年的活动，匈牙利社会主义工人党中央委员会文化政策工作小组根据政治局的决定，于 1983 年 8 月就发表了一个《提纲》，对卢卡奇的生平事业做了高度评价，对他的思想遗产进行了初步的全面分析，并且号召马克思主义者"对卢卡奇·捷尔吉的活动及其理论与实践遗产进行客观的马克思主义的分析和评价"，"捍卫他那活跃的、充满创造力的哲学遗产"。在 1985 年，匈牙利、民主德国和苏联都召开了纪念卢卡奇诞生一百周年的学术会议，在会上宣读了成百篇研究卢卡奇思想的学术论文。在莫斯科，主持会议的苏联科学院通讯院士斯米尔诺夫还郑重宣布，苏联现在已经出版了卢卡奇的《审美特性》第一卷，即将出版他的《青年黑格尔和资本主义社会的问题》，以后还将继续出版他的著作。可以预期，在苏联和东欧各国，随着卢卡奇著作的出版，对卢卡奇的研究今后必将得到进一步的开展。

我国学术界对卢卡奇的研究目前还比较薄弱。但有各种迹象表明，人们对卢卡奇思想的研究兴趣正在不断增长。考虑到卢卡奇的思想遗产对文学、美学和哲学等领域

的重要意义，以及我国学术思想与国际学术界日益广泛而深刻的联系，我们认为，这种对卢卡奇思想研究兴趣的增长绝不是偶然的现象，而是一种必然的趋势。对卢卡奇思想的研究在我国也必将逐步展开。为了给越来越多的卢卡奇思想研究者和理论工作者提供一些资料，我们编译了这本《卢卡奇自传》。

※　　　※　　　※

这本书包括两部分：第一部分是卢卡奇本人在 1971 年上半年，即在他逝世前不久所写的《经历过的思想（自传提纲）》和围绕着这个提纲所作的自传性谈话——《自传对话录》；第二部分是他在以前写的几篇重要的自传性文章。

第一部分的内容是卢卡奇在一种非常特殊的情况下完成的。1970 年 12 月，他从医生那里知道自己患了癌症，剩下的时间已经不多。他已不能进行符合他自己要求的高水平的理论工作了。1971 年 3 月，他的学生们建议他写自传。写自传的念头在卢卡奇的脑子里本来早就有了，因为他的妻子波尔什梯贝·盖尔特鲁德在 1963 年逝世前曾敦促他写这样一本书。但是，他由于要完成早

就计划好的理论著作，一直无暇顾及。现在要他写，他
又有点犹豫，因为单凭自己的记忆写不出可靠的东西来，
而现在要通过研究来加强他的记忆，要用档案、藏书和
报刊中的资料来弥补记忆的不足，他已感到力不从心。
最后，由于感到这个任务愈来愈迫切，他才开始写起来。
在短时间内，他用笔记形式完成了一个 57 页的德文打字
稿。他以这种方式解决这个问题，可能有两个原因。首
先，他在每写一部较大的作品之前都要先打一个提纲式
的草稿，这是他的习惯，所以他只是使用他的行之有效
的方法。其次，他也可能意识到，由于无法很好地利用
图书资料，无论如何他已不能写出一本全面而翔实可靠
的书来。写出一个提纲式的东西来，至少可以给读者提
供一个进行研究的基础。

　　卢卡奇交出的这份手稿带有明显的提纲性质，有些地
方的意思作者只用几个字表示，前后行文不怎么连贯，有
些地方很令人费解。卢卡奇写完这个提纲以后，显然已没
有精力去充实它。由于健康状况继续恶化，不要说到书刊
和记忆中去搜索材料，就是把现成材料记到纸上去他也感
到为难了。但是这时他的精神状态还好，于是，他的学生
维泽尔·伊丽莎白和沃尔西·伊什特万就征得他的同意，

以他写的《经历过的思想》为基础请他谈他的生平活动。他们把这份自传提纲的打字稿摆在面前，按照时间顺序，就某些需要解释或补充的说法向他提出问题。这种谈话从 1971 年 3 月进行到 5 月，统统用磁带记录下来，结果得到一份几百页长的匈牙利文记录，其中有许许多多的重复和无关紧要的细节。经过维泽尔和沃尔西二人的精心整理，就得出了读者在这里看到的《自传对话录》（顺便提一下，维泽尔和沃尔西把卢卡奇在 1966 年 11 月 26 日与他们的谈话也编进了这一对话录中）。

卢卡奇在这两篇东西里极其坦率地、直言不讳地谈到了他的生平活动以及与之有关的许多事情，对于我们了解卢卡奇和他的时代具有极其重要的意义。卢卡奇在健康状况极坏的情况下，仍然利用他生命中最后的有限时间给我们留下了这两篇极其珍贵的文献，也是他在生活和斗争中具有非凡毅力的绝好证明。

在匈牙利 1981 年纪念卢卡奇逝世十周年时，匈牙利政府的文化政策刊物《评论》在 1981 年第 2 期和第 3 期上用匈牙利文全文发表了《经历过的思想（自传提纲）》，而《自传对话录》中的许多段落则被选编到同时出版的《卢卡奇生平事迹图片文献集》中。同一年，沃西尔·伊什特万和卢卡奇的义子雅诺西·费伦茨把这两篇东西编在一起，由汉斯－亨宁·帕茨克译成德文，放在法兰克福的苏尔康普出版社出版，书名是《卢卡奇·捷尔吉，经历过的思想，对话体的自传》。1983 年，这本书由罗德尼·里文斯顿译成英文，在伦敦的维尔索出版社出版，书名改成《卢卡奇·捷尔吉，一生的记录，自传》。我们这里的译文是根据英译本，并参考德文本译出的。

考虑到《经历过的思想（自传提纲）》有些地方过于简略，令人费解，我们加了一些脚注。读者如果能把它和后面的《对话录》以及第二部分和附录中的材料联系起来读，或者读了后面的东西之后再回过头去读它，那就会发现它非但不难懂，而且非常恳切。

第二部分是卢卡奇在不同时期写的重要的自传性文章，在这里按照写作日期的先后顺序编排在一起。卢卡奇严格地把自己看作历史和他所生活的社会的产物。他认为一个哲学家应该坚持真理，但不是坚持他个人的真理。他在自己发展的各个时期都在理论上进行大胆的探索，只要当他发现自己的理论已不符合实际，已被他所超越，他就毫不惋惜地把它抛掉。他喜欢引用歌德的名言"不是死就是变"，相信人的一生就是一连串的变化。

正因为如此，我们在历史上至少可以看到三个截然不同的卢卡奇：唯心主义的思想家、以救世主自居的革命马克思主义者和晚年急切盼望马克思主义革新的系统理论家。在这些形象之间还有一些"过渡的"卢卡奇。卢卡奇严于解剖自己，每过一个时期就要对自己的思想发展进行一番严厉的批判分析。《我走向马克思的道路》（1933年）、《我向马克思的发展（1918—1930）》（1967年）等，都是这种批判分析的名篇。读这些文章，就好像读一个同样高强的同名的思想家对他的批判分析一样，是那样客观，那样严厉，那样精辟！通过这些文章，卢卡奇的那些各种各样的变形就变得完全可以理解，也就是说，我们就能把他的一生的各个时期联系起来，作为一个过程来理解，这样我们也就能更清楚地认识他了。

卢卡奇一生被迫作过不少"自我批评"，它们无疑将成为他传记的组成部分。然而，它们当中真正经受住了时间考验的、作者本人在后来还承认有正确成分的，只有他对《历史与阶级意识》一书所作的自我批评。这篇东西对了解卢卡奇的早期思想发展很有价值，加之目前学术界对《历史与阶级意识》一书的评价还存在着分歧，所以我们把它选在这里。

卢卡奇在晚年经常接见报刊记者，除就重大理论问题发表看法外，还对自己的生平活动时有涉及。《答南斯拉夫〈七日〉周刊记者问》和《答英国〈新左派评论〉记者问》可以说是卢卡奇一生中最后的两篇对报刊记者发表的谈话，其中谈到他一生中许多重要的事件，还有对他一生的总结性的评价，应该说是很珍贵的自传材料。为了区别于他自己写的东西，我们把它们作为附录放在后面。

由于卢卡奇自传材料中提到的人名很多，有好些是读者不大了解又不易查到的，我们还在书后面附了一个人名索引。为了节省篇幅，注意实效，这个索引并不求全，也不一视同仁。（1）对人所共知的，或应该知道的人名，如高尔基、歌德、黑格尔等，概不列入；（2）对在我国出的专业辞书中可以查到的、与卢卡奇关系不密切的人名说明从简；（3）对在我国出的专业辞书中查不到的、与卢卡奇关系密切的，特别是匈牙利人的名字则多说几句。本书中匈牙利人的名字出现得很多，匈牙利人的名字和我国的一样，是姓在前，名在后，按照名从主人的原则，我们也这样处理，只有少数长期定居国外的匈牙利人的名字才按英美的习惯处理。卢卡奇的姓名，在我国书刊中到目前为止有的译作"乔治·卢卡奇（契）"，这是按照英文翻译的；

有的译作"格奥尔格·卢卡奇"，这是按照德文翻译的。在本书中，按照名从主人的原则，处理为"卢卡奇·捷尔吉"。我们希望这个译法能通行起来。

本书的材料，《自传对话录》的第二、三、四章由李渚青译出，第一章由杜欣力译出，其余部分均由莫立知译出，我对全部译稿进行了校阅。由于我们的水平有限，一定会有不少错误，希望读者批评指正，以便再版时修改。

杜章智

1985 年 12 月于北京

目　录

第一部分

第二部分

附 录

第一部分

经历过的思想 [1]

（自传提纲）

一切自传都是主观的，不是从社会发展看人的发展，而是在一定发展的框框内，表明一个人如何成功或失败。

客观性在于正确的时间性。记忆倾向于把事情发生的日期提前。要用事实来检验。青年时代：贝奈德克 [2]；1914年西美尔给玛丽安娜·韦伯的信。[3] 但是，事实只是作为检验有用。要消除（a）资产阶级的 [？] 解释。例如齐塔，101页。[4]（b）党史。托洛茨基（对我来说也一样）。

---

① 《经历过的思想》一文的德文原文破碎不堪，中文旧译本已经最大限度译成了相对完整的句子，翻译质量很高。——中文新版校者注。本次新版，校对工作由李靖新弘、廖陈昊、张海龙三人通力合作完成。

② 指贝奈德克·马塞尔的自传《读我的日记》，布达佩斯1965年版。——中译者注（本书脚注除特别标明，均为中文译者所加）

③ 格奥尔格·西美尔1914年8月14日致玛丽安娜·韦伯的信是卢卡奇反战情绪的最早证据，参看本书第93—94页。

④ 维克托·齐塔《卢卡奇的马克思主义》海牙1964年版第101页，在"吓破了胆的瑜伽论者当人民委员"的标题下，对卢卡奇担任文化人民委员时的活动进行了嘲讽。

但是，也可能有真诚的无知：维克托·塞尔格，213 页；记忆力（后来写的）。与实际的矛盾（时间，也较后）。维·塞。（a）日期（213 页）不对（不是 1928—1929 年——我当时不在俄国）。但是，关于维也纳也是如此。（b）好几部未发表的巨著（212 页）。而且是"《历史与阶级意识》的作者"，这个唯一时期的一本书，1923 年发表（211 页）。（c）兰德列尔，213—214 页；克里姆林宫。维克托·塞尔格的一般倾向：把后面发生的事情提前——这种情况只要可能就要进行核对。①

　　在这种框框内，不仅写内心的，还写实践中所显现出来的发展，完全像主观上看到的那样。意图是以直接方式描述我的发展。客观方面是表明对什么和怎么样作出反应。任务是：你本来是什么，就是什么——把它正确地描写出来。在从这个角度描述我自己时，我的希望是同时把

---

　　① 维克托·塞尔格（1890—1947）是美国一个同情托洛茨基的共产党革命家。卢卡奇在这里指的是他的《一个革命者的回忆》（牛津 1963 年版）。塞尔格显然极其钦佩卢卡奇："我在他身上看到了超人的智慧，要是共产主义作为社会运动发展，而不是蜕化成一个支持极权的运动，他本来能给它作出伟大的精神贡献的。"然而，他的简单叙述中包含好些事实错误。他谈到据说是 1928—1929 年在莫斯科的一次偶然见面，说卢卡奇"不愿在公众场合与我握手，因为我已被开除出党，是个有名的机会主义者"。他还提到卢卡奇写了好几部永远不可能问世的杰出著作。——英译者注

客观现实描述出来——不奢求达到全面的历史性的描述。如果抓住了某些本质特征，就很不错了。

不是任何直接意义上的我的生活，只是想表明这种特殊的精神倾向、这种思维方式（这种行为形式）是怎样从（人类）生活中产生出来的。今天，在事后认识到，个性既不是起点，也不是最终产物。而是，个人的特性、爱好、倾向，在被赋予——按照情况——最大的发展机会后，如何变为社会上典型的东西，或者按我现在的〔思维方式〕变得与类一致，或者是设法达到类存在。

不是诗人。只是哲学家。抽象概念。记忆也用在那上头。危险：对自发的东西作过早的概括。但是，诗人能够回忆具体的感情，首先是它们表露的情景。这已经意味着，在时间历程中的正确地方。尤其是童年时代。然而，那里有一个重要的和持久的倾向——迁就。

自传：这里有具体的意图，即纠正对社会生活的一定态度。现实性，操纵：特定的个人是中心问题。机构造就这种个人（高卢香烟——直到人为刺激的地步①）。反对这点的斗争，迄今为止以客观化的形式：既在美学方面，又在一般哲学方面。

---

① 指有些广告把吸高卢香烟同男子的性魅力联系起来。——英译者注

在这里生活：过了 80 岁——对现实的主观兴趣保持着——在一个往往与青少年时代失去接触的时候。长时期以来，甚至今天还过着无可否认是辛勤的生活，是我试图为这种态度辩护的权利。这与保卫马克思主义的斗争联系着。个性和类存在问题。这里正是特殊性和实际实现的类存在之间的冲突点。（因此，这种对立从未上升到先验的领域〔对任何宗教事物的消极态度：在克服特殊性方面的纯粹世俗态度〕。）在这方面——其中包括对当时精神问题的实际立场——是对我作为作家至今所完成的一切所作的补充和评论。

自传作为对自己作家活动的补充和评论的主观性。在这方面，主观性不能被克服。（当然只是就表述而言。归根到底是历史。它的判决是不能驳回的，就是说，只有被历史本身的进一步发展过程所驳回的。）甚至这种表述方式也肯定要服从这种判决。

一、童年时代和学校

出自纯粹犹太家庭。正是由于此，犹太民族的意识形态对精神发展没有任何影响。父亲是驻布达佩斯的领事。[1]

———————————

[1] 参看本书第 59—60 页。

在其他方面，礼规对童年生活插曲般的影响：社交性质地参加熟人的婚礼、葬礼等，出席仪式。因为甚至对希伯来文的学习都不重视，对一个孩子来说，这一切都没有内容，纯粹是"礼规"。（去过犹太教堂，完全忘了那里说的或唱的东西能有任何意义。）就这样，宗教被纳入通常的社会生活：是否应该恭敬地欢迎一位（不认识的）客人，是否应该很客气地（仿佛很有兴趣地）回答他的（对孩子来说大部分是毫无意义的）问题和谈话：完全一样。这种来自这一系统正式的和无意义的反应义务已成为通常儿童生活的一部分，成为我童年时代早期的特征。

自发的反抗。没有任何直接的记忆。已经是在适应之后（大约5—6岁），母亲提到我的话（我以前是多么"糟糕"）："我决不向陌生客人问好，我没有邀请他们。"先是反驳，但是接着是有意识地服从，但认为这与我无关。如果我要从大人们那里得到安宁，就得服从，但觉得这整个事情毫无意义；或者像我当时说的，我根本不懂。只是可以肯定：不是那种激烈反抗的孩子，不自发、盲目地反抗一切秩序，反抗一切顺从。与保姆的故事[1]：到今天还记

---

① 参看本书第60—61页。

得，也是服从的，玩具井井有条，后来是书、练习本。看到了这一切的意义，没有任何反抗。甚至对"无意义的"事情再没有任何反抗；只是清楚地意识到：我必须服从，纵使事情本身没有任何意义（形式上的服从，虽然我已忘记我当时是怎样说的）。记得从巴黎到伦敦参观画廊。[①]我要求去动物园。在凡尔赛宫的战争油画。[②]所以，鲜明的对立：我真正感兴趣的和对我有好处的东西——对大人的蠢事即"礼规"的纯粹形式上的服从。与母亲进行的游击战：大约八岁时被关在黑房子里的插曲。父亲：没有悔过就放出来／礼规对礼规。[③]

整个说来，和母亲的关系很糟糕。她聪明，在我们的熟人圈子里当时可谓是有教养的人（后来的观察），但是对事物的真实状况，对真正的需要是什么没有任何兴趣。因此完全是老一套，而因为她能够应付自如地，有时甚至是满怀激情地执行我在这里所说的礼规，她在她那个圈子里很受尊重。我的父亲（作为一个白手起家的人）对她也

---

① 参看本书第 61 页。

② 在凡尔赛宫参观时，幼小的卢卡奇和其他游人讨论一幅战争油画，使他的双亲很吃惊。

③ 参看本书第 61—62 页。

非常尊重。作为一个孩子，我对父亲是相当敬仰的（对他的工作和才智），但是对他那么尊重母亲我非常气愤，有时为此（盲目）而鄙视他。只有当他开始——在有些场合也许并不总是没有我的帮助——对我母亲采取较批判的态度时，我才同他有较好的关系。（但是，这已经是很后面的事了。）

在童年时代，我的母亲支配着我们家的气氛和"意识形态"。这种情况的一个方面——几乎是核心——就是我的哥哥被看作一个非常有出息的孩子，而我则完全没有被看在眼里。这里又是分成现实和礼规很重要。这种评价从来没有影响我，因为一切事实都与它相左：学习读书。

学习读书①：把现实扩展到儿童室之外。但是在这里，从一开始，根据礼规观念的批评。首先是关于童年的作品。对《心》②的极大怀疑。这里我发现许多礼规（学校！），而且在历史故事中（例如，土耳其战争中的英雄）；像这样的英雄行为似乎全是礼规性的东西。土耳其

---

① 参看本书第 62—63 页。

② 指意大利作家亚米契斯 1886 年出版的短篇小说集《心》（中译本改名为《爱的教育》）。这本书在东欧至今仍受到孩子们的喜爱。参看本书第 62 页。——中译者结合英译本注

战争中的英雄们的英勇行为，令我想起现实生活中的"阿姨们"和"叔叔们"的精神优越感。但是正是在这里：扩大和深化了。九岁时：散文作品（赫克托尔和阿喀琉斯，最后一个莫希干人①）。两者都反对家里（包括父亲）的世界观：成功是衡量正确行动的尺度。特别是库珀：战败者是正确的，与那些只是礼规胜利者比较起来，是真正的胜利者。这种情况在一到一年半以后更强了：汤姆·索亚和哈克贝利·费恩。重要的扩展：真正现实的东西绝不是一般的模式，而是个体的：自己通往现实的道路。最高的形式——当时学了英语——是《莎士比亚故事集》：真正现实的、无法计量的、远远超出我的理解力的财富和对它的认可。读莎士比亚太早了，不能达到真正的理解；后来再次更好地读他——不是说我以前读得不对，而是在正确理解的道路上前进了。

很自然：这一切那时还在空中飘落（家里的现实——和莫希干人），根据自己正确行动的观点，接近于对现状的真正批判，是在以后。有时候阅读经典作家。并非没有印象（只是反对席勒），但是没有真正的关系。我最接近

---

① 参看本书第63页。

的是奥艾尔巴赫的关于斯宾诺莎的价值不太大的传记小说。这里的题材是决心反对陈规旧套去达到对现实的独立理解。反对宗教，加强了这种效果。

跑到前头去了：还没有到九岁时，我上学了。令人宽慰的地方是不用整天待在家里，而且可以和我之前的同龄孩子在一起。我认为，他们肯定比我哥哥和我的社交圈子里的孩子优秀。尽管在阅读中产生怀疑，但还是对穷人抱有希望。[①] 这点证明是对的。虽然在学校中（穷人令人失望）几乎连一个交得较深的朋友也没有。因为在这里也是有许多礼规，一部分是预料中的，但是，正像我正确地预感到的那样，与家乡比起来不那么严格，有较多的回旋余地。预见到了，事实兑现了。我毫不害怕，因为我发现学习很容易——在一切领域，甚至在那些我过去而且现在仍然毫无天分的地方（如数学）。这种情况延续到文理中学毕业。我总是班上的优秀生，完全不用努力。上学占去整个上午，但是第二天要上的课，连下午的一个小时都不需要就预习完成了。所以，我能够在下午安闲地读自己的书，骑自行车，滑冰等。学习一个小

---

① 参看本书第 64 页。

时光景以后，我就自由了。我在家里的自由增加了，特别是在接到头几个学习优良的成绩通知单之后。然而，家里的"意识形态"仍然没有被动摇。我母亲聘请了私人教师——是为我聘请的，因为按照她的看法，我哥哥已不需要任何帮助。过了几个星期，情况发生了变化，我哥哥每天在家族教师的帮助下拼命用功，一直到很晚，总觉得难免不留级。这时，他偷懒和我刻苦的传说就应运而生。事实是如此残酷，总是一再拆穿这个传说的虚伪性，使它失去作用。

　　然而就我而言，学校也是一种礼规，所以我自然而然地成了一名所谓的优秀生。这是因为，存在这样一个社会问题：刻苦用功的学生会被瞧不起。我设法慢慢地解决：在实际上同中等生和劣等生团结一致。这一战略在校园生活中逐步完善。最后，在老师眼中我得到了优秀生的好处（回答不对被认为是"偶然的"）而没有作为"刻苦用功的学生"与日常的集体疏远。不过，有点小小的牺牲。例如，后来我采取了帮助别人翻译的形式——这甚至对我自己的工作很有好处。

　　总之，在童年时代和准备从事创作的青年时代之间的文理中学时代，与其说有重大的和具体的进步，不如说

是单纯为了完成任务。我的道路，即从童年时的拒绝礼规
到对社会的逐渐具体的批判，是发展缓慢的，很少有意识
的，而且是充满长时期的间隙的。转折点在 15 岁左右才
发生。在父亲的藏书中偶然看到诺尔道的《退化》[①]。为了
发现波德莱尔、魏尔伦、史文朋、左拉、易卜生、托尔斯
泰是指明道路的人物，必须只在发生 180 度的转变之后。
批判：礼规＝陈规旧套，因此是现在要反对的社会习俗的
必要成分。由于这种经历，由于对社会环境本性的这种
领会（不管起初多么抽象），童年时代和谐世界的自卫能
够成为社会实践的入门，成为人在这个过程中自我发现
的指导原则。

　　这种彻底的转变过程（即使起初很抽象并且充满错误
倾向），是由这种阅读造成的。肯定并非偶然，这时，有
头几桩值得称作友谊的友谊。关于最重要的友谊（波培
尔·列奥）以后谈，因为它的意义比这种向我的创造活
动第一阶段的最初过渡更全面和更深刻。在这第一个过

――――――――――

　　① 《退化》是诺尔道的最著名的作品，发表于 1892 年。它认为当
代的文明、新发明和大城市的成长造成人类的退化，尤其是上流阶层的退
化，特别是表现为文学艺术和音乐水准的降低，以致趋向堕落（参看本书
第 67 页）。

渡阶段中，（a）有一个出身音乐家家庭的同学（哈默尔
什拉格·马塞尔），他当时经历着和我有点类似的过渡阶
段。面对着 R. 瓦格纳的问题。（b）更全面和更持久的是
贝奈德克·马塞尔。对于他父亲[1]，他作为作家我评价不
高，但他是坚守主观道德准则的榜样。由于这种友谊，我
们从"有意识的"对立向生产过渡。我们的联盟：年轻的
初学写作者的联盟。（我很欣赏他的写作〔诗歌的〕技巧，
同时感觉到在冲突意义上我略胜一筹。）（这种潜在意识几
乎没有起任何作用；根本谈不上"竞争"；界限是"事情"
本身。）开始是双重的：评论已经发表：不是没有成果。
布罗迪。[2]没有利用完：教条主义（梅烈日柯夫斯基[3]）。
更重要的——在中学毕业考试之后——塔利亚剧团[4]。第一
个"运动"，第一位"领袖"（彼特什）[5]。

---

[1]　指贝奈德克·埃列克，参看本书第 68 页。

[2]　参看本书第 69 页。

[3]　参看本书第 70 页。

[4]　塔利亚剧团是卢卡奇在 1904 年和巴诺奇、贝奈德克、赫维西一起
创立的，一直存在到 1908 年，参看本书第 71 页。

[5]　参看本书第 72 页。

二、文学道路的开端

塔利亚剧团使我超出了我的半孩子式的开端。这不是我们的功劳：导演赫维西和演员们的首创精神：真正的影响在于澄清戏剧问题，这是走向一种从未实现的转变的起点。这种转变只露出了轮廓。

对我来说——这点要一再重复！——是初次参加一个运动。然而始终存在着疑虑。但是，即使在作为作家的活动得到最大的发展以后，从来没有再出现过满足的感觉，只要这个框框仍然是资产阶级的。

我的文学道路的两次重要的具体化：(a)与贝奈德克，甚至在塔利亚之前，与巴诺奇（特点；后来的道路），背景（波培尔·列奥）。认识到我没有当作家的真正天赋。在中学毕业以后不久，烧毁了全部手稿。从此，有了一个自觉的标准。真正的文学从哪里开始？[1] (b)粉碎了关于戏剧的幻想。正是塔利亚剧团的实践表明：我没有导演的才能。在这里是调换位置的特殊形式——评论和理论。类似对(a)的澄清。通过这点，准备成为批评家、理论家、文学史家：更大的启发。知识稳步增长：德国。（激进派

---

[1] 参看本书第67—68页。

宣传的法国和英国的实证主义没有重大影响。）德国：对文学史失望，从我去柏林大学短期听课的时候就已开始。（从艾里希·施米特开始走下坡路：绿蒂的眼睛①——不值得知道的东西的科学②。）与此相反：狄尔泰、西美尔——一些偶尔写评论的作者。保尔·恩斯特。同时还有马克思。西美尔在表面上证实马克思是正确的，实质上歪曲了他。不管怎么样，对文学的理论分析从未完全离开社会基础。社会民主党的理论：消极的——在很大的程度上梅林也是如此。强烈的影响：莱辛，席勒同歌德的通信，《雅典神殿》③时期的浪漫主义。阅读：叔本华和尼采。被克尔凯郭尔挤到次要地位（我是通过卡斯内尔知道克尔凯郭尔的，卡斯内尔对我也有那方面的影响）。这样，对文学理论的初次尝试是建立在作为根本阐述的社会性之上的（马克思的影响很明显），但是具体的范畴在很大程度上是建立在保守的文学史和文学理论之上的。

---

① 艾里希·施米特是德国的文学史家，他写了长文论述维特的情人绿蒂的眼睛的真正颜色。

② 匈牙利的批评家和文学史家哈特瓦尼·拉约什1908年在莱比锡发表了一部著作，名称就是《不值得知道的东西的科学》。

③ 《雅典神殿》是德国浪漫主义运动的主要刊物，它在1798—1800年出版，主编是奥古斯特·威廉·施勒格尔。——英译者注

　　尽管如此，这种发展还是较早的发展的延续。尽管有掌握思想的一切新方法——仍然是延续，憎恨匈牙利封建主义的残余，在这些基础上发展的一切形式的资本主义。（1906 年奥第的《新诗集》。）对我的有力促进：能够真正称作"新"的东西的原则。这导致一种形式的革命：表达这点的手段。在德国文学中远没有这样明显。但是（a）我开始明白，德国古典主义的高峰与法国大革命和拿破仑有密切联系；（b）现在是在一切重要的人类问题上的一种可怜的妥协状况。由此产生对斯堪的纳维亚和俄国文学的激进主义的赞赏（托尔斯泰影响的开始）。在内心仍然忠于人类理想（皮尔·金特和彼得·马登斯加德①）。反对"外表的"实证主义（即使是激进的）和"内在的"革命（即使外表的形式是不革命的）。这些只是起初的倾向。没有参加匈牙利的文学运动，没有无条件地赞同奥第的革命：无疑是一条死胡同。塔利亚剧团中这两方面都有，和巴拉日·贝洛的友谊（从 1908 年起）。起初的动机也许是矛盾的、混乱的，但是都有一种内在的倾向，即寻找新的革命形式（后来是托尔斯泰和陀思妥耶夫斯基）。

---

　　① 易卜生的《罗士莫庄》一剧中的人物。——英译者注

卢卡奇 自传

在过渡时期著作很少——这样作为总结，在 1906—1907 年写了那本论戏剧的书[①]，1907 年 1 月完成。在试图进行总结时，马克思的倾向明显地占中心地位。社会学的理论：戏剧是衰落阶级的产物（过去，特别是文艺复兴时代，非常概略的抽象；希腊——城邦，但是没有透彻的特别研究，等等）。资产阶级性：童年时代和青年时代的问题的综合：在资本主义制度下不可能存在有意义的生活；为它而奋斗：悲剧和悲喜剧，后者在分析中起重要作用；结果，现代戏剧不仅仅是危机的产物，按其一切因素和联系，它也直接是艺术的产物：问题变得愈来愈广阔。

这本书参加基斯法卢狄学会的竞赛，1908 年 2 月获奖。

由于对主持竞赛的人极为鄙视，我不曾指望获奖，而是像叔本华那样要求把它作为未获奖的作品发表出来。在一片吹捧声中，我获得胜利。后来有一段短暂的绝望危机（波培尔·列奥救了我[②]）。这本书受到的是半心半意的赞扬（唯一的例外是菲列基的评论）。尽管如此，这次获奖对我的文学地位有很好的影响。首先是在家里，我父亲——他在那个时期的发展应该简略地描述一下——成了

---

① 《现代戏剧发展史》布达佩斯 1911 年版。

② 参看本书第 76 页。

我的文艺赞助人。他很聪明，感到需要文化（早年对生活的抱负），但完全是非理论的：他要我成为提苏党的议会代表。我嘲笑了他，但是没有羞辱他。他继续当我的赞助人——自然，成功是必要的——但是，有重要人物的赞许就足够了（马克斯·韦伯、托马斯·曼）。这种情况甚至超越了他的专制。

除此之外，我在家里是绝对的异类。首先是和母亲，几乎没有任何交往，和我哥哥则根本没有交往（死了）①。最后一次病中的信。② 只有父亲和边缘化的妹妹。

更重要的是，随着获奖，开始了散文写作时期。需要抓住现象的多面性（不能用抽象理论来掌握）。感觉到个别现象不同方面的同时性，希望找出把它们与大型的一般实体（总体）联系起来的非机械方式。为了理解这一点，接触浪漫主义：克尔凯郭尔，艾克哈特大师，东方哲学。多半是任意地选择碰巧适合的东西（克尔凯郭尔是例外）。尽管如此，但总的线索（直至马克思）没有被抛弃。幻想

---

① 他哥哥在第二次世界大战中死于强制劳役。他既不愿躲藏，也不愿自卫，声称他是无辜的。参看本书第78页。

② 卢卡奇在母亲病危时，只是在家里人敦促下才给写了一封信。参看本书第77页。

在这里找到一种新的综合（又是克尔凯郭尔）。

因此，在这个时期产生了《心灵与形式》。第一篇散文（诺瓦利斯）几乎与获奖（论戏剧的书）同时。我的散文时期绝不是接近当时流行的（自然在许多方面是实证主义的）印象主义，而是使对比尖锐突出，因为归根到底我要求客观性（更多得多地强调规律）。塞尚的重要性，与早期意大利绘画（乔托）类似。在这样一位已经师法马蒂斯的匈牙利画家的第一个画展上的演说[1]：直接反对印象主义（即现代主观主义）。因此，倾向于把伟大艺术绝对化（拒绝一切崇说"历史"的保守主义）。

克尔凯郭尔时期：不是没有里季娜·奥尔森[2]。塞德列尔·伊尔玛，《心灵与形式》就是题献给她的。正像克尔凯郭尔的先例那样——自发的、肯定不是有意的打算。严格的资产阶级习俗的框框。（破裂：被遗弃。扎拉伊的例子[3]。充其量：早早离婚的年轻妇女被容忍——如果在婚姻

---

[1]　指在看了克恩什托克·卡罗伊的画展之后写的文章《分道扬镳》，参看本书第79页。

[2]　里季娜·奥尔森是丹麦首相奥尔森的女儿，克尔凯郭尔的恋人，但是克尔凯郭尔和她订婚不久之后又解除了婚约。这里卢卡奇用她来比喻自己的恋人塞德列尔·伊尔玛。

[3]　扎拉伊·贝洛因不愿和同居的女友结婚，而被布达佩斯社会所排斥。

关系中没有生孩子的话。）所以，在这种情况下，只有结婚才是可能的性爱解决办法。我的情况与此相反，为了创作要绝对独立，因此要无声地拒绝。所以，"伟大的爱"是在流行的社会"体面"的最狭窄框框内进行的。我在那个时期对生活的态度是，培养一种"散文式的"生活方式；至于她，则对不彻底的解决办法感到正当的不满意。因此（1908年年底），她同一个画家同行结婚，这在后来证明很糟糕。破裂——这个散文时代的重要主题——表明在企图把任何机械体系分解为其个别组成部分与一种新教条主义的前景之间存在着统一。这只是潜在地包含在文章中。在她自杀以后（由于婚姻不幸福，她试图建立新的爱情生活——不是同我——而未能成功），散文时期就结束了（1911年）。对话体作品《论精神的贫困》，试图在道德上清算我对她自杀应负的罪责。背景：在采取道德立场的可能性方面做区分是在精神上复活等级制。这里死胡同很明显。

三、对哲学的展望

因此并非偶然，我的散文时期就结束了。这当中自然有恩斯特·布洛赫的最重要的作用。矛盾：作用是决定性

的——但又没有可以具体说明的影响。在布达佩斯偶然相遇。改正第一次谈话的误会。很好的关系。我的经历：一种古典风格的（不是今天大学哲学家的那种跟风式的）哲学被布洛赫的人格证明是可行的，从而也成了我的生活道路。然而在这同时，最后的内容和结构并没有任何影响我的力量。这在见面几年之后，为布洛赫本人所确认（《踪迹》246页）。这里已经是：拒绝在自然界人化现实中的任何类似人的完成（甚至这个问题）。这里已经表达出《历史与阶级意识》的纲领。当然，这还远非真正马克思的历史主义（"把自然界的限制往回撤"作为进步的原则）。在布洛赫的著作中，自然哲学已经是关注的焦点。

这点的自然结果是：尽管有很大的吸引力，但总是在两边都有一定的界限。而这以不同方式一直留下来了。然而我怀疑，要是没有布洛赫的影响，我是不是也会找到我通向哲学的道路。然而重要的是，这哲学肯定是在他的推动下产生的，虽然没有直接的或具体的影响。尊敬——特别是在哲学方面——保持很大距离。然而，对他的性格、人品，我毫无保留（布洛赫在斯大林时期和在今天）。正像在阿多尔诺那里是妥协的哲学，在布洛赫那里则是一种古老的、古典的哲学。第一个印象：正确。外部的表现：从散文转向美学。（1911—1912年冬天在佛罗伦萨的第一个草稿[①]。）值得注意的是，在我自己完全没有意识到的情况下，我的充满矛盾且时常伴随着挫折的缓慢发展立刻转向了本体论，绕过逻辑的和认识论的问题。套用康德的话："存在艺术作品——它们是何以可能的？"我看到不是判断的形式，而是本体论的萌芽。（当然在我看来，这种倾向已经是散文时期的基础——虽然是以原始的和歪曲的方式。）

带着这种计划同布洛赫一起去海德堡。至于在他的影响下，从对审美因素作本体论的论证变为对它作形而上学的批判（当时是路喀斐耳的原则），那是这个过渡时期的特点：只有回到马克思那里去，建立起在他的意义上的历史世界观，才有可能保存隐藏在这种极端错误做法中的正确倾向，本意很好的核心（审美因素在社会存在中的具体特殊性），只有在克服《历史与阶级意识》之后，我的观点才出现具体的转变，即马克思主义自己的美学（与普列汉诺夫和梅林相对立）。因此，才有可能纠正流行的关于

---

① 到1974年才第一次发表，书名是《海德堡艺术哲学（1912—1914）》（联邦德国卢赫特汗特出版社出版）。

马克思主义历史作用的观点。（我的马克思主义发展的较后阶段。）

但是，当时离这还很遥远。当时我的思想方式仍是纯粹意识形态的。当然，正是由于匈牙利国内发展的结果，坚持反对封建意识形态的残余（列宁：普鲁士道路）是出发点，而俄国文学（首先是托尔斯泰和陀思妥耶夫斯基）一向是指路牌。然而，在这个基础上，不可能达到有充分根据的统一的哲学立场。一方面（存在艺术作品），艺术的内在性、内在本质，艺术作品不应该用外在的无法正确把握的特征作为标准来评价。（a）与单纯的存在、单纯的主观感受性有明确界限——反对现代主观主义和自然主义；自然主义不是艺术现实主义的预备阶段、准备阶段，而是其对立面；（b）拒绝艺术的任何"形而上学化"，如叔本华。克尔凯郭尔：以一种逐渐形成的并且充满矛盾的伦理的名义拒绝把艺术作为生命原则。反对"生命艺术"（在散文中就已如此）。现在，以应该导致真正"拯救"（关于人的人化的第一个形而上学提法）的伦理革命的名义采取的这种世界设想的"路喀斐耳"性质。

这一切，连同一些部分正确的看法（艺术质量的同质媒介物——波培尔·列奥的思想的引申①），绝对的内在性，每一件艺术作品的固有完整性。将每件作品归入更高的门类（体裁理论），在方法论上是和科学中的抽象概念和种属不同的和无关的。种属按认识论是不变的，个体从属于它，而艺术中的现象（史诗、戏剧等）是一种普遍性，它的决定因素在每一次真正的实现中都被改变——而不一定失去它的一般正确性（莎士比亚和希腊哲人直至莱辛）。

这些思想肯定是富有成效的，因为它们探求新的与材料相符的普遍化形式，但是它们并没有彻底超出散文的思想世界。它们实际上被概括成了完全错误的原则（如路喀斐耳原则）。虽然有些思想能够同事实一致，但是它们不能在这个系统中得到充分发展（作为一种生命原则在生活中一无所成的美学）。因此，我在这里使自己陷进了理论的死胡同。没有任何直接的出口。所以，我至多可以成为海德堡的一个"有趣的"和古怪的编外讲师。

---

① 波培尔·列奥在 1910 年论证说，布柳格尔采用光线、颜色和画布，这就是构成他的画的一切，它们在他的画中像面团一样糅合在一起。卢卡奇把这个思想引申开来，认为一种艺术体裁只有创造了同质媒介物才能发展。在一种体裁内部，每一个重要的艺术家都实现这种不同质媒介物的一种独特形式。

四、走向命运的转折点

然而，这样产生的认识并没有继续下去。由于战争，社会提出了崭新的问题。正像很快就会看出的，甚至连这些也没有为我已经面临的不可解决的基本问题指出一条出路。但是，因为它们为实际生活提出了完全不同的问题，战争至少破坏了正常的生存结构，从而——即使我当时未能真正理解这种变化的意义——迫使理解问题的总潮流转往一个新的方向。就其本身来看，这同样是理论矛盾的死胡同。然而，这是这样一种性质，以致愈来愈尖锐的社会形势迫使我采取新的立场。（与战前匈牙利意识形态的关系。）那是因为战争。它揭露了那种在我身上势将凝固成一个体系的静止观点的错误和非人性。因为那种成为我们生活的中心动力并且在我最初的哲学努力中无意识地影响了我的反人性，在其中被赋予了这样一种支配一切、凌驾一切的形态，以至于不可能避免精神上的对抗：我从青少年时期起就憎恨的并且力求在精神上加以消灭的一切社会力量，现在联合在一起来实现这第一次全面的战争，普遍没有思想和敌视思想的战争。而且，这战争不仅仅是生命的一个决定因素，而是在其外延和内含的总体上全面地决定了它。像在以前的战争中那样，独立于这种新的现实一旁。再也不能生存。它是全面的：它进发全部生命，不管你是否欢迎它。

我从一开始就站在反对战争的一边：一种充满非人性的生活要强加给我们所有的人，以便保存那些以前就处于中心地位，但由于非人性而显得可鄙的生命力。我的祖国，哈布斯堡君主国，甚至在它正常的状态下在我看来也曾是一种注定要毁灭的对人性毫无意义的东西。而现在，所有的人却应该冒生命危险去参加一场普遍化的谋杀，以便借助德意志帝国的严格的、严格得无情的制度来继续保持这个成为人的过程中的障碍。我们应该每个人都成为凶手，罪犯、牺牲品等，以便以这种方式继续保存这个东西。

如果说我坚决拒绝这一切，那么这种激进主义同任何和平主义情绪都毫不相干。我从未把暴力、抽象的暴力看作本身敌视人类的祸害。没有马拉松战役，没有民族大迁移，没有1789年和1793年，那么在现代人类身上具有人性的好东西就永远不可能出现。应该消灭的，如果必要的话，应该用暴力来消灭的，不是一般的暴力，而是反动的暴力，威廉二世的暴力，阻碍人成为真正的人的暴力。同时我们必须看到，西方的资本主义民主形式不能成为这里

所需要的对抗力。对：饶勒斯反对威廉二世——这听起来几乎是合情合理的——但是饶勒斯的杀害者怎样呢？德雷福斯案件、对它的隐瞒等，是用比霍亨索伦或哈布斯堡王朝所掌握的更现代化的手段实现的。但是，它们就其本身而论，不是同样卑鄙和反人性的吗？

所以，我谴责战争，不是出于和平主义的或西方民主的意图，而是受费希特的这一思想的驱使，即这是"绝对罪孽的时代"。在这一点上，我更忠实于我直到那时所保持的信念，而不是当时流传甚广的生活和行动方式之间的矛盾。战争是现在出现的现存制度的主要消极特征。我憎恨的内容：我年轻时对封建匈牙利采取的立场的继续（奥第的影响）。我的观点现在不同的仅是，托尔斯泰和陀思妥耶夫斯基的"革命"揭示了一种乌托邦的前景，从而建立了一种道德标准。所以，诉诸费希特并不导致这种结论。但是，对那种乌托邦的前景没有任何影响：对现象本身的描述是精神科学的。左翼伦理学同右翼认识论结合在一起，这就是我在这个时期所达到的马克思主义的特征。

《小说理论》是这种折中的历史哲学的表现。

生活：停留在外边。比《小说理论》的抗议更多的任何东西当时对我来说是不可能的。同情饶勒斯和李卜克内西，但没有丝毫可能走他们的道路。海德堡：雅斯贝斯的帮助（在很大程度上是违背他自己的看法的）①不是完全成功的〔？〕。不去前线：在布达佩斯当邮件检查员，一年之后解除②——回到海德堡。

由于战争的结果，在私人生活中：同样的混乱。E.格拉本科，1913年夏天（巴拉日的朋友。热恋＋友谊。两者都是良好的——随时可以终止的——关系的基础）。③

文学家的自由生活：一个适当的基础。海德堡的形势：结婚是必要的。战争。E.格拉本科：俄国人，她的唯一保障是匈牙利国籍。物质基础：一年。可以预见到的（E.甚至把它看作以这种形式出现的现实可能性）：她同音乐家的风流韵事。三人一起姘居：婚姻的忠诚受到考验。表面保持婚姻关系，内心却离弃了。真正的解决：等到战后才友好地离婚。④

尽管在战时有这种共同生存的各种友好方式和手段，

① 德国哲学家卡尔·雅斯贝斯当时是医生，曾帮助卢卡奇免服兵役，但他本人并不反对战争。参看本书第97页。

② 卢卡奇的父亲为一个重要政治家在他的银行中谋到一个董事职位，这个政治家就设法使卢卡奇完全解除了兵役。参看本书第96页。

③ 叶莲娜·格拉本科是卢卡奇的第一任妻子，他们在1914年的婚姻关系实际上很快就结束了。

④ 上面这一段是用匈牙利文写的。

我们曾力图用一种既是真正人性的又是现代的方式建立我们生活的那种现代主义的建构却解体了。当莲娜在和音乐家分手后在专政时期来看望我时，我们之间仍存在着充满理解的友谊，然而这并没有触及我们自己任何一个重要的生存问题。尊敬和同情，而并不休戚相关，并不同属于我们生活的核心。对她的敏锐、明晰的理解力，一眼就抓住一个人的本质的能力，我总是非常钦佩。（库恩·贝拉——伏脱冷[①]，等等。）但是生活的核心，放在别处。

反对战争：我的兴趣中心从美学转到伦理学（布达佩斯的讲演，1917年春天）。布达佩斯团体（海德堡自布洛赫以后几乎完全孤立了。在这些问题上甚至同马克斯·韦伯也没有任何共同点）。布达佩斯团体在意识形态方面也是非常混杂的：最一般的基础：老的对立（奥第，对战争的态度：我们的观点非常接近）。道德占支配地位：巴拉日·贝洛和战争：为了伦理的动机（与牺牲者团结一致）：他要自己上前线。（在背后——以一种否决的方式；和哈布

[①] 叶莲娜·格拉本科把库恩·贝拉比作伏脱冷。这是一个在巴尔扎克的许多小说（《高老头》《幻灭》等）中出现的人物，他是犯罪能手，后来成了负责警察和国民健康的大臣，被一个伪造者杀死。

斯堡君主国的和解。）但是，这种意见分歧还不是什么障碍。私人社团。后来成为人文科学自由学校。[①]（与《二十世纪》[②]一致。由于很久以后曼海姆，甚至更后来豪塞在流亡中所起的作用，它的意义被夸大了。）

在家里：1917—1918年是决定性的一年；与俄国革命的关系。我自己的道路：充满矛盾且带有反复的迷恋；1918年加入共产党。

生活：1918年的讲演（伦理学：盖尔特鲁德[③]），我们认识得比较早（莲娜关于我们见面的叙述）。1917—1918年，产生一种新的依恋关系。虽然难以理解，但是我感觉到，终于——我生平第一次有了爱情：生活的完美、坚实的基础（我的思想的试金石）——不是对立。直接的话题是次要的。真正的内容总是：我所思考和感觉的东西是不是真的，就是说，它是不是表现我的真正个性（主观的，真正的，客观上：与类一致）。这种试金石，在开始时只是表现为本能的手势和对一些话语的强调，渐渐变成了一

[①] 关于布达佩斯团体，参看本书第103—105页。
[②] 《二十世纪》是一家激进的自由派社会科学杂志，从1900年出到1919年。关于《二十世纪》团体，参看本书第105—107页。
[③] 波尔什梯贝·盖尔特鲁德是卢卡奇的第二任妻子，他们从1920年起共同生活，一直到她逝世。她的第一任丈夫是数学家雅诺西·伊姆雷。

种新的生活方式：对真伪总是进行双重的检验。

我不知道，是不是没有这种双重的检验，我的思维的内在变化（1917—1919年）会成为可能。不仅因为我生平第一次必须采取一种世界观的决定并且改变我的整个生活方式，而且因为现在遇到的是完全不同性质的世界观选择。首先，伦理学（生活指南）不再是一种禁令，痛斥并远离他自己的伦理观念，而是一种实践的动态平衡；（个别的）罪孽有时可能是正确行动的不可避免的组成部分，有时，一种伦理的限制（被认为普遍有效的）可能成为正确行动的障碍。不是简单的对立：普遍的（伦理）原则——具体行动的实际要求。这无疑是一般的背景，但绝不是严格照章办事的。在后来的堕落（直至官僚主义化）的过程中，往往有这样一个动机：把作为例外被许可的行为方式固定下来作为一般行动准则。（在一些极其恶劣的机械的官僚主义者那里，往往这种固化是人类堕落的背景。另一方面，在危机形势下选择的一次性也能成为可耻堕落的基础。）

自然，在1918—1919年，这一切只是在地平线上隐约可见的景象，绝没有被转变中的人们作为基本立场和观点方面的困境具体体验到。（即使在做具体选择时，它有时的确在地平线上出现。）因此，正是因为决定会直接招致严重的社会后果，个人的决定以及随之采取的实践和理论态度都要比这种危机以前的决定经过更多更细的考虑和区分。起决定作用的社会因素自然是清楚的、稳固的。但是，在通过这种决定因素改变个人生活方面位置颠倒了。

然而，甚至这些社会决定因素：与个性直接互相作用。对我来说：文化。奥第路线的继续（错误解决土地问题的含义——后来在维也纳认识到了。这里重要的是：没有真正了解列宁；整个流亡者问题。我在维也纳逗留的重要性。与此相反，文化：列宁的思想＋行动＋奥第路线的适当继续；足够了。）

盖尔特鲁德在这种过渡中的重要性：我生平第一次。与先前两个（伊尔玛、莲娜）不同：我的路线总是坚定的；关系——甚至爱情——总是在既定的发展路线中，现在，每一个决定都有盖尔特鲁德强有力的参与，特别是那些最富人性和有关个人的决定。她的反应往往具有决定性的意义。不是说没有她我根本不会走向共产主义，这是在我以前的发展中就包含了的东西。但是，围绕着实际决定的复杂问题以及做出那种选择的高度重要的个人含义，若

是没有她，肯定会是完全另一种样子。我一生中的许多极
为重要的东西因此也会是完全另一种样子。

　　在我们之间能建立起精神联系之前很久，这种对和
谐一致的不可抗拒的需要，这种对她的赞同的需要就成了
我们的关系的中心问题。自从我遇到盖尔特鲁德以来，得
到她的赞同就成了我的个人生活的中心问题。由于她在
精神问题上——更别提伦理问题了——也具有在戈特弗里
德·凯勒的妇女形象中有时可以看到的那种本能的严谨，
这个时期我们之间时而有疏远的时刻。然而，我与她的关
系跟先前几个不同的地方在于，这种时刻对我来说难以忍
受。（先前，这种意见分歧，甚至在对人很重要的问题上
的意见分歧，是这种关系的魅力的一部分：我们毕竟是不
同的人，这种不同只是相互之间的吸引力的一部分。）和
盖尔特鲁德的关系，我也未曾想达到完全一致。因为并没
有这种东西，若不偏离这种关系的事实，就不可能达到这
种东西。更确切地说，真正的问题在我。我需要把我的精
神和实践努力与当前的世界形势结合起来，以便能产生成
果（不仅在客观上和实际上正确，而且有利于我个人的发
展）。新的形势有质量上崭新的内容：两种世界体系之间
的选择。没有人——（在一定意义上）只有列宁例外——

认识到，归根到底两个过程——从世界史的角度看——是一致的，就是说，新人在社会上的产生是一切以诚实革命方式解决新现实的个人努力在事实上的综合。虽然参加匈牙利革命的人中有许多甚至曾在参加俄国革命时担任过相当的（区域的）领导职务，然而我试图得到一幅关于列宁的清晰图像却徒劳无功。大家都尊敬"一贯正确的"政治领袖，但是甚至库恩·贝拉在一次私下谈话中对我说，不管怎样，他认为布哈林是这次革命的真正理论家。只有到了维也纳以后，我才最终有可能真正了解列宁，越来越清楚地认识到他的精神的、实践的和道德的面貌的重要意义。

在布达佩斯的这种情况下，对我作出与命运有关的决定（加入共产党还是停留在"左翼社会党"的立场上）归根到底起了最重要作用的是盖尔特鲁德的态度，尽管她表现得非常消极，说她以前从未考虑过这些问题。在我们当时的谈话中没有在渊博理论家面前的热情激烈的理论讨论（正是因为有一个作为资产者站在一旁的人的谦虚）。然而，当她以（不赞同的）消极性言辞含糊地对我说，我应该了解得比她更清楚，她几乎没有考虑过这个问题，而在事实上对我的立场中的个别变化采取消极态度的时候，

我就非常清楚地感到这种不赞同，总是觉得必须重新从内部考虑整个问题。另一方面，当她表现出沉默而含蓄的赞同时，我总是感到得到了一种强大的前进动力。（这种支持在我决定加入共产党的最初阶段比后来更明显，首先是由于所要采取的抉择的性质不同的缘故。虽然从来没有明确说过，但我们之间的和谐关系愈益增强的一个重要原因在于，我与我早年对匈牙利封建主义残余的意识形态攻击有精神上和道德上的联结，以及我发现有可能与民主倾向保持密切的合作而不接近当时已为我所仇视和鄙视的自由主义。）

成长为共产党人的确是我一生中最大的转折，最大的发展成就。至今为止（像在各种造型艺术中一样）至多只可能有松散的意识形态合作的地方，现在产生了这样一种联盟，在那里，实际准备无产阶级专政和彻底实现民主改革的要求，为无产阶级专政内部的文化实现奠定了基础。活动领域扩大了，首先是教育改革运动。要扫荡一切封建主义残余，这是改革的不言而喻的前提条件。通过它，不仅广大群众参与进来，而且确定了具体的过渡形式。结果保证了：（a）群众的广泛参加；（b）与革命过去的联系，从这当中产生出社会主义，即不是外国的，不是"进口的";(c)它的历史性质;(d)反官僚主义的,不会有任何以发展名义的"官方"艺术(卡萨克团体 [1])。

这种政治路线是与(a)普通共产党人和(b)社会民主党人完全不相容的。我被认为是一个激进的共产党人——完全没有共产党人的教条主义。正因为如此,文化改革很少受到支持,它们是被非正式地施行的。(社会民主党的人民委员对这种改革工作毫不在乎。)对我来说,正是在这种问题上,同群众过去的激进愿望的联系非常重要。集中精力在文化上。没有发现错误。土地问题:即使我在军队中与它打了许多交道(简略谈谈军队人民委员的职务),其中心意义只有到维也纳之后才懂得。

五、生活和思想的学徒期

共和国失败以后:科尔文和我(对库恩的怀疑 [2])、地下工作、逃往维也纳。关于列宁学说的论争。对我来说,这时真正对马克思进行研究。马克思的哲学:拒绝一切形式的修正主义(康德等):黑格尔。总的方向:马克

---

① 卡萨克·拉约什曾组成一个革命先锋派艺术家团体。

② 卢卡奇怀疑库恩决定留下他和科尔文在匈牙利党的地下工作,是为了清除异己。参看本书第136、165 页。

思主义的统一哲学基础（没有任何"补充"是必要的）。革命是马克思主义的基本因素。因此当时有极左派：激进主义、十一月革命的继续。内心不承认革命运动已经停顿，借助有组织的"行动"保持着希望。同时，我怀疑共产国际的官僚主义教条主义（季诺维也夫——库恩被看作他的学生和支持者）。刊物：《共产主义》（接受列宁的批评）①。

匈牙利危机。与兰德列尔的关系。党分裂的"枝节"原因在理论上的重要性。我的注意力从"大"问题（也许只是由于要求才存在）转到运动的现实问题——这里：效果是革命的。政治培育行为（现实的重要性）。理论的双重生命：例如，三月行动（1921年）与匈牙利政治。它的日益增长的重要性，匈牙利社会主义工人党——共和国——民主专政。（在《历史与阶级意识》中两者仍然交织在一起。）

---

① 《共产主义》是维也纳各种极左流派的机关刊物。卢卡奇 1920 年在该刊第 6 期上发表的《论议会制问题》一文，曾引起列宁的尖锐批评。列宁说，卢卡奇的文章"左得很，糟得很。这篇文章中的马克思主义纯粹是口头上的，'防御'策略和'进攻'策略的区分是臆想出来的；对十分明确的历史情况的具体分析；没有注意最本质的东西（必须夺取和学会夺取资产阶级借以影响群众的一切工作部门和机关等等）"（《列宁选集》中文第 3 版修订版第 4 卷第 212—213 页）。

1920 年春，盖尔特鲁德在维也纳。她和孩子们一起住在修特多尔夫她姐姐家；我暂且在维也纳。只有假日里在一起；只有后来我也住在修特多尔夫。这样，她的生活方式（家庭、三个孩子）也成了我的支配因素。我参与教育孩子（同她一起）：白天需要同某些人的现实问题打交道。我曾以为这种生活对我是不可能的，现在盖尔特鲁德（a）对专心工作绝不打扰，不以日常事务相加。完全隔开。（b）在一起吃饭，和孩子们谈话。了解他们的问题，设法解决（伦理，许多问题用新眼光看）。盖尔特鲁德，耐性和急躁的统一；博大的胸怀与对一切卑鄙事物的憎恨相结合。新的态度：反对康德型的伦理学；现在，在可供选择的方案上同样严格，然而克服了我固有的抽象地提出非人性问题的倾向。因此，我对孩子问题采取了新的直接的态度（完全自由的讨论）。

这一切自然只是很小一部分，只是我与盖尔特鲁德和谐一致的前提。她在维也纳的迅速发展，对战友们（加波尔、伦节尔）的"适应"，研读马克思著作，绝不是浅尝辄止，而是从一开始就深入经济学的核心。惊人地迅速：积累（卢森堡——鲍威尔——布哈林）。甚至在那个阶段，熟悉了理论上最重要的问题。虽然她在各种各样的变化中

保持了她的特殊观点——试图对经济学加以正常综合而未获成功，然而个人"历险"的性质保存下来了；（a）不是瓦尔加学院，为了获得生活常态而加以克服，（b）甚至在记笔记时她的个性也保持着。我往往是浅尝辄止，粗制滥造——她在实际上获得了对重大的问题、对生活最本质的问题的理解，而不需要任何间接的、在科学方法上系统的理论概括。（她与费尔科[1]的关系。毫不痛惜地放弃自己的创作：在儿子身上实现。）

这样，经济学成了她对世界的判断向更广泛的社会领域延伸的工具，而没有被主观化，同时没有冲淡她的个性，使她的特殊判断一般化。所以，她的存在和思想方式所加给我的影响变得越加有力。虽然她在一些重要的实际讨论中，正是由于她对经济问题的出色理解力，证明是正确的，然而这不是本质的东西（毕竟那不过是一种令人兴奋的友谊）。实际上，我的思想中本体论的因素越明显，达到一种完全真实的出发点和态度就越重要（模仿从来不是亦步亦趋的）：如果一个东西真正地存在，那就必须有主观冲动的真实性（"存在"绝不能通

---

① 费尔科是盖尔特鲁德第一次结婚所生的儿子雅诺西·费伦茨的爱称。

过不真实来达到）。因此要强调，第一次出现往往采取几乎不能用言语表达的形式。这里：真实性的分量。但是这也是人的和生动的；拒绝并不一定是绝对否定的标志，往往只是错误的细微差异侵入最初的直觉。改正是可能的——又是在她的帮助下。此外，对总体的描述同样感兴趣（同样地批评。后者渐渐变得在《美学》中比在《历史与阶级意识》中更重要，更有分量）。匈牙利各宗派之间斗争的方法和内容，对整体来说很重要。兰德列尔：我在这一过渡中交的另一件好运。人品。对我的政治影响。又是：个别和一般之间的生动联系。现实就是原则（按照兰德列尔提出的共和国口号）。两者在一起：在哲学中：追求总体性：历史地（因而在现实中）带有特殊性因素的普遍性。

结论就是，理论、政治和历史表现为同一个存在运动的各种表现形式。理论和历史：总的倾向，大多数人（更确切地说，决定性的阶层）将要做的事情（他们的行动方向）。在这种基础上——政治：等于如何既在数量上又在质量上影响这可预见的活动的方向和强度的问题。在一切场合，关于未来的推论是以事后确定的过程为基础的。这不可能是纯粹科学的；除非在事后认识中起作用的各种力量能够

被推知为未来的先决前提。这在原则上是百分之百不可能的：历史变化总是与往往难以看清的结构变化（人的变化是基础），从而也与内容变化同时发生的。这种从事后分析的过程中做出的推论（因此不必然理解了它们的真正因果关系）总是也包含着那些过程的内容方面的变化；对总的倾向的个别偏离。在这里重要的是比例。

因此，理论、历史和政治的正确性产生于个人的立场，但是它往现实方向超出这一点。（要拒绝不真实性，但是真实性并非正确性的保证。）所以，对现实的新态度：逐渐克服旧的（仍然是着重认识论的）立场。这种对思想立场的重新定向过程，是20年代的发展方向。决定性的：我和盖尔特鲁德生活在一起。试金石：匈牙利的政治。首先是在反对一般（抽象的）宗派倾向的斗争:《历史与阶级意识》仍然是大杂烩。但是重要的是：激进主义，马克思主义路线的（极左的）延续：当代社会提出的问题，在它内部不能解决。列宁：这在1914年变得显而易见。尖锐的革命紧张形势趋于缓和，绝不证明这些基础不再起作用。这是反对季诺维也夫的共产国际政策的理论基础。（回到一种纯粹资产阶级的、只有在理论上才是革命的政策：这是我的反对立场的基础。）

六、头几次突破

实际的出发点：共和国还是苏维埃共和国作为匈牙利的前景。前者真正的困境在于，不得不在实际上和原则上反对霍尔蒂时代的根本原则；后者可能提供一种一般的前景，然而没有任何内在的行动义务。反对官僚化：这种可以推衍出各种各样的行动方式的态度，已失去其主观的和客观的真实性。还在消极意义上适用于《历史与阶级意识》：否定任何"自然辩证法"的存在类型（同时是理解经济作用的模式）：《历史与阶级意识》企图为真正行动解除世界的必然性。即使此时开启了政治态度上的急剧变化，《勃鲁姆提纲》意味着这一倾向的完成。它是为匈共二大写的，它的主旨是，即使霍尔蒂政权遭到深刻危机，所展现的革命前景不是无产阶级专政，而是列宁在 1905年所说的"工农民主专政"。（注意：例如共产国际六大以及其他的分析）——丑闻。后果时期（我在政治上的折戟；曼努伊尔斯基在柏林。[①]兰德列尔宗派的解体。列瓦伊论

---

① 德米特里·曼努伊尔斯基当时是共产国际的领导干部，在 1929年柏林召开的一次共产国际执委会上，他头一天表扬勃鲁姆提纲的人民民主阵线特点，第二天就指责它是"取消主义"和修正主义货色。参看本书第 154 页。

提纲[①]）。双重影响：政治上毁灭性的失败。被开除出共产国际的危险。科尔施的命运。[②] 在法西斯危机时期软弱无力。另一方面，促使我把理论发展到更高水平，使之变得更有效。这种二重性：前者，放弃政治工作；后者，建立起意识形态工作。对后果时期作出这种反应的理由；毫无疑问那里有库恩要消灭我（使我沉默）的意图和可能性。其余一切只是避开这一点，使之限制在局部，至于在这些希望中（在这种理论前景中）事实上有多少真实性，并不清楚。

原则：后果时期可能在生物学上是必要的（例如，今天的癌症）。在社会方面：一种带有很高消极可能性的倾向。问题只是：是不是这些可能性——在可确定的限度内——可以不受外界的影响？（列宁，第三次代表大会：没有任何没有出路的处境。）在这一场合：客观上的最佳条件：问题仍是匈牙利党的内部问题。（客观上：正是这里是最大限度的毫无希望。）所以，如果我要保持我将来

---

① 列瓦伊·尤若夫原为兰德列尔团体成员，然而在兰德列尔死后转向库恩，拒绝勃鲁姆提纲。参看本书第156—157页。

② 卡尔·科尔施因不愿接受对他的《马克思主义和哲学》的批评，而被开除出德国共产党。

的（大大改变了的、不再是直接政治的，而基本上是意识形态的）活动范围，那么唯一的道路就是力图把不可避免的批评限制在匈牙利党内。而不是让人们把提纲看作一个在匈牙利产生的具有普遍理论意义的方向。因此，对匈牙利的路线无条件投降（反正实际上没有任何出路）。于是，库恩再没有兴趣把这个问题提到共产国际——何况又出现了新的问题（权力问题）。对我来说：从匈牙利的运动中消失：在那里被忘却使得批判的继续、扩大等成为一种多余的行为。各种情况促成了这一点。所以，对勃鲁姆提纲的批判逐渐平息下去。当库恩在1935年（第七次代表大会上）垮台，使得与匈牙利人的合作重新变得可能的时候，我早已被完全遗忘了。

积极的方面：重新思考《历史与阶级意识》。结果：其中重要的不是反对唯物主义，而是完成马克思著作中的历史主义，从而归根到底完成马克思主义作为哲学的普遍性：哲学方面的论争（反德波林）。反对普列汉诺夫和梅林的"正统"：这两个人都是修正主义，因为他们都力图用资产阶级哲学来"补充"马克思主义，例如在美学中。

这里我和里夫希茨的结合。济金根争论（他研究马克

思的青年时代）；美学，马克思主义理论的有机部分，纯粹从它的关于现实的论点中产生出来。因此，马克思主义理论无所不包（在 30 年代：《文学评论》是文艺理论中的一个重要流派；反对拉普，反对现代主义等）。至于我，更进一步：倾向于一种一般的本体论，尽管内部有许多差别，但归根到底要统一起来；本体论是马克思主义的真正哲学基础。

因此，正是通过马克思主义理论的哲学统一性达到它的普遍性。所以在新的联系中，一种老的趋向：通向本体论的道路被唤醒了。老的认识论问题："**X** 存在着……——它是怎么可能存在的？"如果按逻辑想到底，就是"**X** 存在着……是什么历史必然性使它产生出来的？"是什么历史因素在社会存在的发展中过去有过，现在仍然有着真正的作用呢？

只有从这个观点，即认识论和本体论之间的对立，你才能够消除任何唯心主义的态度。结果对马克思来说意识形态不是虚假意识（更确切地说，认识论上所寻找的），而是企图回答从经济中产生的对存在提出的一切问题——那么一切都可以被看作存在的发展形式。这只有当（见《德意志意识形态》）历史被看作普遍基础时，才是可行的。所谓自然辩证法，不再应该被看作和社会的辩证法相呼应（在《历史与阶级意识》中拒绝了这种平行看法），而应该被看作它的前史。

这个纲领在诞生时肯定还没有彻底想清楚。暂且只限于美学，只限于企图证明，马克思的社会发展理论**同时**是产生、发展和影响的理论！？！也就是美学的实质；它实际上存在着；它能够（如果被理解的话）被适当地发展，但是绝不能被摆布。同时反对"现实主义"和斯大林主义的摆布。

七、冲突领域的扩大

在直接意义上：突出社会起源作为说明本质和价值的方式（模仿在这当中的重要性）；目的论的，设定作为它的前提条件；党性在模仿中的意义（日常生活）。

当过渡到其他的领域时（从《青年黑格尔》开始），问题在形式上仍然"科学地"限制在：表明哲学对世界的最敏锐精神反应归根到底是从适当概括对经济领域的主要生活反应中产生出来的。正因为如此，早在黑格尔那里就已经要求在思想史中把起源概念放在突出地位。（"起源"在这里不只是"产生"、最初意识。）《理性的毁灭》又是

典型的思想反常变化的社会史。由此出发，进到历史的普遍性。本质的认识和历史的认识：最深刻的一致（历史的类存在）。艺术作为类存在（悲剧内容在意识形态历史中的不断再现）。普遍历史性的自我意识。因此，那时就已经全面反对斯大林主义的意识形态，而不局限于美学。（当然，这些著作的大部分——如论黑格尔的书——当时不能发表。）

值得注意：我的孤立（《文学评论》停刊；《国际文学》困难重重）在共产国际七大以后：匈牙利的可能性：甚至在莫斯科文学界中也有人民阵线倾向——正确评价霍尔蒂政权中和反法西斯意识形态中的思潮的倾向。可能以马克思主义形式恢复旧的民主传统（奥第），批评"都市"（资产阶级民主）思潮和"民粹"（农民民主）思潮之间的争论；继续反对那种打算把民主和仅仅资产阶级民主的非同一性看作这两种倾向之间的真正力量差别的封建残余。活动领域扩大：冲突几乎是不知不觉扩大的，还绝不是直接有意识地起来反对斯大林主义制度，虽然这种制度的官僚主义的狭隘和僵化在争论中变得越来越明显（参看《人民喉舌还是官僚》）——最初的推动：列宁的区分与斯大林的机械统一相对立。同样：越来越强调恩格斯的"现实主义的胜利”与从“上面”的意识形态控制相对立。在艺术中，对艺术来说，没有任何这种绝对的可操纵性：决定性的因素不是作家的意图或目的（这能被控制），而是他对他的素材的塑造，这仍然从属于支配“现实主义的胜利”的规律。所以，意识形态能够影响态度——主要是间接地。

正因为如此，必须探索起源、模仿的问题，也就是“什么？”“怎么样？”的问题。一经说明模仿的起源，“现实主义的胜利”就摆脱掉一切非理性主义的色彩：其中显露出的正是历史的真实。起源问题超出了文学范围：一般的意识形态问题：黑格尔和法国大革命（更具体些：黑格尔和资本主义经济）。真正的意识形态学说：意识形态（马克思的定义）：经济对生活、行动方式、人们意识的反作用的最高峰：统一的历史过程：行动的真理：人的个人发展和历史发展的内在统一。歌德和黑格尔时代的意义。巴尔扎克已经：只是马克思哲学的前奏。以后的发展直至《理性的毁灭》。

矛盾更尖锐：哲学著作再没有发表。（文学也一样。《文学评论》停刊。）

大规模消灭干部的时期。我的立场（类似：布洛赫）。

灾难时期幸免于难：（a）布哈林、拉狄克，1930 年；（b）匈牙利运动；（c）住房。1941 年的情况还是幸运。①

这个时期的内在不一致：大审讯的时期——同时共产国际七大：人民阵线。大的矛盾并存（甚至相互交织在一起）。客观上是危机时期结束的开端。

可能性。匈牙利（由于七大）对民主运动的分析。（因为人民民主是对自由主义的批判。）对勃鲁姆提纲的批判消失了。

在个人方面，不是没有困难（两次被捕②）。尽管如此，但我和盖尔特鲁德之间相处得最和谐。不是"美化"，不是"乐观主义"，而是感到我不仅在接近我认为正确的道路（马克思主义是历史本体论），而且同时存在着能实现这种倾向的某种东西的意识形态前景。

---

① 卢卡奇认为，他 20 世纪 30 年代没有遭难有三个原因：（1）布哈林和拉狄克在 30 年代想接近他，他采取了回避态度。（2）他在勃鲁姆提纲之后离开了匈牙利运动。（3）他的住房不好，没有人想要。1941 年虽然被捕，但待了两个月就获释了，在这么大规模的逮捕运动中受到这么点委曲，只能叫作幸运，参看本书第 191—192 页。

② 卢卡奇在苏联只被捕过一次，另一次一定是指雅诺西·费伦茨的被捕。

八、在国内自我实现的尝试

满怀着希望回国。他们很讲道理（很短暂）：拉科西和格罗的策略。这使得有可能在几年当中对民主过渡进行原则的和成功的宣传。（由于他们在意识形态上漠不关心——给了我自由。）有利于生活适应的结果：名副其实的回国（虽然——由于客观原因——没有几个旧朋友和老同志；盖尔特鲁德：对，和一些人有表面的联盟式的合作）。

尽管如此，回国了。又回家了，因为盖尔特鲁德也和我在一起。非常重要：人际关系和谈话。我的头一批学生。在教学中大显身手（盖尔特鲁德的影响）。课堂讨论性质：官方的意见（当时不是决定性的）。所以，渐渐地，大有希望的一代年轻人。水平不断提高——他们的生活基础：盖尔特鲁德，教学方式（课堂讨论）。可能接受年轻人的倾向，这种接受当然有许多改变，然而是扎根在根本原则之上的。（马克思主义：质的改变，然而不是像在许多人那里那样发展中断。）许多知识分子认为我的马克思主义是（主观上）真诚的，不是马马虎虎学来的或拣来的。因此可能进行富有成果的对话。与最重要的分子——

德里和伊叶什有良好关系。

被容忍（沉默）：只有重要的政治和社会联系（即与共产党一致）。对个别问题的参与在这里：我对文学问题的立场被容忍。甚至可以进行讨论——加以必要的小心。

虽然我在政治生活中已经能够看出某种反民主的倾向（例如，农业问题、土地分配），然而我仍然相信那按照策略交给我主持的文化政策的稳定性。甚至真正的转折点（两个工人政党的合并）也没有使我看到危险（列瓦伊通知关于鲁达什对我的攻击）。拉伊克案件的开始：向斯大林大审讯时期的明显转折（为什么在这个时候甚至更糟糕？[1]）。关于这些情况的讨论决定：我的目的是能够撤退而不成为拉伊克时期的牺牲品。（错误的，但是可以理解。）撤退。我只限于当一个思想家——但是从这时起只是私人的，不再担负任何正式职务。没有任何社会任务。科学院：和福加拉西合作；

---

[1] 卢卡奇认为，莫斯科审讯开始时已有第二次世界大战的预兆，这使得那些对审讯不表示反对的人们的立场可以理解——他们不愿意在希特勒面前削弱苏联。然而在1949年的匈牙利，并没有这种形势来为审讯辩护。参看本书第224—225页。

他是中间人。这样，我个人有完全自由，甚至可以拒绝官方思潮。

九、"只是个思想家"

双重的发展（统一：由盖尔特鲁德提供）。（a）越来越坚决地反对拉科西体制，越来越清楚地认识到形势，并和我早年追求民主匈牙利的倾向结合在一起；（b）因此不仅反对拉科西，也反对一切企图通过实行资产阶级民主来搞复兴的人。因此，对当时的反对派而言是独立的（甚至是孤立的）境况。对纳吉·伊姆雷不曾有什么期待。在他第一次短暂的领导时期[①]，与他毫无接触（他缺乏纲领）。甚至在二十大以后也是如此。他的第一次公开露面：重要的是不应该有任何"个人崇拜"（后来可以看得很清楚，它的原则在集体中也能同样有效）。重要的是要同以专横方式，只是根据策略考虑制定的内外政策决裂。马克思主义的原则：以民主方式改组生产（优质生产和民主化的内在关系）。资本主义在某些市场倾向中起作用，在那里不可能集中控制全部生产。但是，以为

---

① 从 1953 年 7 月至 1954 年。

这种市场成分能够把社会主义生产引上正确的民主道路，则是一种幻想。

因此，我的立场很清楚：反对拉科西，既反对对他的制度进行特定的内部"改革"的任何幻想，也反对资产阶级自由派的改良倾向（这些甚至在纳吉·伊姆雷周围的人中也很普遍）。（正统的拉科西分子中也有这种趋向。）纳吉：没有纲领。所以，我的立场是纯粹意识形态的。要使二十大的要求成为舆论的要求，以便造成一种它们能在政治上实现的气氛。

我的立场在整个纳吉时期都保持未变。并没有任何接近，只是在 11 月底：然而他（他的声望）当时有可能把自发的（成分最不纯的）运动保持在社会主义范围内。正是因为如此，我同意参加政府，甚至接受部长职务，以便有所帮助。打算重新组织党（多纳特——山托）。事态发展使人不知所措。罪责问题（没有任何纲领——主张）。因此最后大让步：华沙条约。①

南斯拉夫大使馆：血泪教训。后果时期；坚持立场证明是出路。回国（与党的关系）；宗派主义分子的猎获物。

---

① 卢卡奇在这里指纳吉·伊姆雷政府决定退出华沙条约一事。

我坚守阵地。在国外发表的东西中（在国内不可能发表），我继续批评斯大林，并且越来越具体。我对经济改革的第一次积极表态：形势改变了。（积极＝可能实行民主和回到马克思主义。）这样，尽管我被接受入党（细节），但是，我有可能在一般支持（不是彻底实现的）各种倾向的情况下进行反对连续性的论战。保持我的立场，只是表达方式变了。（今天不用陈述语气，而用祈使语气。）相对地说，民主化倾向已非常清楚。我赞同这一倾向（尽管在它的道路上有各种障碍和险阻），把它看作可能的基础；因此不是反对而是改革。但是，改革有真正解决基本民主问题的任务。再回到这个例子：列宁与托洛茨基之间关于工会的争论。（无动于衷或自发罢工。波兰是对所有人民民主国家来说的一个象征性的危险。）因此，到处都是这同一个问题：是过渡到真正的、社会主义的民主（日常生活的民主）呢，还是停留在持久的危机上？至今没有解决（这里关键是苏联）。这是整个世界的未来前景，正是因为在资本主义中有正在开始的危机迹象。（斯大林主义优先考虑策略而不是战略：这把真正的问题搅乱，远离解决方案：阿拉伯，以色列。）①

---

① 参看本书第 203—204 页。

两大体系都有危机。**真正的**马克思主义是唯一的出路。所以，在社会主义国家中，马克思主义意识形态必须提供对现存事物的批判，帮助促进正在变得越来越紧迫的改革。

主观上：企图写出马克思主义本体论的原则。为了这个目的，**主要基础**：自传、主观的补遗、说明、论证等。自然，为了正确理解本体论问题，必须有个人的前提条件。因此必须有一致：人向类存在迈进是当代重大问题的答案。（个性是个人与社会的愈益纯粹的社会关系的结果。虚假的内在性；实际上：类存在。）自传记录下想要实际实现自己的类存在（＝个性的**真正**展开）的主观倾向（在发展中）。

这里包含着马克思主义的最深刻的真理：人的人化，是在每个人的生活中以千万种不同方式实现的历史过程的内容。所以，每一个个体——不管是否意识到这一点——都是总过程中的一个积极因素，他本人也是这个过程的产物。在个人生活中向类存在迈进，是不可分割的两条真正发展道路的真正一致。方向和结果：方向（个人决定的作用：历史的＋〔不可分割的〕彻底个人的）。结果。才华：这也不是单纯"天生的"。取决于方向——真正的才华是否**能够**发挥出来，这有关键意义。生活是（真正的！）好奇心和虚荣心之间的斗争——虚荣心是主要的缺陷：它把人们紧锁在他们的特殊性上。（失败挫折是在特殊性水平上的停滞不前。）

〔用匈牙利文写的提纲〕

1. 我早年的心理。文理中学的最后几年。（诺尔道——作文）凯尔。《匈牙利沙龙》。背景！？！剧本。

2. 塔利亚剧团。戏剧结束，学习。德国文化（康德——文学史）。

3. 论戏剧的书。《心灵和形式》。同《西方》和《二十世纪》的关系。奥第。巴拉日·贝洛。

4. 从战争到革命。唯心主义和马克思主义之间的斗争。专政（偶然因素）：新的关系：匈牙利的现实，匈牙利的生活。

5. 流亡维也纳。国际宗派主义——匈牙利的现实。兰德列尔。匈牙利社会主义工人党。勃鲁姆提纲。

6. 莫斯科转折点。马克思和文学。柏林。莫斯科（《文学评论》）。

7. 《新声》杂志。选择：匈牙利。

8.1945—1949 年。

9.在鲁达什论争之后。国际主义的新意义。

（根据伦敦维尔索出版社 1983 年出的《卢卡奇·捷尔吉，一生的纪录，自传》，参考法兰克福苏尔康普出版社 1981 年出的《卢卡奇·捷尔吉，经历过的思想，对话体的自传》译出）

自传对话录

维泽尔·伊丽莎白和沃尔西·伊什特万整理

一、童年时代和职业生涯的开端

我想我们最好按年代顺序谈。我想用《经历过的思想》作为出发点。

我自己也认为，我的发展是一步步展开的，如果要谈论这个，那么我同意最好是按年代顺序谈，因为我人生中的所有事件都是紧密相连的。所以，事实上应该从发展的开端开始。

关于您童年时代的头两句话是这样的：**"出自纯粹犹太家庭。正是由于此，犹太民族的意识形态对精神发展没有任何影响。"** 我不理解**"正是由于此"**。

来自列奥波尔德城的家庭对一切宗教问题全都漠不关心。宗教只是作为家庭礼仪的一部分才引人关注，因为它在婚礼及其他仪式上会起一定的作用。我不知道我是否已

讲过这件轶事，我父亲在犹太复国主义运动开始时说，当犹太国成立时，他希望能成为驻布达佩斯的领事。总之，我们对犹太人的信仰漠不关心。

卢卡奇同志，由此可以得出您在列奥波尔德城住过的结论吗？具体在什么地方？

我不曾在列奥波尔德城住过，而是在安德拉西街地区住过。先是在安德拉西街 107 号，然后在纳吉·亚诺什街 11 号。

所以，您用"列奥波尔德城"这个词实际上指一个社会阶层，是吗？

安德拉西街周围的地区当时是列奥波尔德城的外围。那是列奥波尔德城的上层社会居住的地方。

这里还提到另一件轶事："与保姆的故事"。

这个故事指向一件重要的事。我完全拒绝一切与礼规相关之事。在我看来，这甚至包括与叔叔婶婶的接触。我母亲说，我很小的时候就总是说：**"我决不向陌生客人问好。我没有邀请他们。"**这是因为，只要你妥协于必须向陌生客人问好，礼规就开始作用了。尽管如此，我能证明，如果大人找到合适的方式与我交流，在我小时候，他们也是能和我说上话的。我们有一个老保姆，她通常在我们玩的时候负责看管我们。有一次我问她，我的这个或那个玩具到哪里去了。她回答说："捷尔吉，在您上次放的地方。"这个"在您上次放的地方"给我留下了很深的印象，因为直到那时为止，我从成年人那里听见的全是废话，就像我必须对伊尔玛大婶说声"吻我的手"一样。玩具就在我上次放的地方，这是完全合理的，是我能够接受的。事实上，我记得我小时候并不是很邋遢。我就依此来对抗礼规。此外，虚伪也是礼规的一部分。我的父母曾带我们几个孩子去欧洲旅行。我们去过巴黎和伦敦，无论到哪里，他们都带我们去参观画廊。我认为这虚伪至极，因为画廊里没有一点使我感兴趣的东西。相反，我知道伦敦有个一流的动物园，所以我认为我们应该去的是那儿。我哥哥乖乖地同意去画廊，丝毫没有想去动物园的意愿，我为此非常生气。

最后您是怎样同意向陌生客人问候的呢？

每当有陌生客人来，必然要（为此）发生吵闹，我感到厌倦了，觉得向他们问候也没什么大不了的。我为什么不能对伊尔玛大婶说声"吻我的手"呢？当然，那是礼规，但是为什么我要为了它去与父母争吵呢？

当您母亲把您关进柴屋里时，您作出了同样的反应。

我和母亲进行"游击战"。她对我们很严格。我们的

住宅里有一间放木柴的小屋，一间暗屋。母亲喜欢采用的惩罚方式之一，是把我们关在那间小屋里，直到我们请求原谅为止。我的兄弟姐妹总是赶紧悔过，我则完全不同。如果她在上午 10 点把我关进去，我在 10 点 5 分就悔过，那么一切就都井然有序。我父亲通常在下午 1 点半回家。只要有可能，我母亲总是设法不让他在回家时看到气氛紧张的场面。因此，如果她在下午 1 点以后关我的话，我就无论如何不请求原谅，因为我知道，不管我是否请求原谅，她在下午 1 点 25 分时总会放我出来的。

您讲的另外一个关于学习读书的故事，也很能说明问题。

对，那是个很有趣的故事。我的哥哥比我大一岁，有一个家庭教师教他读书。我也坐到桌子旁，坐在哥哥的对面。我也学习读书，只不过是读一本反方向放在桌上的书。虽然书是倒着的，但是我比哥哥先学会读。于是，他们不让我继续读。过了一年多以后，他们才让我以正常的方式读书。

您还记得您小时候读过的书吗？

我在 9 岁时第一次受到书的影响。那是《伊利亚特》的匈牙利散文译本。它给我留下了深刻的印象，因为我是站在赫克托尔这一边，而不是站在阿喀琉斯一边。同时，我也读了《最后一个莫希干人》。这两本书对我来说都很重要。因为我父亲虽然是一个很正派、很体面的人，但他作为一个银行行长，持有的世界观却是，成功是行为正确的标准。我从这两本书中了解到，成功并不是什么标准，一个人没有获得成功，他的行为也可能是正确的。这在《最后一个莫希干人》中比在《伊利亚特》中表现得更明显，因为那些被征服和镇压的印第安人是完全正确的，欧洲人则是不正确的。我很幸运，我们先学的是英语，而不是像当时在布达佩斯习惯做的那样先学法语。我父亲是一个很崇拜英国的人。所以，我们读像《莎士比亚故事集》这样的书，它们给我留下了很深的印象。我们也读了马克·吐温的小说《汤姆·索亚历险记》和《哈克贝利·费恩历险记》。这些书使我知道存在着生活理想。在我早期阅读中以消极形式出现的东西现在显现出积极的形式，例如，一个人应该怎样生活。我童年时代的理想是，人们应该像汤姆·索亚那样生活。后来，我也受到奥艾尔巴赫关于斯宾诺莎的小说，特别是斯宾诺莎反对宗教和宗教伦理的故事的影响。

　　还有一处关于您童年时代的说法。您在谈到您的学生时代时，曾提到您认为您的同学比您哥哥和您那时在社交

圈子里的孩子优秀。接着您说，"尽管在阅读中产生怀疑，但还是对穷人抱有希望"。

我怀疑的是关于穷孩子是优秀学生和杰出人才的神话。在当时孩子们很喜欢读的亚米契斯的书中，到处都宣扬这种神话。我在中学做的唯一努力就在于，我想得到被老师看作优秀生的好处，而又不被同学认为是钻营取巧的人。我必须使这两种想法协调起来。我还记得我读文理中学五年级时发生的一个小插曲。老师进教室时，我们都要站起来。有一次，一个小男孩拿着成绩单或类似的东西到前面去找老师，他回到座位上来时，往我腹部打了一拳，老师没有看到。我为了报复，往他骶骨上击了一拳，却被老师看到了。老师声张开了。我告诉他，我先被揍了一拳。我必须承认，我至今还为此感到羞愧。我现在在公共生活中总是遵守规矩，在某种程度上是由于我读文理中学五年级时所感到的极度羞愧。我觉得，这种羞愧感是人的一生中的积极力量。

童年时代的朋友呢？

在童年时代，我完全没有任何朋友。甚至在学校里，我也没有和谁长年保持特别密切的关系。在某种程度上，我与我哥哥的家庭教师相处得很好。当然，这些家庭教师，尤其是女教师，在富裕的资产阶级家庭里被当作下等人看待。因此，我通常为女教师辩护，反对我哥哥。这在当时的列奥波尔德城是很典型的：孩子们被迫服从女家庭教师，但是在内心深处却鄙视她们，把她们当作具有职业素养的仆人看待。我们在那时只有法语和英语的女家庭教师。我总是与我哥哥的女家庭教师站在一边。我什么都用不着学。这真是一种罕见的福气，因为我能够很轻易地学会东西。我通常在下午3点半到3点45分就把全部家庭作业做完了。我记得在我读文理中学的时候，我哥哥是母亲的宠儿。有一个有趣的故事。因为他受到宠爱，他也就被期待成为优等生，成为家庭的骄傲。当我哥哥第一次去上文理中学的五年级，然后升入六年级的时候，情况却与预期的完全相反。我母亲的看法是我很刻苦而我哥哥偷懒，这就是我是优等生而哥哥是劣等生的原因。然而，实际上，我每天在下午3点半或3点45分就完成了全部家庭作业，然后出去骑自行车，而我哥哥在我晚上7点钟回家时还在那里学习。

犹太人问题对您在中学时代的发展有什么影响吗？

没有，好的坏的影响都没有。

卢卡奇 自传

犹太人身份是否对您的发展产生了影响，在您当时没有意识到的方面造成过困难……

在新教文理中学里，列奥波尔德城是高贵的。所以，我在那里被看作一个列奥波尔德城的年轻人，而不是一个犹太人。因此，犹太人问题从来没有表露出来。我一直知道我是一个犹太人，但是这一点对我的发展从未产生过本质上的影响。

我问这一点，是因为我最近听说，伊叶什·久洛有一次曾说，他非常敬重卢卡奇同志，因为犹太人的复仇心理在他成为革命者的发展中没有起过任何作用。

那是因为我从未觉得自己是犹太人。我把我的犹太人身份看作一种与生俱来的事实，只此而已。

然而，在一个人怎么看自己的事情和别人怎么看这些事情之间有区别。

当然，匈牙利当时在犹太人和非犹太人之间是有区别的。我很幸运获得了克里斯廷娜–卢卡奇奖。在信封没有拆开以前，没有人知道谁可能赢得这次竞赛。结果，我立刻被贝奥蒂和亚历山大纳入他们的小团体。在下一代，一旦专政建立起来之后，整个问题就困难得多了。在专政之前，那不是个值得认真对待的问题。

*我们现在可以转到您的职业生涯的开端上来。*①

*　要说明我的所谓文学生涯，就必须从我 15 岁时谈起。和每个孩子一样，我读得很多。甚至在那以前，有些书就给我留下了很深的印象，但是，直到我 15 岁时，我才第一次想到，我自己可以成为一个作家。

这个过程是由两个动机促成的。第一个来自外国。我父亲是《新自由新闻》的一位自由主义读者。我从他的私人藏书中偶然找到一本马克斯·诺尔道的《退化》，读了这本书，我了解到在易卜生、托尔斯泰、波德莱尔、史文朋等人的著作中，真正的颓废是什么。幸运的是，诺尔道逐字逐句地引用了波德莱尔、史文朋等人的诗歌。我被完全吸引住了，当即变成了遭到我家里人鄙视的易卜生和托尔斯泰的坚定拥护者。我设法弄到他们著作的雷克拉姆版，这样在 15 岁时我就达到了当时极端西方的现代立场。作为一个年轻人，我梦想自己能写出易卜生和豪普特曼那种水平的剧本。除此之外，又出现了一个偶然的国内

---

① 　下面凡标有星花的段落系忠实地摘自卢卡奇 1966 年 11 月 26 日对沃尔西·伊什特万和维泽尔·伊丽莎白的谈话。这篇谈话的纪录曾经过卢卡奇亲自审阅，发表在裴多菲文学博物馆编辑出版的《回忆录》第一辑上。这里按照《对话录》的年代顺序，把有关段落选编进去。——《对话录》整理者注

动机。我的妹妹和贝奈德克·马塞尔的妹妹上同一所学校。他们有一次来看我们，这样我就认识了贝奈德克·马塞尔，我不打算谈我们见面的详细情况，因为他在自己的自传中都说到了。无论如何，我的文学活动受到这一友谊的极大鼓舞，间接地受到贝奈德克·埃列克[①]的人格的鼓舞，贝奈德克·埃列克对我的影响不完全是文学方面的，而是一种文学伦理的影响。我必须说，贝奈德克·埃列克本人的著作对我毫无影响，甚至在当时也是如此。但是，贝奈德克·埃列克总是以清教徒的方式坚守自己的真理，即使要与他自己生活的圈子发生冲突也在所不惜；在这个生活圈中，成功是人的价值的唯一标准，即使这种成功是通过妥协，甚至是通过更坏的东西得来的，都是一样。我可以说，无论在当时还是之后，我对这种真理都丝毫不感兴趣，但是，他献身于这些思想的事实本身却意味着，贝奈德克·埃列克作为一个有道德的人，在我青年时期对我的思维方式产生了深刻的影响。这个过程中还有一个因素，即我当时是《星期》杂志的忠实读者。

————————————

① 即贝奈德克·马塞尔兄妹的父亲。他是当时一位有声望的匈牙利作家。——编者注

这一切事情加在一起的结果是，我开始按豪普特曼和易卜生的方式写剧本。感谢上帝，它们什么也没有留下来。它们肯定是糟糕透了的。在 18 岁左右时，我把我的全部手稿付之一炬。从那时以来，我有一个衡量文学边界的秘密标准：凡是我自己能写出的，一定是坏的。文学在我觉得已写出了某种我不可能写出的东西的时候开始。我利用了这个秘密的标准，它对我青年时期有好处，因为它使得我写了四五个很糟糕的剧本。然而，由此产生了另一个结果：写作使得我开始阅读当时的德国文学批评。阿尔弗莱德·凯尔的印象主义风格对我的影响很大。通过家庭关系，我还在文理中学六年级的时候就接受委托，为销量很少的《匈牙利沙龙》杂志写剧评。根本原因其实是，编者想要弄到一张首演入场券。他去看首演，但把第二场的票给我。这样，我就以阿尔弗莱德·凯尔的风格，每月在《匈牙利沙龙》上写一篇剧评。

匿名的吗？

不，这些剧评都是署名的。它们都被列在奥尔特万尼书目上。我的文学发展的最新结果就表现为，在我年轻气盛时（此时 18 岁），以一己之力对抗整个匈牙利评论界。国立剧院当时有布罗迪·山多尔的几个剧，即他

的《皇家牧歌》组曲，遭到了彻底的失败。布罗迪被谴责为不爱国，甚至被指控歪曲了匈牙利的历史。我却很喜欢这几个剧，并且开诚布公地表达了我的热情。结果是布罗迪·山多尔设法通过一个共同的熟人找到了我。我想，当他发现赞许他的唯一批评家还是一个中学生时，会感到失望的。

＊奥第也从奥拉德阿捍卫过《皇家牧歌》。

＊这是很可能的，但是我当时根本不知晓。无论如何，当时布达佩斯的批评家大多持否定态度。布罗迪咽下了他的失望，建议我间或联系他即将创刊的《未来》杂志撰稿。我联系他了，而且仍然是以阿尔弗莱德·凯尔的风格，发表了一篇文章论豪普特曼，还有一篇文章论赫尔曼·班。这是我文学生涯的实际开始，不过不久就由于和布罗迪闹翻而中断了。他要我写篇评介梅烈日柯夫斯基论列奥纳多·达·芬奇的书的文章。他对这本书极为推崇，我却很讨厌这本书。一个人年轻的时候，不总是老练圆滑的。我们闹翻了，我不再给《未来》写东西。我毫不怀疑，我们完全可能自然地和解，因为布罗迪不是一个记仇的人。如果我四周之后去看望他，他准会重新接纳我。但是这时发生了一个变化，结束了我从15岁到

18 岁的时期，如果可以把这种幼稚的业余爱好活动描写成一个时期的话。

在大学里，我认识了巴诺奇·拉兹洛，这带给我的转变可以和早些时候由贝奈德克·埃列克的人格所引起的道德上的变化相媲美。现在我受到巴诺奇生活圈子的强烈影响。我易受影响的原因，可能是新教文理中学的学术水平极低。我在寻找一条自己的道路，当然我不仅作为作家，而且作为评论家也非常糟糕。我无疑是外行。我在巴诺奇家里学会，如何以科学、认真，而且是非机械的方式学习理论和历史。巴诺奇·拉兹洛的父亲——巴诺奇·尤若夫，是一位心思十分细腻的退休老先生。他并没有特别了不起的天赋，然而很聪明，他有点像阿纳托尔·法朗士那样，对任何浅薄的业余做派都报以伊壁鸠鲁式的嘲讽。我现在得出结论：一方面，全部文学都毫无价值；另一方面，凯尔的印象派风格只是泡影而已。所以，我和布罗迪争吵以后没有回到他那里去，主要是因为我已决心用心学习。从那时起，在大约四年当中我没有写过和发表过任何东西。这一学徒期是和另一活动同时进行的，关于这一活动我不想详谈，因为大家都知道，这就是同巴诺奇、贝奈德克·马塞尔和赫维西·山多尔一起创立了塔利亚剧团。

这是我的学徒期中最重要方面之一，虽然我绝不可能成为导演，但是通过观察剧本怎样搬上舞台，我也在戏剧技术和形式方面学到了大量东西。我同所有那些年轻演员，像多比、多克托尔·亚米什和福尔加奇·罗日等，都有很好的个人关系。我们每天晚上在巴罗斯咖啡馆聚会，彼特什总是坐在桌子的正前方。我们把他称作大王，在所有涉及戏剧的问题上都把他看作最高权威。总之，现在开始了一个全面的研习时期，其中包括阅读及吸收运动理论著作。结果是，我的印象派评论被一种以德国哲学为基础并且倾向于美学的评论所取代了。正是在这个时候，我开始研究康德，然后在当代德国哲学中研究了狄尔泰和西美尔的著作。

在您的自传提纲中，彼特什的名字是作为被您看作元首的人物出现的。

元首不是一个好字眼。我们称他为大王。他对一切戏剧问题的判断是确实可靠的。如果他说右手必须举起来，左手也不应该垂下去，那么他肯定是绝对正确的。我们全都相信他绝不会错。我们毫无保留地赞赏他，在塔利亚阶段，把他视作榜样。

你们是在塔利亚剧团创立阶段相互认识的吧？

彼特什、奥德利等演员与赫维西·山多尔很要好。我们要求赫维西·山多尔创立并且领导塔利亚剧团。这就产生了一个咖啡馆社团，彼特什在这个社团中扮演了未被加冕的国王的角色，他从未在塔利亚中演过戏。

他积极支持塔利亚吗？

当然是帮忙出主意。必须强调指出，他是一位以高度自觉的方式工作的演员，正是通过强调表演的自觉的和主观的方面，这鼓励了剧团里形成把事情交谈清楚的气氛，他在这种气氛中扮演了主角。

卢卡奇同志，您在塔利亚剧团除了组织工作以外还进行了什么活动？

除了组织工作以外我没有任何别的活动。在这段短短的生涯中，我经历了两种失望。首先，我意识到我不是作家；其次，我发现我决不会成为导演。我意识到，我能够很好地领会戏剧剧情和思想之间的关系，但是对理解一个演员举右手或左手的决定可能具有关键意义这一点则毫无天赋。

巴诺奇的职能是什么？

巴诺奇是个很精明的组织者，在塔利亚出现问题了之后，他还把它维持了很长一段时间。那个时候我们对这个

项目已完全不感兴趣，因为我们关心的只是文学和表演艺术。我们的时间完全用在《营造师佐尔纳斯》或赫伯尔的《玛丽亚·玛达伦娜》的演出上，对任何别的东西我们既没有时间也没有精力。

贝奈德克·马塞尔有天赋吗？

贝奈德克·马塞尔是一个心肠很好的、很杰出的人，然而并没有任何特别的天赋。他是一个文人。

一个唯美主义者？

一个唯美主义者。这个提法是正确的。

您参与项目的整合吗？

对，参与。例如，是我说服其他人上演赫伯尔的《玛丽亚·玛达伦娜》的。

您当翻译吗？

没有。

但是，卢卡奇同志，您翻译了《野鸭》吧？

我翻译了。

《野鸭》是按您翻译的上演的。

对，在塔利亚剧团。

您还翻译了什么别的东西吗？

没有。

作为作家，您只试过写剧本吗?

对，只试过写剧本。可能有过一些小说的片段，但绝大部分是剧本。

您从未试过写诗吗?

从未试过。

在您的自传提纲中，您在您青年时期的朋友中提到波培尔·列奥的名字。

波培尔·列奥也许是我一生中遇见过的最有天赋的人。他对质量有一种准确无误的本能。在大多数情况下，质量感和理论理解相矛盾。它们之间有某种程度的分离。但是，在他那里绝没有这种分离。这使他在批评史方面显得很不平常。

您在自传提纲中提到您的友谊时，您暗示以后还要谈到它，因为它在您的发展中具有如此重要的意义。您能否较详细地谈谈这一友谊，比如你们是什么时候认识的?

列奥的父亲波培尔·达维德教我妹妹大提琴，波培尔家的人经常与我们家来往。这个时候我和列奥之间产生了友谊，原因是——必须实事求是地说——我对他的质量辨别力感到由衷的敬佩与尊敬，因为这种东西在我身上是很欠缺的，特别是在这个时候。从那以后，我在这方面自然

积累了许多的经验。然而，我是从他那里学习到，在艺术中质量感是最最重要的东西。

你们是什么时候认识的？

在文理中学读书的时候。

你们曾共同从事过一部作品吗？

我们没有合作过，因为我主要从事文学，他主要从事造型艺术。但是在他的影响下，我写了一些论造型艺术的文章。

他把您的什么著作从匈牙利文翻译成了德文吗？

没有，这种事情没有出现过。他的确用德文比用匈牙利文写得更好，但是他也用匈牙利文写过文章。

是谁把您的《心灵和形式》译成德文的？

是我自己。我用匈牙利文和德文两种文字写作。原文是匈牙利文，然后在 1910—1911 年我把它译成了德文。

在自传提纲中提到，您由于《现代戏剧发展史》获得克里斯廷娜－卢卡奇奖而陷入绝望状态，是波培尔·列奥把您从这一危机中救了出来。产生这一危机的原因是什么，他是怎样帮助您克服它的？

我当时认为社会没有能力对这事作出判断。结果，把奖授给我就意味着我的书一定有毛病。我一个劲儿去找这个毛病，但是什么也没有找到。这时，列奥来帮助我……

您是说他告诉了您这本书的毛病是什么吗?

不，他告诉了我它好在哪里。

这就暗含了他的一个目的，把你变成一个提苏党成员。但是，卢卡奇同志，您对这个过分要求只是一笑置之。

当我获得克里斯廷娜－卢卡奇奖时，我一时变得很有名。我的父亲是提苏党的支持者，要我以议员身份登台亮相。我对此一笑置之。

您当时有政治抱负吗?

我要改变事物，就是说，我的抱负是改变旧的匈牙利封建制度。但是，根本无法把这种愿望变成现实的政治行动，因为当时在布达佩斯根本没有这种运动。

您的家庭呢?

我同我的家庭，至少是同其中一部分是完全疏远了的。我同这个家庭根本没有任何关系……我的母亲是个很精明的女人，很快就意识到了正在发生的事情。她得了重病，患乳腺癌去世了。我在家里人的敦促下给她写了一封信。她接到信时说:"捷尔吉博士给我写信，我一定是病入膏肓了。"

您哥哥后来怎么样了?

我哥哥在法西斯统治时去世了。

他以前做过什么？

他曾在一家银行担任一个中级职务，当他被征募去服劳役时，他没有把征召令当作警告，设法躲起来，然后跑得远远的，而是说，他没有做过什么可指责的事情，他没有过错。于是，他应征去服劳役，且一去不复返。

在四年中断以后，您是怎样重新开始您的文学活动的？

*1906 年我重返公众领域。最重要的插曲——几乎可以说是我的第三次文学发现——同《星期三》的问世一起出现。我把一篇短文交给伊格诺图什。他特别喜欢它，马上把它送给《星期三》，它也在那里发表出来了。我和伊格诺图什达成协议，我从柏林给他寄剧场报道，因为我正准备冬天去柏林。不过，这种报道没有实现，因为《星期三》破产了。然而，我和伊格诺图什的第一次谈话很有趣，我想谈一谈，因为他对我非常热情，非常友好。他对我的文章高度赞赏。但是，在我们的谈话结束时，他突然很严肃地说道："你瞧，我的年轻朋友，我认为你是很有天赋的，所以我要给你说点你应该终生牢记的东西。你这篇文章写得非常机智，非常风趣，你会看到，我们将发表它。但是你要注意，人们完全有可能写出与你所写的一切完全相反的东西。"说了这个人生哲理，伊格诺图什就把

我送走了。当然，这并没有为我同我的第三位发现者密切接触提供基础。我必须补充说，伊格诺图什一直在某种程度上支持我，我之所以能够经常在《西方》杂志上发表东西，正是因为他反对奥什瓦特而保护我。我不认为我的作品没有伊格诺图什能在《西方》杂志发表出来，或者能如此经常地发表出来。作为一个年轻人，我丝毫没有感激的心情。我从他的保护中得到好处，但是我把他的印象主义看得一文不值。非常明显，我在克恩什托克画展之后写的文章《分道扬镳》中与印象主义论战，表面上主要是针对伊格诺图什的，即使没有提到他的名字。我就是按照这条路线来到文学的门槛边的。

自传提纲中出现塞德列尔·伊尔玛的名字。您曾把《心灵和形式》题献给她。

塞德列尔·伊尔玛同波兰伊家有亲戚关系，我和她在 1907 年有过一次极为重要的见面。是否应该叫作爱情，是后来的事情了，但是她对我在 1907—1911 年的发展产生过极大的影响。1911 年，她自杀了。在那之后，我发表了我的论文《论精神的贫困》。这是描述了她的死亡并且表达了我的内疚之情。

您在哪里上的大学？

卢卡奇 自传

　　我起初在布达佩斯上哲学系。有一次去柏林待了一个学期，后来又在那里待了一个较短的时期。但是，在 1911 年以前我没有在国外待得太久。

　　当您第一次去国外时，您是否立刻就加入了马克斯·韦伯周围的集团？

　　我的目标是成为德国文学史家。我是抱着这样一个幼稚的想法去国外的，即以为文学史家实际上对事变进程产生影响。关于这一点我想讲一个故事，因为它对我以后的生活具有很重要的意义。正是在那个时候，四周围绕着歌德的《维特》①中的绿蒂眼睛的颜色进行着激烈的争论。有人论证，在《维特》中绿蒂的眼睛是蓝色的，而在实际上她的眼睛是黑色的。有人为此写了长篇论文。我把这整个事情看作哈特瓦尼所谓《不值得知道的东西的科学》的生动体现。

　　这显然使您非常失望。

　　失望倒不至于，因为我早已过了那种容易感到失望的年龄阶段。事实上，经此一事，一个发展进程被终结了。在这个过程中，我脱离了文学史。

---

　　① 即《少年维特的烦恼》。——编者注

使您开始了一个新的方向？

对，使我走向哲学。我开始受西美尔，然后受马克斯·韦伯的影响。

您会怎样概括他们的影响的积极方面？

关于此，我想这样说，西美尔提出了艺术的社会性问题，这给了我一种观点，我根据这种观点对文学进行了远远超出西美尔本人的讨论。西美尔的哲学事实上是我那本论戏剧的书的哲学基础。

而韦伯的影响的本质呢？

韦伯的影响来得较晚，但是更深刻。西美尔有他轻薄的方面。相反，韦伯想要创立一种没有西美尔的浅薄方面的全面的文学理论。也许我应该提到这样一点，因为它对我和韦伯的良好关系起着作用，这就是我有一次曾对韦伯说，按照康德的学说，美的本质在于审美判断。我认为审美判断并不拥有这种优先权，这种优先权属于存在。"艺术作品存在着。它们何以可能的？"我向马克斯·韦伯提出了这个问题，这给他留下了深刻的印象。这是我的《海德堡美学残篇》的根本问题。

在您后来对西美尔和韦伯的评判中，特别是在《理性的毁灭》中，您对他们二人都毫不含糊地进行了谴责。

但是，在道德方面我对韦伯的看法一向是肯定的，而对西美尔的轻薄我是批评的，因此他和我疏远了。和韦伯之间则没有发生这种疏远。

您和布洛赫的友谊也是在这个时候开始的吧？

对。

在海德堡您也认识了拉斯克。您和他有亲密的友谊吗？

这是一种很美好的友谊。但是，根本谈不上拉斯克影响了我的发展。布洛赫对我的影响很大，因为他以身作则，说服了我，按传统的方式搞哲学是可行的。直到那时以前，我一直在那个时期的新康德主义上消磨我的时间。现在我在布洛赫那里遇见了这样的现象，即有人能够好像全部现代哲学都不存在那样地搞哲学，有可能像亚里士多德或黑格尔那样地搞哲学。

为什么布洛赫会到布达佩斯去？

布洛赫是西美尔的学生，并且在西美尔那里认识了里托奥克·埃玛。通过里托奥克·埃玛，我和布洛赫相遇。顺便说说，也许这个故事很有趣——布洛赫对我的最初印象很坏。他说，我是个唯美主义者，不是一个严肃的人，诸如此类。当然，里托奥克·埃玛把这告诉了我，而我当时的回答是："不必要求一个伟大的或重要的哲学家也能很好地了解人。"我对他的看法的反应，让布洛赫颇为惊叹。从那以后，我们成了很亲密的朋友。

这种友谊延续了多久？

布洛赫在海德堡期间，可以说从 1909 年到 1911 年。[①]然后我们分开了，因为布洛赫在战争前躲到瑞士去了，而我留在国内。

这是您在匈牙利发展了您的文学生涯的时期。

* 我的真正文学活动一部分是从我论戏剧的著作，一部分是从我为《西方》杂志写稿开始的。这里我必须提到一件很重要的事情，我当时并不真正理解，现在才真正明白，它对我的整个文学发展，甚至延续到文学以外的生活具有何等决定性的影响。那是在 1906 年。那一年，奥第·安德烈的《新诗集》发表了。《新诗集》对我产生了绝对颠覆性的影响。简单地说，这是匈牙利文学中第一部能够使我找到返回匈牙利的道路并且被我看作我自己的一部分的作品。我现在对旧匈牙利文学的看法是另一个问题，那已经是后来多年经验的结果。我必须承认，在当时我根本没有深入接触过古典匈牙利文学。我只是受世界文

---

① 卢卡奇把时间记错了。布洛赫在海德堡是从 1910 年到 1914 年。——英译者注

学，尤其是德国哲学的塑造性影响。德国哲学的影响贯穿了我的整个一生。这种影响自然并没有因为奥第诗歌对我的影响而发生根本改变。事实上，这个经历既没有抵消德国哲学的影响，也没有使我回归匈牙利。毋宁可以说，匈牙利当时对我来说只意味着奥第的诗歌。然而，发生了某种我后来才理解其意义的事情，即意识到德国的发展中潜藏着相当多保守的世界观。这不仅适用于我当时已经知道的康德，还适用于黑格尔（三四年以后，我开始摸索着从康德走向黑格尔），以及我正在阅读的现代德国著作家。我知道，如果我引用一首奥第后期的诗，我就犯了不合时宜的错误，但是在他的作品里我从一开始就读出了那种"我不让自己受摆弄"和"乌弋萨反对加冕"①的情绪，我一直认为这是黑格尔的《精神现象学》和《逻辑学》的伴音。这样就产生了一种在当时的文学中没有先例的混合体，既可以作为黑格尔派又可以作为人文科学的代表，同时又采取一种左翼的，甚至在某种程度上是革命的立场。我在这里不是谈奥第的诗歌和文学对我的巨大影响。但是必须说，不管奥第的诗歌的文学意义如何，我与这

①　乌弋萨是哈布斯堡帝国最小的地区，也有权反对皇帝加冕，这句谚语和我国的"敢把皇帝拉下马"相似。——编者注

些诗歌的接触是我一生的转折点之一。这绝不是青年时代常有的偶然发现，也许没有必要多说，但是我终其一生都非常爱慕奥第的作品。这不仅仅是一种情感投射，因为我在匈牙利曾是第一个在三四年之后写文章谈奥第与革命的个人联系的人。我曾说，奥第是一个认为革命对他自己的自我实现不可缺少的人。如果我现在把这个模糊的初次印象产生的时间定在1906年左右，那么我在时间上没犯什么错。但是我当然必须强调，当时我对这个问题的重要性没有丝毫概念。我只是感到对奥第的诗有一种毫无保留的喜爱。

正像我已经说过的，我的真正文学活动是从这时开始的。1906—1907年，我在柏林写出了我那本论戏剧的书的第一稿。我把它提交给基斯法卢狄学会，并于1908年获得了克里斯廷娜 – 卢卡奇奖。在1907年我还把我的论诺瓦利斯的文章交给了《西方》杂志，如果我没有记错的话，（文章）1908年初在那里发表出来了。我不来详细谈这些，因为那些书大家都是知道的。[①] 我只想稍微说说我怎么看我在当时匈牙利的文学和艺术生活中的地位，因为

---

① 论诺瓦利斯的文章收在《心灵和形式》中。——英译者注

文学方面对此没有可靠的说明。在这里我必须先做点保留，因为，如果我从个人关系谈起，那么结果就是在这种关系对我很重要的地方却没有形成这种关系。我在这里想到奥第。我曾与他见过一面，但是确切的时间我记不清了。我唯一能肯定的是，它必然在1908年秋季以后，因为那时我对《黎明》的评论，即我关于奥第的第一篇东西已经发表。因此，若是不能说出确切的日期，我将把这次见面的时间定在1908年冬或1909年春。这次见面是通过一个好朋友，即画家吉加尼·德热实现的，他也给奥第画过肖像，并且和他关系很好。他有一次带我到哈罗姆－霍洛（三鸦街的餐馆）去。我必须说，这次见面我从中真是什么也没有得到。这晚去哈罗姆－霍洛的全是奥第的贵族朋友，我根本插不上话，不过因为这从另一个角度看很重要，我必须补充说，我对此丝毫不感到失望。我这一生中对重要人物的态度都采取歌德笔下的菲林①的态度："如果我钦慕于你，那与你有何关系呢？"所以，我同我的另一位最重要的同时代人即巴尔托克没有任何关系，并非偶然。与巴尔托克的交往就更便利些，因为他是音乐学院的

---

① 见《威廉·迈斯特的学徒期》。——英译者注

教师，我妹妹是大提琴手，我妹妹在那里学大提琴，作为学生在音乐学院学习音乐理论课。巴尔托克和我们家在别的方面也经常有接触。例如，在1919年以后，他在我父亲在布洛克斯堡的别墅里住过一段时间。但在，当时我不能够表达清楚我对音乐的看法，所以我当着巴尔托克的面很少说话。直到专政时期，我们之间才开始有某种关联，那时巴尔托克、科达里和多南尼组成了乐队领导小组。我作为人民委员和他们有经常接触，但是这当然和个人关系不是一回事。我提到这点，只是为了说明，这种事情归根到底不具有决定意义。顺带一提，我和萨博·埃尔温这位我在布达佩斯的同时代人中第三位最赞赏的人只有短暂的接触。我对他不像对巴尔托克和奥第那样保持距离，他是当时匈牙利思想家当中唯一的一个我应该真正感激的人。但是尽管如此，我们彼此之间的联系却是相当松散的。既然我们谈到这个问题，我想简单地提一下，我是通过他了解了法国的工团主义的，当时我认为这是可以认真对待的唯一的反对派社会主义运动。

为了不致产生错误的印象，不致在我描述与《西方》杂志的个人关系时使这种错误印象甚至受到更大的歪曲，我应该补充说，我绝不是一个独来独往的人。例如，我与

当时的一些造型艺术家有很好的且真诚的关系。我在造型艺术方面不是什么专家。我只写过几篇相关的文章。很早的时候我在《二十世纪》杂志上写过一篇评论高更的文章，还有一篇评论"八人社"画展的文章，其中谈到克恩什托克及该社的其他成员。除此以外，我不仅和吉加尼·德热有很好的关系，还从孩提时代起就同维德勒什·马尔克很要好，尽管他比我大很多。此外，我和老一代画家，和费伦济·卡罗伊、芬耶什·阿道夫、里普尔-罗纳伊·尤若夫，以及马尔菲、蒂汉伊，以后又和内麦什-拉姆帕尔特、费伦济·本尼、费伦济·诺埃米有很好的关系。总之，我在造型艺术领域同很大一批人有经常性的接触。与此相反，我和《二十世纪》《西方》杂志的领导成员却没有任何个人关系。至于奥什瓦特，可以说是"一见钟情又一见反目"。我们从初次见面的时刻起就不能相互容忍。他相信并且公开说，我是一个很差的作家。在这一点上，他和霍尔瓦特·亚诺什是一致的。这实际上是一种很普遍的看法，我毫不反对。现在的我觉得《心灵和形式》的文笔极其做作，以我后来的标准看是不能接受的。然而，这不是说我认为奥什瓦特在这个问题上正确，因为他觉得好的作品，我却不那么认为。算了，我们还是别提这种不理智的表述吧！我很快就发觉我为什么不喜欢奥什瓦特。在匈牙利的文学批评中有一种特殊的类型，在奥什瓦特之前由阿姆布鲁什·佐尔坦以及在一定程度上由彼特尔菲·耶诺所代表。这些批评家接受最新的西方思潮，特别是巴黎的思潮（在这一点上，阿姆布鲁什尤其突出），把它们嫁接到匈牙利的保守主义上，直到赫尔泽格·费伦茨和莫尔纳尔·费伦茨为止，这种保守主义对任何平庸的思潮都是宽容的。我对这种贵族的保守主义极为鄙视，同样蔑视它在奥什瓦特身上的表现。我这样做是多么正确，在我 1945 年回到匈牙利，奥什瓦特的评论集出版的时候，就变得非常明显了。那里面只有一篇是真正尖锐的批评，即对易卜生的批评。其余文章则充满了对从赫尔泽格·费伦茨直到索马哈齐、伊什特万这些最糟糕的作家的赞赏。我知道这与关于奥什瓦特的传说相矛盾，然而谢天谢地，我们手头有编定成册的集子，后世可以根据这个集子来研究奥什瓦特的评论天赋。

*卢卡奇同志，您有一次曾说过一个关于奥什瓦怎样谈论黑格尔的故事……

*对，我为了我的文章到现在的杜纳旅馆去，当时这家旅馆还叫布里斯托尔咖啡馆。奥什瓦特每天早晨在那

里。当我用胳膊夹着一堆从大学图书馆借的书——当时还不时兴手提包——来到那里时，奥什瓦特像往常那样看看我在读什么书，每次都如此。那次我偶尔带了几卷黑格尔的著作。"黑格尔是个很差的著作家。"他一边说一边把书合起来。顺便说一下，我们伟大的传说制造者格勒尔特·奥斯卡曾散播说，奥什瓦特当时就给他复述过这个故事，并且补充道，黑格尔是个很差的著作家，而恩格斯是个很好的著作家。这里可以看到，我们对这类传说必须多么小心。奥什瓦特不可能在当晚对格勒尔特复述他早上在布里斯托尔咖啡馆对我说过的话。我当时对《西方》杂志而言，不过是个很不起眼的作者。这当然是我按照我自己现在在文坛的地位来毫无根据地推测 1909 年的事情。另一方面，说奥什瓦特认为恩格斯是一个很好的著作家，根本是不对的：他一辈子从来没有读过哪怕一行恩格斯的著作。格勒尔特·奥斯卡只是制造了一个把奥什瓦特变成布尔什维克之前的马克思主义者的传说。自然，这里没有一句话是真的。关于我同《西方》杂志同仁的关系，值得指出的是，当时我在编辑部的讨论会上认识了奥什瓦特、芬尼厄和伊格诺图什，但是我从未遇见和认识肖普弗林，也没有遇见过莫里奇·日格蒙德，尽管我曾经写文章评介过他的第一本书。关于科斯托兰伊我也写过文章，但我未曾亲眼见过他，我也不认识卡林蒂和克鲁迪·久洛。总之，我从未遇见过《西方》杂志的所谓核心人物。我重复说一下，这当中的原因绝不是我个人如何冷淡。正是由于这个原因，我在前面提到我在造型艺术家中的朋友，我和他们在组织上没有任何关系，但是在咖啡馆和其他类似的场所，我们经常见面。但是，我从不去参加《西方》杂志同仁的聚会。我和巴比茨·米哈伊的第一次见面也发生得很晚：在1916年。萨博·埃尔温邀请了巴比茨、巴拉日·贝洛、加博尔·安多尔和我，开会讨论如何动员作家反对战争。不久之后，在1916年或1917年初，按照卡尔·曼海姆的倡议，我们和巴比茨一起吃了一顿饭，饭后和他一起散了一会儿步，但是我们从未有更密切的接触。在《西方》杂志的全部同仁中，我只同卡夫卡·玛吉特、列兹纳伊·安娜和巴拉日·贝洛有过个人接触。关于卡夫卡·玛吉特，我没什么可说的。我们的关系不错，但不是很亲密。我不知道您是否听说过，她是作为教师来到布达佩斯的，只是过了一段时间以后才得以不当教师。我父亲由于在市政厅任职，对此起过重要的作用。我想

说的是，我们曾帮助她来到布达佩斯。她有一次到柏林去时，也去看过我。我们的关系就是那样亲密。我和列兹纳伊·安娜有过真正的、的确是终生的友谊。我想您知道，1965—1966年她住在布达佩斯的时候，我们曾经常在一起。我很高兴看到她的长篇小说问世。她在年轻时只以诗歌闻名。我很高兴我能有机会对列兹纳伊·安娜说，我认为她的长篇小说是多么杰出。我对她这样说，我认为第一卷是一部杰作，第二卷是一部很好的小说。我再强调一遍，我很高兴这种友谊持续了整整一生。

二、战争和革命

让我们来谈谈1914年战争爆发吧。

关于战争我能说的就是，我从一开始就坚决反对它，我对我周围的人任何倾向于支持战争的观点也忍受不了。甚至像巴拉日·贝洛那样对战争并没有直接的支持，我也忍受不了。巴拉日的态度是："也去受苦受难吧！"虽然不是公开地，但是我在私下里对他很尖锐地谈了我的看法，特别是对他的书的结尾部分表示很不同意。那里有一段他和列兹纳伊·安娜之间的谈话，他把奥匈帝国赞誉为瑞士那样的多民族国家。我认为这是一种愚笨的谄媚，因为我认为国内的情况极其糟糕。关于战争我只能说，我是最坚决的战争反对者。我不知道我是否已说过这点。如果我还没有说过，那么我现在就来说。我的态度当时是这样的："德国和奥地利的军队也许会把俄国人打败，这将意味着罗曼诺夫王朝被推翻。这没问题。德国和奥地利的军队也可能被英法军队打败，那将意味着哈布斯堡王朝和霍亨索伦王朝垮台。这也没问题。但是，那时谁将在西方民主面前保卫我们呢？"[①] 这个问题就摆在眼前。你由此可以看出，我对实证主义的敌视也有政治上的原因。不管我如何谴责匈牙利的情况，我决不打算把英国的议会制度作为理想状态来接受。但在当时，我没有看到任何可用来取代现状的东西。从这个观点出发，1917年革命是一次伟大的经历，因为它表明了事物可以是另一个样子。不管人们对这个"另一个样子"有何看法，这个"另一个样子"改变了我们所有人的生活，至少是我们这一代相当一部分人的生活。

您有一次谈到您对战争的态度时，提到西美尔的一封信……

---

① 参看卢卡奇在1962年为《小说理论》写的序言。——英译者注

西美尔的信之所以有趣，只是因为我从中强烈地感到人们总想把自己的过去修饰得与他们的愿望相符。所以，我曾怀着一定的疑心，或者毋宁说批判的怀疑来质问自己，我是不是真的从一开始就反对战争？于是，我想到我曾与马克斯·韦伯的夫人玛丽安娜·韦伯有过一次谈话，确切的时间我记不清了。在那次谈话中，玛丽安娜·韦伯曾赞扬战争中的英雄行为的道德价值，而我对她的回答是，行为越英勇，情况就越糟糕。我后来偶尔得到一本为纪念西美尔而出版的书。那里发表了他的一部分书信，其中有一封是写给玛丽安娜的，注明的日期是 1914 年 8 月，在这封信中他写道，如果卢卡奇不能够理解战争的伟大，那是毫无办法的，因为战争只能靠直觉去理解，和他讨论是没有意义的。这可以证明，我和她的谈话可能发生在 8 月初。玛丽安娜把它告诉了西美尔，这是西美尔的答复。这使我确信，我的记忆没有错，我在 8 月初就已反对战争。在这类问题上必须十分小心，因为正像你们知道的，可怜的老德里在拉伊克事件上陷入了困境，因为他忘记了他当时曾写过一篇文章。①

———————————

① 德里·蒂博尔在他关于拉伊克事件的回忆录中，忘记了他在 1949 年自己曾写过一篇反对拉伊克·拉兹洛的文章。

西美尔相信战争的伟大只能靠直觉去理解，是对的。

在这一点上我同意他的看法，但是我对这件事感兴趣，只是因为它为这次谈话真的发生在战争爆发后的头几天提供了客观的证据。

卢卡奇同志，您当时在柏林吗？

不，我当时在海德堡。我是 1912 年到海德堡去的，可以说，我在那里一直住到战争结束，直到我回到布达佩斯的时候为止。

什么时候？

确切的时间吗？ 1917 年秋天我去布达佩斯，然后在 1918 年夏天我又回到海德堡。那年 8 月我回到布达佩斯，想在来年春天再回海德堡，但是这自然没有实现。

您是怎么设法回避服兵役的呢？

这是由于银行经理的儿子如果不想服兵役的话就不必去服兵役。当然，我们都必须到兵营里去。我在那里立刻被告知，我得接受医生委员会的审查。体格检查的结果显示，我患有严重的神经衰弱。

您一生中最不易得的就是这种病。

这种严重的神经衰弱就成了我的病。我必须补充说，这是由科朗伊诊断的。匈牙利的腐化必须被认为比通常以

为的更广泛和更严重得多，因为科朗伊不是任何人都能接近的。然而，我父亲能够和他打交道，结果是我在战时充当辅助勤务兵。

直至战争结束吗？

不。只是到我以前的校友、后来的内务部长拉科夫斯基·伊凡来看望我父亲的时候为止。我必须给你说这个故事，因为从卷入的人物看，它也相当有趣。拉科夫斯基来看望我父亲，想设法弄到一个信贷银行董事的职位。由于那是他的目的，讨论自然得通过尤西大叔①进行，自然有人提到了捷尔吉正在干什么的问题。我父亲乘机抱怨我将不得不在布达佩斯当辅助勤务兵，将吃很多苦头。这时拉科夫斯基说道，尤西大叔不应该发愁，什么事也不会发生，他应该告诉捷尔吉到议会去找他，他们会讨论这个问题的。我们真的这样做了。四个星期以后，我被免除了兵役，同军队再也没有任何关系。而拉科夫斯基则在信贷银行得到了一个职位。

这叫作皆大欢喜。

当考察我在青年时代的发展时，这件事是不应该略

———————

① 卢卡奇的父亲名叫尤若夫，这是亲昵称呼。

去的。我是信贷银行经理的儿子这一事实没有任何文学上的影响，然而这种身家背景的影响却十分巨大。如果我没有这种关系，谁知道我可能已在哪个俄国集中营中死去了。

您在海德堡怎么可能与战争保持距离呢？您在自传提纲中写道："海德堡：雅斯贝斯的帮助（在很大程度上是违背他自己的看法的）……"

雅斯贝斯给我开了一张医生证明。因为他支持战争，所以说这是违背他的信念的。

那么，他为什么给您开这个证明？你们是朋友吗？

我们之间有一定的友谊，我想他对我的帮助应该归功于我当时的一个巧妙的回答，这种回答在后来也被证明是有效的。他问我，我不想参加战争，是不是因为我担心自己的生命。我回答说："我当然害怕。要是到战争结束时才征召我入伍，那我肯定不会要求你给开医生证明。"这个回答显然对他产生了影响。

他也没有去当兵，是吗？

他身患疾病。他没有被征召。

您在该战争年代时也提到您的第一个妻子叶莲娜·格拉本科。

　　她是一个俄国人，在俄国曾一度参加社会革命运动，不过她早已与它疏远了。在战争期间——这是没有意思的私事——我们分开居住。也就是说，她和一个男性朋友住在一起。因为她是俄国人，没有任何收入，所以我在经济上给她支持。1918年，我不知道是由于什么原因，她和她的男性朋友分开了，来到布达佩斯。但是那时，我们的婚姻早已破裂了。

　　她在战争期间实际上住在哪里呢？

　　叶莲娜·格拉本科吗？起初在海德堡，后来在巴伐利亚。

　　她在匈牙利文学中常常被提到。例如，费伦济·本尼曾提到她，森科的长篇小说中也提到她⋯⋯

　　她除了是一个很有天赋的画家以外，还是一个绝顶聪明的人。当她到布达佩斯见到库恩时，她得到的印象是，他像伏脱冷。我认为这是一种很机智、很准确的观察。我当时很认同这种观察。从这种观察中可以清楚地看出，她一定是一个很机敏的人。在布达佩斯，她和年青一代，和费伦济·本尼的圈子，和列瓦伊、森科等人交了朋友。她在那里住在苏维埃宫，他们在吃午饭、晚饭的时候以及其他时候彼此见面。她属于这个圈子，却从未参加共产党。

这一切在维也纳又继续保持，例如，她在那里和列瓦伊关系很好。

她也流亡了吗?

她也流亡了。

你们是在海德堡认识的吗?

不，是在意大利的海滨疗养地。她在巴黎时和巴拉日一家很要好。她去看望巴拉日一家，在那里我们认识了彼此。

您现在对您在战争期间写的主要著作《小说理论》有什么看法?

用费希特的话说，《小说理论》把整个时代描绘成绝对罪孽的时代。这本书的一个特点在于，它是建立在思想史的方法论基础之上的。但是我认为，这是唯一一本不倾向右翼的书。在道德上，我认为整个时代都应受到谴责，而艺术由于反对这种发展趋向而应受到赞扬。就我自己的发展而言，俄国的现实主义变得很重要，因为托尔斯泰和陀思妥耶夫斯基教育我们，文学能怎样被用来彻底地谴责整个制度。他们的著作中根本不谈资本主义有这个那个缺点；在他们眼中，整个制度都是不人道的。

卢卡奇同志，是否由于这种认识，您甚至不指望从英

国人的胜利中获得任何改善？

事实是，我总是对资产阶级民主抱怀疑态度。阿纳托尔·法朗士有时候会说，富人和穷人一样被禁止在桥下睡觉。我总是不信赖这种平等观念。但是，这在我并没有导致任何具体的政治观点。只有在李卜克内西的行动①使这点在德国变得很明显的时候，我才知道这种观点有具体的政治形式。

在小说形式和历史之间建立联系，在当时一定是令人吃惊的创新。

这本书无疑包含了一些正确的看法。然而作为整体，它是建立在托尔斯泰和陀思妥耶夫斯基是世界文学中革命小说的顶峰这样一个观点之上的，而这自然是错误的。无论如何，即使这本书还停留在资产阶级文学的框框内，它还是探索了革命小说的理论。在当时，这种东西是从未有过的。当时存在一种关于小说的思想史观点，但它无论在艺术上还是在意识形态上都是保守的。我的理论在社会主义革命性的意义上不是革命的，但是如果用当时的文学批评来衡量则是革命的。归根到底，《小说理论》是论奥第

---

① 卡尔·李卜克内西在德国国会单独一人投票反对战争。

的文章的继续，它在文学体裁和主题方面都是放之四海而皆准的。

卢卡奇同志，今天人们对《小说理论》的态度使您沮丧还是使您高兴？我这样问，是因为您在另一个地方说过，您并不把这本书看作您一生著作的重要组成部分。

那是个很复杂的问题，因为我们仍然生活在一个过渡时代，像《小说理论》这样的过渡作品必须作为过渡作品受到评价。

我有这样一种感觉，把这本书看作过渡现象，只是使这个问题得到部分解决。如果像《小说理论》这样的著作能够存在并产生影响五十多年，那么显然它不只是实现了过渡价值。

瞧，费希特说的"绝对罪孽的时代"意味着欧洲从人们直到1914年生活所在的那种虚假的稳固状况落到了它今天所处的状况。因此，就消极的方面而言，我们说绝对罪孽的时代是完全有道理的。但是，这里还缺少列宁从中推断出的东西，即需要彻底地改变整个社会。这是在《小说理论》中还没有的方面。

有趣的是，您在1914年写了这本书，但是到战后才能出版。

卢卡奇 自传

不完全是这样。《小说理论》在战争期间发表在《美学和一般艺术科学评论》杂志上。只是到战后才以书的形式出版。

当您不再认同您所写的东西的时候才出书。

当时原则的统一优先于具体信念的统一。

您从来没有考虑过发表海德堡的美学未完成稿吗？

没有。

这部著作仍是未完成稿？

它完全是未完成的。有一章发表在《美学和一般艺术科学评论》或《逻各斯》上。我现在记不得是哪一家杂志上了。但是，我很快就放弃了《海德堡美学》，因为我在1917年就开始埋头钻研伦理学问题，对美学问题抛到了一旁。

发表的那一章没有编入现在正在出的您的著作全集中，是吗？

它收在《早期著作集》中——就是说，仅那一章。

整部手稿不再存在了吗？

一部分保留下来了，但是我不知道它在哪里或在谁手里。[①]

---

① 卢卡奇对这部手稿的命运丝毫不感兴趣，这可以代表他对自己早期著作的态度。事实上，这部著作完全保存下来了，并在他逝世后出版了（《海德堡艺术哲学（1912—1914）》卢赫特汗特出版社1974年版，以及《海德堡艺术哲学和美学》马格维托出版社1975年版）。

在您的自传提纲中，关于这个时期您提到布达佩斯的圈子。这显然是指所谓星期日社。有哪些人属于这个社团？

*星期日社包括围绕着巴拉日·贝洛和我自己周围的一些朋友。我们在大战期间组成了一个小组。我作为一个辅助兵，1915年和1916年在布达佩斯，这个社团就是在那时建立的。巴拉日·贝洛和列兹纳伊·安娜是成员，然后有各方面的人参加进来，例如里托奥克·埃玛，她是巴拉日的一个很老的朋友，然后是大批年轻理论家，如福加拉西·贝洛。

*列瓦伊呢？

*不，没有列瓦伊。

*列兹纳伊·安娜提到有列瓦伊。

*她记错了。实际上，第一个参加的是费莱普·拉约什，我和他早就关系很好了；然后是弗列德里克·安塔尔，他后来写了介绍意大利绘画和霍加尔特的著作；年轻的卡尔·曼海姆和阿尔诺德·豪塞也是成员；等等。1918年左右，加入了一些年轻人。其中有后来成了安娜的丈夫的格尔格里，尤其是他们当中还有最有天赋的艺术史家沙尔·德·托尔奈。至于列瓦伊，我了解到他是他们的同学，但他并没有参加这个社团。

*卡夫卡·玛吉特呢？

*卡夫卡有一段时间也来参加我们的聚会，但是后来她和巴拉日的弟弟鲍威尔·埃尔温结婚了。由于这对兄弟像一般兄弟姐妹之间那样彼此厌恶，她也就不来了。

*您认为这个社团在意识形态上是大杂烩吗？

*奥第对战争的观点是这个社团的基本前提。但是，（社团内）反战的程度是很不相同的。我自己很快就对战争采取了普遍的反对立场，而曼海姆或豪塞则没有走得这样远。

*什么东西决定了星期日社的讨论呢？

*这些讨论徘徊于大量极其混乱，也是相互矛盾的自由主义观点之间。绝对不能说这个星期日圈子有一种统一的立场。例如，社里的一般情绪倾向于卡罗利·米哈伊式的西方民主。我认为我是唯一的一个持不同观点的人。正如我在别的地方写过的那样，很好，"德国和奥匈的军队能把俄国打败，这将意味着罗曼诺夫王朝被推翻，这没毛病。德国和奥地利也可能被西方国家打败，这将意味着哈布斯堡王朝和霍亨索伦王朝垮台。这也没毛病。但是，那时谁将在西方民主面前保卫我们呢？"当然，在星期日社里这被看作荒谬绝伦的怪论。至于我，我从 1917 年的俄

国革命中找到了对我的问题的答案，那是我早就开始寻找的第三种可能性。我们当时共同的信念可以这么说：必须拒绝对匈牙利反动派作任何让步，因此我们赞成和《二十世纪》杂志结盟。在世界观方面，我们当然是坚决反对自由思想的实证主义。但是，由这种联盟产生了"人文科学自由学校"，它在1917年开始活动。费莱普·拉约什、巴拉日·贝洛、里托奥克·埃玛以及曼海姆在这里讲课。我也讲了课。而且，这个机构在公开立场上并不对雅济的社团持敌视态度。例如，萨博·埃尔温支持创办这所学校，完全不把它看作对雅济社团的反动。当然，对我们的激进主义不应该估计过高：这不是现代意义上的，更不是布尔什维克意义上的激进。我本人在从星期日社成员变成共产党人之前，不得不克服好些危机。说星期日社是一个布尔什维克社团，像后来反革命所宣称的，例如里托奥克·埃玛说的那样，是绝对不符合事实的。星期日社内部意见纷繁复杂，具有特征意义的是，唯有我一人开始捍卫一种黑格尔派马克思主义立场。除了我以外，只有弗列德里克·安塔尔有某种马克思主义倾向。费莱普·拉约什采取一种基于人文科学的立场，而里托奥克·埃玛基本上是保守的。列兹纳伊·安娜无法归入以上任何一个派别。不可

能在事后把星期日社重新描述成一个布尔什维克之前的，甚至是布尔什维克的组织。

　　*也许您也能就您和《二十世纪》团体的关系说几句话。

　　*我在上大学时，即在本世纪的头几年，就从巴诺奇那里听说过这个杂志。也许您知道，巴诺奇·玛吉特后来嫁给了索姆洛，但是这个团体与巴诺奇家有接触。通过其他的联系，我也很早就认识了萨博·埃尔温。当时，这是人们自然而然想要加入的那种社团。我可以举一个例子。在 1905 年或 1906 年，雅济集团企图在社会学社团中扳倒沃尔夫纳·帕尔和安德拉西的集团。

　　*那是在 1906 年吧？

　　*我只记得我当时在塔特拉斯度假，克服了极大的困难才凑足钱从塔特拉斯山区去参加大会，以便支持雅济这一派反对沃尔夫纳·帕尔和安德拉西阵营。我提到这一点，只是为了表明我从一开始就曾支持《二十世纪》的某些社会努力。但是，我在哲学上坚决反对雅济的实证主义。我应该补充说，我一向认为雅济是个头脑糊涂的人，在理论上非常低能。另一方面，我对皮克勒尔·久洛的理解能力评价很高，也非常器重索姆洛·波多格的学术才能。此外，我和索姆洛有很好的个人关系，和过早夭折的哈尔康伊·埃德个人关系也很好。所以，有一些纤细的线头把我和社会科学社的成员联系在一起，虽然我在哲学上总是反对这个集团的英法实证主义。我不时和雅济见面。我们在一起谈话。我不是特别喜欢他，我也不认为雅济特别认可我。对他，我从没有与奥什瓦特相处时的那种困难。我不记得我交给雅济的东西他有什么没有发表。相反，奥什瓦特拒绝了我那篇关于奥第的文章，是雅济给发表了。这个团体中，我唯一真正尊敬的人是萨博·埃尔温。他是唯一对我的发展真正有过影响的人。如果你现在要问我，雅济的东西我读过些什么，我必须说，我已忘得一干二净，什么也没有留下来。许多人曾说，奥第也曾说，他们能把雅济看作他们的领袖。我从未把他看作我的领袖。

*也许雅济的长处在于他的道德观念？

*尽管听起来可能很奇怪，但是当我把雅济的道德观念同埃列克的道德观念对我的深刻意义作比较时，我发现雅济对我的影响要小得多。雅济的道德观念中有一定量的伤感主义，这是我所不喜欢的。例如，克里斯托菲和他的朋友受到雅济团体的支持。因此，我认为后来达朗伊把雅

济从政府中排除出去是可以理解的。在我看来，这也是合乎逻辑的，我完全不能理解雅济团体和雅济本人的义愤。因为，到底谁能指望达朗伊·伊格纳茨对民主的理解呢？我当时也相当务实，能够理解这一事实。此外，在专政时期我对雅济①有一段不愉快的回忆。我不知道这是不是能说明他的总的为人，但对他的形象没有什么加分，他在专政开始后来看我，提出社会科学社要把积极的共产主义理论家选入理事会：波尔加尔·埃利克、福加拉西和我。我对他说："瞧，我们已经在公共领域活跃多年。如果你们以前没有把我们选入理事会，那么现在当我们是部长或什么人物时，也没有理由选我们。"雅济于是问我《二十世纪》怎么办。"让它继续出！只要你们不公开宣传反革命，"当时我就是这样说的，"你们就不会有任何问题。"说雅济受到迫害，他因此才逃到国外去，完全是无稽之谈。甚至列兹纳伊·安娜的说法也不符合事实。没有任何人想要逮捕雅济。他流亡国外，是因为他害怕——这是有道理的——专政会被推翻，反革命迫害将不限于专政成员，而会超出这个范围。在

_____

① 即1919年3月至8月的匈牙利苏维埃共和国。卢卡奇在这篇谈话中说到"专政"时，都是指无产阶级专政。——英译者注

这一点上，雅济是完全正确的。但是在专政下，他大可高枕无忧。

* **您能否谈谈您和伽利略团体的关系？**

* 我和伽利略团体没有任何特别的关系。我和卡尔·波兰伊很熟，所以我偶尔会去参加这个团体的聚会，甚至可能在那里作过一次报告。我记不清了。无论如何，没有任何密切的关系。这些激进的伽利略团体成员围绕在科尔文周围，我直到 1919 年才认识他们。他们早先是一个非法的小组，对我这个资产阶级作家，他们不大可能想要和我有任何关系。我加入共产党以后，不仅和科尔文联系上了，还见到了一些较年轻的成员，如杜森什卡、契拉格等。我和一些人，例如契拉格，关系很好，但是和伽利略团体从来没有很密切的关系。

当伽利略团体激进到一定程度时，您和它没有建立较密切的关系吗？

除了一些还过得去的友好关系外，我的第一次真正的关系是与共产党的关系。在那以前，无论在激进党那里还是在社会民主党那里都找不到我。这些党内发生的事情，我一无所知。

波兰伊在他的回忆录中写道，在奥第的追悼会上，他

以战斗的反唯物主义精神评价了奥第，而卢卡奇同志以战斗的布尔什维克精神评价了奥第。

波兰伊在 1919 年 2 月 6 日是怎么想的，我今天无法核对，我也无法精确地核对我当时是怎么想的。作为一个文学史家，您对我作为一名作家的发展过程中发生的事情研究得过细了！当时我对周围发生的事情极不感兴趣。我终生是奥第的崇拜者，波兰伊要求我讲话，我自然是同意的。至于我当时脑子里想到了什么，这对我的总的发展有任何意义——这一切都是文学史式的夸张。

让我们回到主题上来。您在前面说过，您放弃了美学，是因为您已开始对伦理问题感兴趣。这种兴趣产生了什么著作吗？

当时并未产生任何写成的著作。对伦理学的兴趣把我引向了革命。

不管怎么样，您发表了论伦理问题的文章，例如《策略和伦理》。

那是后来的一篇文章。它是在 1919 年写的。

但是，它不是这种兴趣的产物吗？

当然。我在这里提出了伦理冲突的问题，即一个人的行为可能不符合伦理，然而是正确的。

这个赫伯尔的问题……朱迪丝的两难处境……

"如果您（上帝）把罪过置于我和我的行为之间，我怎么能和您争辩或脱离您！"[1]

绝妙的句子。但不幸的是，像所有聪明的或美妙的句子一样，它都会被滥用。

不可能被滥用的句子根本没有。

您的理论活动从美学开始，然后是对伦理学的兴趣，在这之后是对政治的兴趣。从1919年开始，政治是您主要关心的东西。

按我的看法，不应该忘记，我对政治的兴趣同时也有伦理的内涵。"怎么办？"一直是我头脑中的主要问题，这个问题把伦理和政治领域联结在一起。

在卡罗利的秋玫瑰革命[2]期间您的立场是什么？

我们不应该事后来粉饰事变的实际进程。我属于那个认为当时的整个形势无法维持下去的广大知识分子阶层——德国人称之为"同路人"。有一个典型的例子。发

---

① 引自弗里德里希·赫伯尔的话剧《朱迪丝》，表示她杀害霍洛费尔纳斯时的道德观念。

② 1918年10月革命期间，示威者和士兵的上衣翻领上都缀有小菊花或"秋玫瑰"。秋玫瑰这种花在万圣节（11月1日）之前城里到处都能买到，在"革命"一词前加上这个限定词，也表明革命的不流血性质。

生枪击事件时，我在铁索桥那儿。那儿有大约四五百人；我是其中之一。这整个事件中我唯一记得的，是我自己同迪埃内什·拉兹洛的那位我很欣赏的妻子一起站在浮罗斯玛蒂广场上，她是一个化学家，一个很聪明的女人。我们一起跑开，跑到多瑙河沿岸的拱廊下面去。在这次示威游行中，我没有起任何重要的作用。在整个十月革命期间，我的行动都是如此。我的确拥护革命，但我没有起任何积极作用，因为除了小小的星期日社以外，我绝对没有任何联系，只是在革命胜利以后，当由于共产党人的登场而产生的问题开始使人们产生兴趣的时候，我才变得积极起来。我必须承认，而且有文献可以证明，我是经过某些犹豫以后才加入共产党的。这看似很奇怪，然而在实际中常常发生。虽然我非常清楚暴力在历史中的积极作用，虽然我对雅各宾党人从未有过任何指责的意思，可是，当暴力的问题突然出现在面前，当需要决定我是否应用自己的行动来促进暴力的时候，头脑中的理论和实践就不能结合在一起了。只有在 11 月间经历了某种内部冲突过程，我才能在 12 月中旬下定决心，加入了共产党。

　　您是在这个时候写了《策略和伦理》吗？

是在这个时候写了《策略和伦理》。这篇文章是在 1
月间发表的。这是一种内心的清算，它使得我能够加入共
产党。

**但是我想，您内心的意识形态争论并没有因您入党而
结束。**

除了我已经提到过的敌视战争和敌视实证主义的观点
以外，我以前和运动没有任何关系，并不曾得出任何具体
的政治立场。关于抵抗的一种具体政治形式是有可能的，
我只是在李卜克内西在德国的行动使之变得很明显以后才
知道。现在绝不应该忘记——这绝不是一个个人经历方面
的事实问题，而是一个普遍有效的原理，不管人们关于列
宁的理论和列宁的实践是怎么想的，今天在这方面的错误
的和糟糕的说法太多了——完全是列宁的功劳使共产国际
的荣誉得到了挽救，因为他宣称，资产阶级的倒台和战争
一直是工人阶级的使命。我们只是由于列宁才能够接近这
一认知。诚然，若是没有危机，这种认识是不可能实现
的。我不想否认，我也有过一个犹豫的时期。虽然它只延
续了几个星期，但是它的确存在过。幸运的是，关于这个
时期有一份非常好的文献，这就是森科·埃尔温的长篇小
说《乐观主义者》。他在这里描写了一些我们不应该让自

已忘却的东西，这就是知识分子当时和共产主义建立的混乱意识形态关系。这种混乱达到何种程度，由我算是最能看清问题的人之一这一点就可以看出。我说这个不是为了表扬自己，只是想说明那时的普遍情绪。甚至在像我这样读过马克思著作的人们当中，对马克思主义的理解也是极其肤浅的。没有人对运动或革命有任何经验，我还要补充一句，即使这和正统的信念有矛盾，这就是从莫斯科来的人的政治成熟程度曾被惊人地过高估计了。

党在成立的当时就已经分裂成莫斯科派和非莫斯科派了吗？

没有。当时情况相当混乱。每次从莫斯科来人，我们都非常高兴，心想他们对"那里"发生的情况能够给我们提供宝贵的信息，能够给我们说明所发生的一切的理论意义。我想过一切办法，并且通过我的个人关系，例如我的老朋友塞德列尔·埃尔诺得到帮助。但是我必须说，从莫斯科来的人告诉我们的东西也不是什么理性的东西。

你们相互之间进行这种讨论吗？

这种讨论部分地在星期日社里进行，我那时还在共产党的科学院作了一个大报告。如果我没有记错的话，我的题目正是暴力问题。讨论和对话——森科提供了很确切的说明——也在维塞格拉底街①不停地进行。我不是唯一不能看清我的道路的人。当时的形势非常复杂。一方面，我们相信，这不仅对匈牙利，而且对整个人类都是摆脱当时形势的唯一出路；另一方面，我们对这条出路的理论根据和具体阶段却一无所知。如今的党史学家不能想象，党的干部对有些事情竟一窍不通。因此，这种形势对他们来说并不存在。在他们的想象中，似乎是库恩和他的人带着列宁的教导来到布达佩斯，把它们通过有关的渠道分发给所有其他的人，似乎过了一定时间以后，这些人已经有了一流的知识，其他的人已经有了二流的知识，等等。我向你承认，我只有流亡到维也纳以后才开始认识到列宁的真正理论意义。无论是从库恩那里，还是从萨穆埃里那里，或是从任何其他从俄国回来的人那里，在这个问题上都不可能令我们学到任何有价值的东西。

当时读不到列宁的任何著作吗？

当时只有《国家与革命》翻译过来了。当然，我必须补充一句，《国家与革命》虽然写得很好，但是不在行的和不熟悉马克思著作的读者读不懂它。因为这类读者会以

---

① 匈牙利共产党总部所在地。——英译者注

为这是对马克思著作的语文学研究。毕竟《国家和革命》谈到了马克思对这个问题的所有讨论，这有可能造成这种印象。我必须承认，只有到后来我才理解了这本书的重要理论意义。至于我个人，我只能说，我入党时是完全没有理论准备的，我在党内在这方面也没有学到什么。我的真正的、强制的学徒期是在专政期间和专政垮台以后才开始的，那时一部分共产党人开始学习并且设法掌握真正按共产党人意义理解的马克思主义。

卢卡奇同志，您早先从未属于任何一个与共产党有关联的团体吗？

从未属于。

那么，您怎样解释您相较而言很快就成了人民委员的事实呢？是由于您的声誉吗？

在某种程度上，是因为库恩和萨穆埃里在这方面是讲究实际的人。毕竟，即便我不是一个一流的作家，至少也是个所谓著名作家。他们认为这是一个长处。我确信，我要是没有广泛的声誉，他们是不会让我在一个大型系列讲座中讲第一讲的。第二个原因可能是，在库恩·贝拉在2月间被捕以后建立了第二个中央委员会，在它的领导下出版了《红色新闻》。我们曾在左派社会民主党人当中、在兰德列尔团体以及接近它的人们当中获得了一定威望。当《红色新闻》在共产党全部上层领导被捕以后仍然继续出版，并且在他们和一部分舆论看来甚至比以前出得更好的时候，他们感到吃惊。我无法自己评定这一点，但是我记得一个关于我父亲的故事。我自然从来不和他谈论这些问题，他担任企业家和私人企业雇员联合会的会长或类似的职务，这是个赞成采取某种社会政策的组织，就是在这里有个人说了下面这段令我父亲很惊讶的话："经理先生，这真了不起，自从您儿子编辑《红色新闻》以来，它比以前大大改进了。"

卢卡奇同志，您是这家报纸的编委还是主编？

这家报纸是由一个团队编辑的。有正式编辑头衔的人是拉科什·费伦茨，但是他不算在内，阿拉帕里、波尔加尔、列瓦伊和我是事实上的编辑。如果说我一般被认为是编辑，这大概是因为在这一群人中我最有名。

您在组织上和共产党的关系是怎样开始的？

我早就和共产党领导中的塞德列尔·埃尔诺是亲密的朋友了。他在库恩及其支持者之前来到布达佩斯，我和他就这些问题有过长谈。我已经提到过，我从一开始就同情俄国革命，我也同意在匈牙利宣布成立苏维埃共和国。

卢卡奇 自传

但是归根到底，我是在资产阶级偏见的世界中成长起来的，因此，无产阶级专政的口号在我心上引起了某种意识形态危机。这种危机的产物是发表在《自由思想》杂志上的一篇文章，我在这篇文章中采取了反对专政的立场。在1918年11月间解决了这个危机以后，塞德列尔领我去同库恩和萨穆埃里谈话。

那时共产党已经创立了。

共产党是在11月中旬创立的，所以我不在创始成员之列。

您是在头一批领导人被捕以后进入领导层的吗？

是这样的。当我入党时，库恩和萨穆埃里要我在理论刊物的编委会里担任一个职务。我同意了，如果我没有记错的话，《国际》上发表了我的一篇文章。在库恩和他的人被捕以后，一些同志开始推测谁有可能接替他们担任领导。有一个人——我记不起是谁了——领我去见非法的中央委员会。应该指出——我想这在历史上还没有记载——当时在党内有两派。第一派由于库恩及其拥护者的被捕而感到受挫，有点惊慌失措，害怕极端反动的派系会在匈牙利掌权。他们的立场是，我们应该改组成一种类似萨博·埃尔温集团的东西，在纯粹理论和意识形态方面继续进行工作。另一派，其中包括我，认为原来领导所进行的工作应该继续进行下去，必要的话以非法的方式，如无必要便以合法的方式。

谁属于第一派？

我记不得了。

那第二派呢？

例如萨穆埃里·蒂博尔，他当时转入地下，坚决支持第二派。我不能提供第二派成员的全部名单，这也不重要，因为这是一场内部争论，对外部世界没有产生影响。共产党保存下来了，经过补充的领导重新执行以前的政策。只有一个小小的变动，我可以说，我对此也起了一点作用。库恩曾与兰德列尔有很好的个人关系，他想通过适当的讨论和说服，使兰德列尔的左翼社会民主党集团更靠近党。领导层的我们几个人提出，兰德列尔集团现在会在两种立场之间摇摆，如果我们批评他们摇摆，这会有利于加速他们转向共产党。我们认为，说这会加大我们之间的鸿沟是不对的。我应该指出，当我在专政时期和兰德列尔谈到这点时，他承认共产党对他的动摇进行的尖锐批评的确对他后来的立场产生了影响。

领导层在专政期间对像土地改革这样重大的问题是意见一致的吗？

很遗憾，对土地改革问题，我们是一致同意的。这一方面是由于社会民主党的影响，另一方面是因为我们有些人以为分配土地只是一个过渡措施。由于匈牙利的资本主义发展比俄国的更先进，我们可以不要这个过渡措施。如果我们把大的地产变成生产合作社，那么我们就会跳过资产阶级革命阶段而直接进入社会主义。这是我们谁都未能幸免的一个错误。至于我，我认为值得指出，在文化领域，我充分认识到，真正的革命性变革必须得到革命的资产阶级分子的支持，而在土地问题上，由于我不是政治家并且没有深入了解这个问题的性质，我直接接受了党的观点。我不想掩饰自己的错误：我肯定没有反对党的观点，即使作为军队中的政委，我曾多次看到农民由于我们未能分配土地而不信任我们。

党的领导在专政期间对什么问题有意见分歧吗？

在一些小问题上有不同的意见，因为库恩是一个相当精明的策略家，他同维尔特纳和彪姆①关系很好，几乎所

---

① 社会民主党右翼的主要代表人物。

有问题都会事先和他们进行一些讨论。我们有些人认为，他太过于把党的策略限制在维尔特纳和他的人所许可的范围内了。在这个问题上有反对意见，科尔文·奥托、伦节尔·久洛、鲁达什·拉兹洛和波尔加尔·埃列克是主要的批评者，我站在他们一边。这种思想上的反对，正像我们当时说的一样，是想把库恩·贝拉稍微向左边，往共产党人一边拉一拉。然而，这种反对远没有形成一个定型的宗派。

然而，您是否赞成两个工人政党合并呢？

由于决定权掌握在我们手中，我们一般过于重视统一。这在我还有个人的因素。我思想中仍然保留着萨博·埃尔温的工团主义的残余。因此，我希望两党的合并能够带来工团主义倾向的重大进展，那些领导无产阶级参加革命的机构将比这些党派得到更高的发展。我的文章《党和阶级》应该被看作打上萨博·埃尔温的烙印的工团主义的最后一点涟漪，而不是我自己发展中的一个重要阶段，因为专政的现实很快就向我表明了这种观点站不住脚。

您今天仍然认为库恩和社会民主党的关系太过密切吗？

库恩必须在一定范围内与社会民主党人保持这种关系。另外，我们不满意专政未能大踏步地建立我们当时对共产主义所设想的人间天堂。当我说人间天堂时，这应该

从宗派主义和禁欲的意义上去理解。我们当时想的绝对不是到处有牛奶蜂蜜的极乐乡。相反地，它与具有决定性意义的人生问题的大转变有关，这些情绪在专政中很突出并且清楚地表现在一些具体问题上，按我的看法，对这些具体问题的反对意见是正确的。有一个这样的问题是克雷孟梭照会，它甚至使我们的伟大政治家库恩也上当了。他相信了克雷孟梭的保证，即如果我们把我们的士兵从捷克国境线上撤回来，罗马尼亚军队也会撤退。库恩·贝拉只是中了克雷孟梭的圈套，在这一点上，我们站在反对方面的人比库恩聪明，因为我们知道这是一个圈套，我们若接受照会的条件，什么也得不到。但是，这并不意味着有任何理由说领导中有派系分裂。

您能说说您作为人民委员有哪些活动吗？

这方面能说的东西很少。当时我们都非常憎恨资本主义及其一切形式。我们不惜一切代价要摧毁它，而且越快越好。这毫无疑问对党的文化政策有影响。当时进行了一些实验，从根本上说是正确的，然而是以很幼稚的方式实行的。这些尝试是为了消除艺术家和艺术品的商品性质，使它们从商品交换中退出来。所谓艺术家和作家登记处的目的，就是使艺术家在物质上不依赖于自己的作品是否卖出。现在很明显，而且我们在专政之后也很快就明白了，这种做法很幼稚，把这作为共产主义措施来捍卫实在可笑。另一方面，我们的政策也有很积极的一面：它通过建立文学家和艺术家理事会，把对艺术和文学的控制权交到艺术家自己手中。这在那种把真正著名的艺术家安置在领导岗位上的领域中可以看得最清楚。例如，音乐理事会由巴尔托克、科达伊和多南伊组成，他们在音乐领域实行专政，使得巴尔托克－科达伊倾向能够占主导地位。但是，他们也实行了歌剧改革，这可以从这一事实中看见，即在专政期间在匈牙利第一次演出了威尔第的《奥赛罗》，举行了隆重的首演式。在造型艺术方面也有类似的情况，虽然没有这样突出。像费伦济·本尼、费伦济·诺埃米和内麦什－拉姆帕尔特这些人在那里起了领导作用。和他们在一起的有一些很有天赋的艺术史家，如波加尼·卡尔曼、维尔德·亚诺什和后来很著名的弗列德里克·安塔尔。在这些人的帮助下，他们实现了私藏艺术品的社会化。这种社会化的成果，是在1919年夏天举行了一个在全世界都罕见的展览会。我可以援引像德沃夏克这样真正的行家的话来证明这一点，他说这是展览会应该办成什么样子的典范。在政治上，德沃夏克是一个保守派，然而他非常高兴

看到把绘画从收藏家那里拿走，放到博物馆里。这一切以薄弱得多的形式也可以在文学领域中看到。我还想举一个例子来说明我们的文化政策。就在专政开始前的时期，在教师中，特别是在文理中学教师中产生了一种激进的运动。教育人民委员设法把部里秘书职务以上的全部老人统统解雇，并且用激进教师联盟的领导人来接替他们以及大学各系的全部负责人。我可以附带补充一点，我曾通宵和昆菲谈，设法克服他在这个问题上的反对意见。我的神经比他坚强，到凌晨三点时，他顶不住了，便表示了同意。这一切都要求有真正的改变，所以我们从一开始就设法制定了一个严肃的纲领。我应该补充的是，这个纲领在1945年才由革命付诸实现。八年义务教育，四年文理中学，然后是大学，这一切在专政时期的改革纲领中都已经有了。

您当时和作家们的关系怎样？

他们有自己的作家理事会……

卡萨克加入了吗？

卡萨克是会员，甚至德里也是。从奥什瓦特到德里到卡萨克，几乎各个派系都有代表。

巴比茨也在那里面？

当然。甚至给他安排了教席。

您没有反对吗?

有各种各样说我们使用了强制手段的故事。但是，谁能强制一个人接受教席呢? 较不愉快的是卡萨克在他的回忆录中写道，我有一次曾试图用手枪逼着他上前线。这完全是无稽之谈，因为如果他作为政治委员上前线，而在我的地区停留下来的话，我会把他送回家的。我肯定不会送他上前线去。那会与我的政治信念相抵触，因为我认为，无论是对一个共产党员还是非党员同志来说，上前线是一种很大的荣誉。用枪口逼着一个人上前线，对我来说完全是不可理解的。此外，卡萨克在前线上会遇到极大的困难。当我上前线时——我以自身作保这是事实——那里挤满了极左的共产党人。我把他们毫无例外地统统打发回家。我根本不需要他们。我从军队中的正派共产党人工人当中挑选了我的下属。但是，卡萨克不是唯一的一个对这个时期造了谣的人。还有巴比茨·米哈伊，他声称，在 1919 年，当库恩和他的人被捕时，巴拉日·贝洛和我曾去要求他入党。这实在可笑，没有任何当时的事实根据。

您作为人民委员没有枪吗?

我在专政之前很久就有一支便携手枪，我通常在旅行时带在身边。但是，这支手枪我在专政期间只拿出来过一

次，自然是在很有趣的形势下，并且得到了很大的成功。在布达佩斯有一些无政府主义者，我们同他们的关系就像狗和猫的关系一样。有一次，他们在第八区征用了太多的房子，因为有一些年轻工人向我申诉，所以我把那些无政府主义者赶走，让那些年轻工人住了进去。于是有一天，有个无政府主义者代表团来找我们。他们在前厅里把秘书推到一边，就像现在的德国人一样横冲直撞并开始大声嚷嚷。有一个人嚷道，卢卡奇同志做出那种事情，应该被枪毙！听到这句话，我就把手伸进口袋里，把手枪掏出放在桌子上："请便！"顿时，室内鸦雀无声。五分钟后，无政府主义者坐了下来，我们和平地讨论了整个问题。因此，我能够说这是我在专政期间取得的一大成功。

你和卡萨克没有不和吧？

我不喜欢卡萨克，大概他也不喜欢我。我有我的理由。我从来不怎么尊敬卡萨克的诗，但是当我入党时，卡萨克已经作为内部人士发表意见了，我毫无保留地把他看作共产党人作家。后来在 2 月，库恩和他的人被捕以后，在卡萨克的报纸上突然出现了一篇文章，声称把他们叫作共产党人是一种诽谤，卡萨克本人是不断革命论者，不依赖任何党派和团体。对这件事我已经发表过自己的看法。

然后在 3 月 21 日，卡萨克又想成为共产主义的官方宫廷诗人，这对我的激进资产阶级胃口来说真是太过分了。从那以后，我一直蔑视卡萨克，认为他是一个令人不愉快的人物。他的野心一直是想成为公社的官方诗人，但我不认为公社需要任何官方诗人。在共产主义制度下能够被容忍的各种流派应该自由地写作，如果一种意识形态占了上风，那很好。当社会民主党人和工会官僚们发起反对卡萨克及其朋友的运动，想把他们压垮时，我总是站在他们一边。我不容许他们的嘴被堵住。但是同样，我也不容忍他们被承认为官方艺术家。顺便说说，想通过得到共产党人的官方承认来加强自己的地位的不只是卡萨克及其朋友。社会民主党人和雅济及其朋友曾不断设法，以求达到同样的目的。我认为与雅济有关的事我已提到过，昆菲也有类似的情况。当社会民主党人把《新时代》接收过去时，昆菲曾建议我参加编委会。我拒绝了，并且对他说，既然他们接收过去了，他们就应该像他们愿意的那样去办，我不应该掺和进去。我对卡萨克及其朋友也有类似的看法。

您和巴拉日的友谊在专政期间继续保持了吗？

继续保持了。不过，关于巴拉日享有特权地位的说法是不对的。他在人民委员部工作，曾在短时期内上过前线。

这些说法显然从这样一种情况下得到了支持，即按照一般看法，您在《巴拉日·贝洛和他的故人》一书中对他作了过高的评价。

*他的反资本主义在社会方面甚至还不如我，不过他也有一种浪漫的反资本主义情绪。我既反对《二十世纪》类型的自由思想又反对普罗哈斯卡·奥托卡尔，我捍卫"第三条道路"，这种"第三条道路"在他那里，在他的诗歌和戏剧中也能找到。我不能确定我当时是不是对这些作品作了过高的评价，但是如果现在这么强调我当时对他评价过高，这在某种程度上反映了这样的情况，即在我看来，他在1918年以前的抒情诗现在被评价得过低。在当时，巴拉日·贝洛作为抒情诗人所起的作用比今天人们所承认的要重要得多。值得注意的是，对人的评价的扭曲程度达到了何种地步，例如，尤哈斯·久洛如今变成了一位伟大的诗人。我甚至要说，按照我个人的看法，托特·阿尔帕特作为诗人，在1919年以后要比在1918年以前更好一些。同样，比起巴比茨的早期作品，《约拿书》好得无可比拟。因此，如果我们要对这些人作出全面的评价，我们就必须跨越这个存疑的阶段，看到他们在1919年以后是怎样发展的。

我们这就看到了巴拉日·贝洛的真正问题所在。他参加 1919 年革命和后来忠于这一革命所怀抱的热情和献身精神，的确令人钦羡。然而，在一定程度上这也是他的不幸。因为共产主义有点像俗话说的那样，"Qui mange du pape, en meurt（吃教皇给的东西是会吃死人的）"，对马克思主义不可能进行试吃。你要么完全皈依它——我知道这绝不容易，因为我花了十二年时间才得以迈出这决定性的一步——要么就完全可能从左翼资产阶级立场来观察世界。在巴拉日那里最后得出的，是肤浅的马克思主义和他的早期诗歌意向组合而成的极坏的大杂烩。照我的看法，他作为一个诗人，除了在《男声合唱》中的几首很好的诗以外，没有写任何值得一提的东西。从那时起，巴拉日成了迷失了方向的作家，我们在 20 年代闹翻并不是偶然的。我很高兴我刚才提到列兹纳伊·安娜的情况，因为这使人们可以看得很清楚，我的判断并未沾染任何共产主义宗派主义的成分。毫无疑问，列兹纳伊·安娜的诗一向比巴拉日·贝洛的更远离共产主义。然而，甚至在我成了共产党人之后，我仍然把列兹纳伊·安娜的诗以其实际面貌加以接受，尽管我知道，这些诗是和我的社会信念格格不入的。我不能接受巴拉日那种半心半

意的大杂烩，不是因为其中的共产主义是肤浅的，而是因为它是半心半意的。而这种半心半意也影响他作为诗人的成就。所以，我与巴拉日的关系其实只到《西方》杂志时期为止，我关于他的评论文集不是我们合作的开始，而是合作的总结与终止。

别的作家还有谁向人民委员部提出过正式要求？

几乎每个作家都到人民委员部来。例如，科斯托兰伊曾要求建立一个团队来翻译《资本论》。

要是科斯托兰伊翻译了《资本论》，那会挺不错。

就匈牙利语言而言，那会挺不错。但是你不应该忘记，匈牙利作家对我的深刻蔑视更多的是由于黑格尔而不是由于马克思。下面这件事对专政以前的舆论来说是很典型的，而我在这里举的例子还不是作家，而是波兰伊。有一次，波兰伊在我在场的一个讲习班上，从黑格尔的《精神现象学》中读一些句子，他仿佛在读一则幽默故事。他读完一个长句子，全场报以哄堂大笑；他读完另一个长句子，又引起同样的反应。总之，我非常怀疑，科斯托兰伊是否能够把马克思与黑格尔在文风上的关系体现在匈牙利译本中。

我必须说，当我需要用《资本论》的引文时，发现即

使是按鲁达什和纳吉·塔马什的译文，也很难找到一句是符合要求的。就内容而言，翻译得也不好。

完全可能。

科斯托兰伊的译文至少能够成为一个流行于大众的读物。

但是，我很怀疑马克思的原意有多少能保存下来。

卢卡奇同志，您当时除了教育工作以外，还有军事任务吗？

有，但只是一个插曲而已，尽管延续了六个星期。

您担任了什么职务？

我是第五师的政治委员。如果我没有记错的话，当捷克和罗马尼亚的进攻在4月份开始时，人民委员会议决定，半数的人民委员应该到大的军事单位去当政治领导人。所以，瓦戈和波加尼成了军团司令，而兰德列尔后来成了总司令。这些是军事职务，而不是政治职务。但是，共产党人到许多单位去当政治委员。我自愿去做这项工作，被派去保卫蒂萨费勒德。蒂萨费勒德的保卫战弄得很糟，因为布达佩斯的红军战士不放一枪就逃跑了。其他两个本来愿意保卫蒂萨费勒德的营因此不能守住它们的阵地，以致罗马尼亚人穿过了它们的防线，蒂萨费勒德陷落了。我开始以尽可能有力的方式恢复秩序。就是说，当我

们渡河到波罗兹洛时，我召开了特别军事法庭，把惊慌逃跑的那个营的八个人在集市上枪毙了。我用这种办法多少恢复了秩序。后来我成了整个第五师的政治委员。我们一起前往里马桑巴特去打捷克人，这个城被攻下时我在场。后来我就被召回布达佩斯，我在红军中的活动就此告终。

在此期间谁负责人民委员部的工作？

各部门的头。如果某天比较安宁，我就设法弄一辆特别的车，它由一个车头和一节三等车厢组成。当总参谋部估算下来将有一整天的休战，我就在傍晚乘上这一特别列车去布达佩斯，第二天下午就回来了。

我们生活在一个小国家里也挺好。要是在俄国就要困难一些。

但是，在匈牙利可以这么干。

您对军事发展有什么影响？

在军事上，我自然只能在最明显的情况下进行干预。我为此找到了一种很好的方法。至少我们特别反革命的参谋长每当看到我使用这个方法就要发火。我往往对他说："瞧，您是当兵的。您有您士兵的语言，我有我哲学家的语言。但是，军事问题我一窍不通。如果你要告诉我这个或那个营需要从一个地方调到另一个地方，你不必详细谈这样集结或那样集中以及诸如此类特别专业的东西。对这些东西我毫无概念，所以你必须以那种使我这个外行人也能懂的方式来进行解释。"他个子不高，是师参谋长，过去是上尉或少校。他当然对我很恼火，因为他实际上是在怠工，就是用外行人的话是不可能解释得通的。我从克劳塞维茨那里了解到，一种严肃的军事战略也可以用普通语言说明白，但是怠工是不可能这样解释掉的。

卢卡奇同志，我想，在很久以前，甚至在1956年以前，您曾说过，您每次到部队去，总要去看厨房……

我经常上前线去看部队。我总在离前线两三公里的地方把车停下来，把它随便藏在哪个灌木丛里，然后突如其来地出现在部队中。我总要径直走到厨房里去，要他们把正在做的饭菜给我一点。厨师们总是对我很害怕，因为他们永远不知道我什么时候会转到厨房里去，他们永远没机会做假。

在师的水平上，这是唯物主义的实际结果：你必须从厨房开始。

士兵脑子里最关心的是两样东西：一是厨房，二是邮政，因为他们必须准时收到信件。我不认为自己是杰出的军事组织者，但是这两件事我在全师办得井井有条。士兵

们吃得不错，而且每天都能收到他们的信件。

您同高级军事领导，同斯特罗姆菲尔德和彪姆有任何接触吗？

一般说来，我们只是执行我们接到的命令。只有一次我违抗了命令，那是在五一节前罗马尼亚大举进攻的时候。我们的师守住蒂萨费勒德－伊格尔防线。唯一的另一支较大的匈牙利部队驻在索尔诺克，在我们之间，在吉斯刻尔有一座横越特伊斯河的桥没有人防守。我要求军事领导人组织对这座桥的防守，如果做不到这一点，就把它炸掉，因为不然的话，捷克人可以毫不费力地从我们和索尔诺克之间走过来，我们就要完蛋。斯特罗姆菲尔德根据各种各样的军事考虑，决定不愿意这样做。于是，我在未得到他同意的情况下就把桥炸了。

您没有受到惩罚吗？

没有。斯特罗姆菲尔德事后认识到我在军事上是对的。

您当时和他熟吗？

不。我们是后来交上朋友的，这时他已经加入共产党了。

你和加阿尔·加博尔的友谊也是从您在前线的时候开始的吗？

是的。我曾要求国防部给我一名入了党、我能用作副官的后备军官。他们给我推荐了加阿尔·加博尔。我和他一起上前线，形影不离地度过了六个星期或更长的时候。所以，我从那时起就认识他了。他给我留下了很好的印象，我们成了朋友。

这种友谊后来继续维持了吗？

我们在维也纳相处得很好。后来加阿尔·加博尔离开了维也纳，那时根本不存在个人通信，所以我们就彼此疏远了，不对，不能说疏远，只能说事实上是彼此分隔开了。在许多年中，我只能从报刊上知道他在干什么。我知道，他从德文、匈牙利文和俄文报刊上收集了所有我写的文章。我猜测，关于我写的东西，他发表了许多文章。

卢卡奇同志，您直接寄给过他什么著作吗？

我没有把我的著作直接寄给任何人。我把它们交给主管出版的党机关。这些机关负责它们的出版。东西在哪里发表，我现在也无法回答了。

据我所知，在专政被推翻以后，您和科尔文曾受库恩·贝拉委托留在布达佩斯。

是这样。

你们的任务是什么？

我们应该组织共产党。当罗马尼亚人来到时，我在前

135

线，任务是尽可能使第五师恢复秩序。我一无所成，到了傍晚我乘汽车回来，问当时在场的同志党有什么意见。党的意见是，科尔文和我应该留在国内维持非法运动并且作为这个运动的领导人行动。我应该接管意识形态的领导，科尔文则接管组织工作，甚至在当时我就怀疑，科尔文和我是不是这项任务最适当的人选，因为如果有什么共产党人为大家所知道的话，那我们就是。此外，科尔文还有个外貌问题：他是个驼背。

您认为这一使命是对你们怀有敌意的表现吗？

这不是能够证明的东西。四五个共产党领导人在党的总部同库恩坐在一起讨论问题，我从前线回来时，决定已经作出。

"对库恩的怀疑"——您自传提纲中的这句话是什么意思？

嗯，我和库恩的关系在专政期间即已严重恶化。我第一个妻子的说法可以很好地说明这种恶劣关系。我已经引用过她的话。当她第一次看到库恩时，她的印象是他像伏脱冷。我当时认为，而且现在仍然认为，这是一种很机智、很准确的观察。甚至当时在我们之间就常有意见分歧，虽然只是在运动的道义问题上。所以，我对这一使命极为怀疑。我当时曾说，科尔文和我适合做殉道者。

科尔文也和库恩有意见分歧吗？

也有。科尔文坚持阶级斗争的观点，常和库恩的妥协立场发生冲突。当科尔文对某些中间派社会民主党人的立场表示稍微不同的意见时，维尔特纳和他的人自然跳出来支持社会民主党人，可是库恩却不支持科尔文。

科尔文被捕以后发生了什么情况？

科尔文大约一周以后即被捕，由于他很自然地并且很合乎情理地没有把他的朋友和合作者的名字和地址告诉我，我完全陷于孤立的境地。在这种情况下，我留在布达佩斯完全没有意义。还有一个情况是，由于外人的告发，我隐藏的那个套间在一个军官的指挥下，受到了搜查。那个套间是扎拉伊·贝洛的遗孀玛特·奥尔加的。他们没有抓到我，这是我人生中的幸运情况之一。

在搜查房子时能逃脱，几乎是不可想象的。

这比人们想象的简单得多。我应该补充一点，这一部分也是由于我自己小心。玛特·奥尔加是一位摄影师，她是一个很勇敢的女人。她的套间有一间她和女儿住着的小房间、一间大餐厅和一间通向阁楼的摄影室。在摄影室里有一张沙发榻，我就睡在那上面。我们每天都要争吵，因

为她总要给我铺床，而我坚决反对，因为我计划只要夜间门铃一响，我就溜到阁楼上去。我很熟悉阁楼上的情况，我预先就想好了，那里有一个很大的板条箱，我可以藏在它后面。我费了很大的劲才说服了玛特·奥尔加，如果沙发榻上没有被褥，那就谁也不会想到可能有人藏在摄影室。有一天，大约是凌晨三点的光景，门铃真的响了，对套间进行了例行搜查。我从板条箱后面留神听着外面发生的事情。由于告发的人提到玛特·奥尔加曾接待过库恩·贝拉并为他照了相，没有说她窝藏了谁，他们便没有进一步搜寻。我是在下午没有带任何行李的情况下到她那儿去的，摄影师当然总是有人不断去找的。门房领着我乘电梯上去，一个人上楼去找玛特·奥尔加也没有任何引人注目的地方，因为当时每天下午去找她的就有 5 个甚至 10 个人。所以，没有任何人怀疑有谁可能藏在那里。当然，在那以后我不能再待在这个套间里，因为我不能冒第二次搜查的危险。在和当时的同志们讨论之后，我决定应该到维也纳去加强流亡组织。这是 8 月底或 9 月初的事情。布达佩斯当时被马肯森的部队占领着，他们的军官来往于布达佩斯和维也纳之间。在专政期间，他们把反动分子从国内送往维也纳，而在专政失败以后，只要给他们许多钱，他们也把革命分子护送到那儿去。我家里人贿赂了马肯森部队里的一名中尉，让他把我作为他的司机带出国。但是，由于我不会开车，我家里人把我的一条胳臂用绷带包扎起来，仿佛我曾在途中发生了事故，只好由军官自己开车。这纯粹是一种交易。

三、在流亡中

您在维也纳待了多久？

可以说，从 1919 年 8 月底或 9 月初离开祖国，我在那里一直待到第二次党代表大会，直到 1930 年或 1931 年。

您是在那时开始和您的妻子盖尔特鲁德一起生活的吗？

我们是在流亡中开始一起生活的。当然，我们在那以前就已认识了。我很早以前就认识她了，但是直到我 1918 年发表关于伦理学的讲演以后，我们的关系才开始密切起来。通过关于那次讲演的谈话和讨论，我们发现彼此在道德和精神方面有许多共同之处，我们在当时建立的密切关系在我一生中一直起着关键的、主导的作用。以前我从未遇见过一个我能与之有如此亲密关系的女人。

你们在维也纳靠什么生活？

我写文章，卖旧东西——我还有各种各样的东西。我

们凑合着过日子。

当时没有党员薪金吗?

起初,我们可以说过着一种穷困潦倒的生活。然而有三年时间,我给俄国使馆的贸易通报 *Torgowü Bülten* 当编辑,每月领 100 美元。我们用这笔钱能够过得很好。1928年我父亲去世,通过各种各样复杂的花招和路子,我终于把遗产弄到手。我们靠它一直生活到我去俄国为止。

您在这个时期没能靠写作挣钱吗?

我是写东西,但是当时一个共产党人作家或理论著作家不可能靠稿费过日子,即使当时也写了畅销书。

奥地利当局给您安宁吗?

情况前后有很大变化。起初我被看作一个重要人物,因为警察还不知道我们是在逃的杀人犯还是未来的部长。我个人还是很幸运的,在海德堡认识了几位社会民主党的理论家。如果警察像有一次那样对我无礼,我就去看望他们中的某一位,向他诉苦。我的朋友就告诉伦纳,伦纳就打电话给警察总长,说不能那样做。在那以后,在六个月之内谁都对我们极其友好。甚至发生向反动方面的摆动时,他们也不能把我们怎么样,因为匈牙利的引渡要求不仅适用于我们,也适用于社会民主党人。如果他们决定引渡我们，那么他们也将被迫交回彪姆、昆菲等人。因此，我们在彪姆及其同事的庇荫下得到了安宁。后来情况越来越恶化。不过，我并没有参加奥地利的共产主义运动，只参加了匈牙利的共产主义运动。我的工作方式是非常隐秘的，所以他们不可能找到任何怀疑我的证据。

我看到一封由托马斯·曼写给总理宰佩尔的信。

有这么一封信。当库恩 1928 年在维也纳被捕时，他们要驱逐我，我的朋友们便给托马斯·曼写信，他便写了一封对驱逐表示抗议的信。

也就是说，直至 1928 年为止，您没有从匈牙利得到任何到物质上的接济，是吗？

幸运的是，我们没有什么偏见。我们已经在一起生活，但是我们决定不结婚，因为盖尔特鲁德是作为公务人员的遗孀领取抚恤金和子女抚养费的，我们绝对没有理由放弃这笔钱。然后在 1923 年，似乎我将应聘去耶拿当教授。这意味着我们必须结婚，因为一个未婚的人不能带着一个女人和几个孩子去耶拿。于是，我们在维也纳结了婚。当耶拿计划过了几个星期告吹的时候，盖尔特鲁德表现得非常勇敢——她做得真是漂亮和勇敢。她装作根本没有结婚，不久之后去匈牙利大使馆重新领了她的寡妇身份

证，所以我们直到1933年去俄国以前没有正式结婚。

为什么没有弄到耶拿的教授席位？

因为在萨克森和图林根原有的左派社会民主党人和共产党人之间的联盟，由于社会民主党左派受到压力而破裂了。社会民主党人占有了萨克森和图林根，因此在耶拿和莱比锡的大学中实行这种改革的可能性就没有了。

您在维也纳住在哪里？

盖尔特鲁德住在修特多尔夫她姐姐家，我在那里也得到一间房。这期间我们一直都共同生活在一个房子里。在柏林甚至这样安排，盖尔特鲁德租了一个套间，我在那个套间里租了一间有家具的房间。我们当时没有结婚，因为我们完全无法理解匈牙利这个国家为什么不以抚恤金和儿童金的形式支付她的生活开销。

你们与奥地利当局没有发生什么麻烦吧？

您知道，没有。没有任何麻烦，因为这只是一个体面的市民家庭。一个女房东把一层楼交给她妹妹，她妹妹的子女在那里，这没有一丝一毫不寻常的地方。盖尔特鲁德把一间房租给某个人，也没有任何不寻常的地方。

您和尤若夫·阿蒂拉也是在维也纳认识的吗？

对，是在维也纳。

那是一种一面之交吧？

相当表面，因为他在维也纳只待了很短一段时间。如果我没有记错的活，我是通过列兹纳伊·安娜认识他的。我从一开始就对他评价很高，我在党内对此也毫不隐讳。

也有一个材料，即尤若夫·阿蒂拉写给尤若夫·约兰的信……

说我如何喜欢他写的诗？对，尤若夫·阿蒂拉有封信谈到这点，是那时在维也纳写的。

您当时知道尤若夫·阿蒂拉在党内的冲突和被开除出党的事吗？

别忘了，直到 1930 年以前我是党的积极成员，因此党内的一切事情都会告诉我。1929 年，在勃鲁姆提纲以后，我离开了匈牙利的运动。在发生与尤若夫·阿蒂拉有关的冲突时，我已和匈牙利的运动没有任何关系。

您当时在组织方面加入了德国党吗？

没有。直到 1930 年以前我是奥地利党的成员，后来在俄国我加入了苏联党。从 1931 年到 1933 年我是德国党的成员，当我们决定返回俄国时，有一个总的决定，说德国党的流亡党员应该留在德国党内，不应该转入俄国党。

由于这个缘故，我直到 1945 年都是德国党的成员。

在这段时间里，您还是一家匈牙利刊物的编委会成员吧?

对，我是《新声》的编委会成员。德国人对此并不怎么感兴趣，因为他们知道我是匈牙利人，那就是我参加的原因。

这是不是说，直到勃鲁姆提纲以前，您甚至不是匈牙利党的成员?

名义上我是奥地利党的成员。生活在奥地利的任何匈牙利共产党人必须是奥地利党的成员，因为匈牙利党是非法的。

所以，名义上您是奥地利党的成员，但是在组织上您属于匈牙利党，是吗?

是的。

我想，您是在尤若夫·阿蒂拉和列兹纳伊·安娜在一起时遇见他的，对吗?

我们在别的场合也遇见过。我只是通过列兹纳伊·安娜认识了他。从巴黎去匈牙利途中来看过我的，还有伊叶什。我也和他有过一次长谈。纳吉·拉约什在维也纳也来看过我，我也和他有过一次长谈。所以，即使我自己没有写任何东西，我也和匈牙利作家保持着关系。

而和非党的流亡者呢？

我已提到过，我和卡萨克的关系很坏。我和巴尔塔·山多尔发展了很好的关系，当他和他的朋友们开始向左派靠拢的时候。

党的宗派斗争在流亡者中是怎样发生的？

有各种各样的因素。从一开始就有一部分流亡者聚集在兰德列尔周围，另一部分流亡者聚集在库恩周围——一种势均力敌的形势。我记得，大约在 1919 年 12 月，兰德列尔从卡尔斯泰拘留营出来的时候，我曾和他谈过一次话，他似乎是建议我联合起来反对库恩。我只能谈事实，我没有给他任何原则的回答。我对他说，他的朋友波加尼·尤若夫等人丝毫不比库恩一伙人强。正像我不愿和瓦戈·贝拉打交道一样，我也不愿和波加尼打交道。为了使你对形势有个概念，我应该提一下，正像你也许知道的那样，波加尼后来跑到库恩那边去了。还有另一种类型的意见分歧，它是由这样一种情况促成的，即在维也纳的流亡者领导人当时被注定不能有所作为，然而他们仍然需要重新组织和认清形势。

在这种情况下，库恩·贝拉的方法问题变得非常重要，正如我后来才意识到，这些方法表明库恩是如何令人

吃惊地不同于列宁，尽管他曾见到过列宁一两次。从根本上说，他是在季诺维也夫的成材学校（？）①中培养出来的。他是一个典型的季诺维也夫的门徒，他借助煽动、暴力，必要时也借助收买来建立党和他的声誉。事实上，第一次冲突就是因为收买问题即所谓黄金丑闻而爆发的。情况是这样的，库恩在1920年夏天到莫斯科去了，有一天（我自己都不清楚，我和苏联大使馆的一些人是怎么在偶然的情况下有私人关系的），有人指给我看一个包裹，这个包裹寄往瓦戈的地址，它的重量和它的大小简直不成比例。我把这事告诉了兰德列尔。我们都开始怀疑库恩给他的支持者送钱，让五六个领导同志从莫斯科领取津贴。我现在不能列出所有的细节，但我们当时有理由怀疑，鲁达什是领取津贴者当中的一个。于是，我决定吓唬吓唬鲁达什，这不太困难，因为他极其胆小。我和他当时偶尔在同一个套间中租了有家具的两个房间，我和他谈了可能产生何种严重后果、他可能被开除出党，等等，使他惊恐万状。总之，鲁达什完全中了我的圈套，向我承认了，如果我没记错的话，瓦戈收到了五公斤金币，按照库恩寄来的名单进

---

① 在匈牙利文本中也同样是"成材"一词，并附带了一个问号。——德译者注

行了分配。鲁达什还把他得到的那一份拿给我看了。我当时和兰德列尔一起说服了鲁达什，把钱退还给瓦戈，并且说明他作为一个诚实的共产党人不能参加这种事情。这件事表面上暂时这样解决了，但是它造成了瓦戈和鲁达什之间的生仇死怨，有一天在一次流亡党员的会议上终于爆发出来。在争论当中，他们相互指责对方应对黄金事件负责。于是，党内成立了一个调查组，结果是瓦戈被开除出党。这整个事件应该提请共产国际注意。那是在1921年春天进行的，参加第三次代表大会的匈牙利代表团受委托以某种形式提出这个问题。它被列入共产国际的日程。那些会使库恩下不来台的事实被一个调查组一手掩盖了。共产国际建立了一个中央委员会，其中有四个库恩的支持者和三个兰德列尔派的人，即兰德列尔、希罗西克和我。这个中央委员会中，库恩最重要的代表是波加尼·尤若夫，他极力把季诺维也夫的激进主义和各种各样的表面行动弄到匈牙利的政治中来。库恩和季诺维也夫的老关系对宗派的产生起了很大的作用，我们发生分歧的问题恰好是我们应该如何看待流亡者的作用的问题。库恩与季诺维也夫一致，赋予流亡者以极大的作用，甚至谈论应该把流亡者大批地派回国内。兰德列

尔对此极为怀疑,他认为,真正的运动必须在匈牙利本国产生,流亡者所能做的只不过靠他们在意识形态方面较高的发展从国外进行一些支援。在兰德列尔集团的眼中,流亡者总是从属于国内运动的。

基本的冲突采取了什么形式?

冲突是在一个很重要的问题上,即在工会会费的问题上爆发的。你大概知道,在老的社会民主党内,工会会费也包括党费在内,事实上每个加入工会的人也向社会民主党交党费。库恩和他的人现在声明,工会会员这样自动地成为社会民主党党员在原则上是错误的。他们要求共产党人反对这种协议,不再给社会民主党交党费。兰德列尔是一个聪明人,他立刻反对这种要求。他说,在这种情况下,在匈牙利处于非法地位的共产党人就会陷入难以生存的困境。他们拒绝给社会民主党交党费只能有两个理由:如果他们说他们是共产党员,他们就会被投入监狱;而如果他们只是退出,那么他们在党内的地位将变得难以忍受。我们捍卫这种观点,因为如果匈牙利共产党人要在工人运动内部合法地工作,他们就必须交这笔入会费。当波加尼企图不惜任何代价和不择手段地强制推行他的宗派的和不合理的措施时,兰德列尔、希罗西克和我退出了中央委员会的会议。我们宣布退出中央委员会并把这个问题提交维也纳的党。这就是党发生分裂的本质情况。当库恩和他的人要求在报上公开发表这个决定时，兰德列尔集团退了出来，并在稍后创办了对立的报纸。

当时兰德列尔团体有自己的组织框架和领导层吗？

当然有。

很有趣，两个团体是为了这样一个重要的，然而也是非常实际的问题……

兰德列尔有一点与库恩不同——而这使得我成了他的忠实拥护者——他没有提出任何纲领使自己能够用来作为共产党人的领袖出面，他只着眼于使匈牙利运动恢复的实际可能性。这对我产生了很深的印象，从那时起，我就在一切问题上成了兰德列尔的热心拥护者。

库恩是怎么弄到黄金的？有一些传闻——科斯托兰伊在他的长篇小说《埃德什·安娜》的开头也有暗示——说库恩在逃离匈牙利时……

不、不，这种故事都是后来编出来的。黄金是他们在俄国革命中没收来的，就是说，库恩的支持者或一部分支持者在某个地方没收了黄金，然后据为己有。总之，库恩那里有两公斤半黄金供他私人使用。我确信，俄国的游击

队员也没收和侵吞战利品。把拿到手的一切都交出来的游击队员，在世界上任何地方都不存在。

您那时出版的《历史与阶级意识》在国际上引起了那么大的反响，是不是在匈牙利党的宗派斗争中也起了一点作用？

对，季诺维也夫和库恩曾利用关于这本书的讨论来损害我在党内的地位。但是，在匈牙利的运动中没有人在乎它，所以《历史与阶级意识》对我在匈牙利方面的工作并没有产生严重后果。当然，影响还是有的，因为鲁达什写了一篇抨击它的文章。他的批评带有宗派性质。库恩的所有支持者都感到有义务抨击这本书。那时在莫斯科有一个很有趣的故事。在莫斯科的一个匈牙利人的集会上，鲁达什和他的人对《历史与阶级意识》发起尖锐的攻击，指责卢卡奇同志是一个唯心主义者。一个从维也纳来的属于兰德列尔团体的炼钢工人于是站起来说，卢卡奇同志当然是一个理想主义者①，他不像鲁达什同志那样只关心自己的生活过得是否舒适。这就是当时争论的水平。这是不值得传给后世的东西。

----

① "唯心主义者"的外文 idealist，也可理解为"理想主义者"。

是不是库恩团体以莫斯科为中心，而兰德列尔团体以维也纳为中心呢？

兰德列尔团体本来只存在于维也纳。在维也纳的流亡者分裂以后，汉布格尔·耶诺移居莫斯科，伦节尔·贝洛移居柏林，因此那里也产生了这种中心。但是，库恩团体的重心在莫斯科。

卢卡奇同志，您的生活和创作在多大程度上受到这种宗派斗争的影响？

我认为重要的是，我们都是以救世主自居的宗派主义者。我们相信世界革命明天即将发生。匈牙利的工作是由兰德列尔对匈牙利问题的现实主义决定的。这产生了一种两重性。在国际方面，我们是以救世主自居的宗派主义者，而在匈牙利事务中则是现实政治的实践者。这种两重性最后以匈牙利现实主义在勃鲁姆提纲中获胜而告终。

库恩团体是否有纯粹救世主式的概念？

这是一个复杂的问题，但是事实是，救世主式的成分是从库恩开始的。这是一种以救世主自居的宗派主义。像罗兰－霍尔斯特这种人就属于这个范畴。在莫斯科共产国际内，从季诺维也夫开始建立起了官僚主义的宗派主义。这种宗派主义一般由库恩集团体现出来。例如，有一个计

划，要把当时分散居住在全俄各地的战俘全部送回匈牙利，以便为非法的党提供一个基础。这自然是无稽之谈，因为每个从莫斯科回去的士兵都会受到警察极严格的监视。这是一种愚蠢的官僚主义概念，它的出发点是，一个群众性的党不需要慢慢地、一步一步地建立，而是一下子就可以建立起来一个大党派。

共产国际在多大程度上参与了这种计划？

在共产国际中，正像我们当时常说的，库恩是季诺维也夫的干将，季诺维也夫在一切问题上都是支持库恩的。

兰德列尔团体怎么进行工作的呢？

这是由于这样一个令人遗憾的情况，即兰德列尔团体有权。在当时的共产国际中这起一定的作用。结果是兰德列尔团体在原则问题上总是获胜，但是库恩和他的人总是在中央委员会中拥有多数。所以，这就是季诺维也夫在这方面的政策。

卢卡奇同志，关于《历史与阶级意识》我想提一个今天还很迫切的问题。您对这部著作现在还有这种国际影响是怎么看待的？

这本书有一定的价值，因为在那里面提出了当时马克思主义回避了的问题。一般都承认，异化问题是在那里第一次提出的。这本书还尝试把列宁的革命理论有机地纳入马克思主义的总概念。这本书的根本的本体论的错误，是我只承认社会中的存在才是真正的存在，由于自然辩证法被否认，马克思主义从非有机自然界推出有机自然界、从有机自然界通过劳动范畴推出社会的那种普遍性就完全失去了。这里还应该补充的是，在全部的社会和政治观点中，刚才提到的以救世主自居的宗派主义起了很大的作用。

这本书近年来重新产生影响，是不是由于这后一方面的内容？

我想是的。但是它之所以产生影响，在一定程度上也是由于现在简直没有什么马克思主义的哲学书籍。《历史与阶级意识》不管有多少缺陷，即使在今天也比资产阶级作者粗制滥造的许多论述马克思的东西高明得多。

我注意到，在法国，《历史与阶级意识》在1968年五月事件以后被许许多多的大学生所阅读。有一个大学生领袖在一次讲话中甚至把它说成是他最心爱的三本书之一。《历史与阶级意识》符合那种革命意志与拒绝具体政治势力共存的心理状态。

由于阶级意识的分析包含着唯心主义成分，由于这样

一来马克思主义的本体论唯物主义没有我后来的著作那样明显，这本书自然更容易被资产阶级读者所接受。

谈谈您是怎么去写勃鲁姆提纲的。为什么叫作勃鲁姆提纲？

勃鲁姆是我在当时运动中的化名。

提纲的背景是什么？

在准备第二次党代表大会期间，我被委托提出党在政治和社会方面的战略。这就产生了勃鲁姆提纲。正如你知道的，勃鲁姆提纲当时遭到库恩斩钉截铁地拒绝。我不知道我是否已给你说过那个关于曼努伊尔斯基的极其可笑的故事，由它可以清楚地看出当时国际处于何种理论水平上。执委会在柏林开会时，我去布达佩斯执行一项秘密使命去了，列瓦伊参加了那次会议——他是我的消息来源。在那次会议上，曼努伊尔斯基致了开幕词，他说他要高度赞扬匈牙利党的成就：共产国际在它的第六次代表大会上只是顺便提到民主专政的问题，此时，匈牙利党就已经准备作出严肃的决定。第二天早晨，曼努伊尔斯基在会上宣称，看到像勃鲁姆提纲这样的取消主义修正主义倾向传播开来，是极其糟糕的事情！在这期间，他显然得到了莫斯科拍来的电报。

看来用电报来治理有相当深远的传统。

完全正确。尽管我们常常遗忘这一点，但我们其实不应该忘记，因为人们总是从这样一个完全抽象的概念出发，即以为当时的匈牙利领导人都是列宁的学生，事实上列宁在匈牙利没有一个学生。库恩和他的支持者都是季诺维也夫的人，在季诺维也夫的国际中已经可以看出后来斯大林采取的某些倾向。这个曼努伊尔斯基小插曲中的搞法完全是季诺维也夫和库恩派所特有的。把库恩看作列宁的学生是可笑的。列宁对库恩的印象极坏，对他并不很感兴趣。为了公正起见，我应该说，列宁对我的印象也很不好。这些事情是不应该掩盖的。列宁对我的论议会制的文章进行了严厉的批评。可是，他把库恩看作季诺维也夫的学生，把我只是看作一个极左派。

列宁对匈牙利党的任何人特别重视吗？

据我所知没有。

列宁逝世后在苏联党内开始出现的宗派斗争对匈牙利党有任何明显的影响吗？

并不太厉害。但是，由于库恩站在季诺维也夫一边，在匈牙利党内产生了对斯大林的某种同情——我必须说，我也产生了这种同情。

当时斯大林和季诺维也夫联合起来反对托洛茨基，是吗？

是这样，不过这时在斯大林和季诺维也夫之间已经开始出现冲突。我必须承认，我之所以同情斯大林的反季诺维也夫行动，是因为我的反库恩态度起了一定的作用。

史洛茨基在匈牙利党内没有任何重要的支持者吗？

托洛茨基主义在匈牙利党内微不足道。没有托洛茨基主义的宗派。

勃鲁姆提纲的命运受到苏联党和季诺维也夫领导下的国际之间的冲突影响吗？

我不这样认为。我认为列瓦伊在一封给库恩的信中对情况的描写是非常确切的，他在那里说道，他不同意勃鲁姆提纲，但是这个提纲确切地表达了那种在拒绝库恩的工会提纲之后建立了匈牙利社会主义工人党 [①] 的兰德列尔政策。按照列瓦伊的看法，勃鲁姆提纲必须被看作那种政策的理论概括。

为什么列瓦伊不同意勃鲁姆提纲？他不属于兰德列尔

---

① 匈牙利社会主义工人党是根据在维也纳的匈牙利共产党 1924 年 11 月的决定，于 1925 年 4 月 14 日建立的。它是从维也纳进行活动的非法的匈牙利共产党在匈牙利国内的合法组织。——英译者注

集团吗?

他是兰德列尔的支持者之一,但是兰德列尔在 1928 年死了。可以说,勃鲁姆提纲为兰德列尔集团送了终。这个集团的理论家——列瓦伊等人——不同意匈牙利的运动应该建立在匈牙利社会主义工人党之上。他们投靠了想要从上面,即直接从莫斯科建立运动的库恩路线。这使得列瓦伊和哈伊·尤里乌什离开了兰德列尔集团,哈伊在当时是一个很有天赋的年轻人。

列瓦伊早先有过要离开兰德列尔集团的迹象吗?

对像列瓦伊那样的人,是很难确切地说在哪里和在什么时候开始破裂的。

在这之后,您在莫斯科不再和列瓦伊有任何接触吗?

我们的关系并没有中断,但是变得完全不同了。

列瓦伊的悲剧是在这里开始的吗?

列瓦伊采取了一种很极端的立场。不要忘记,认为《历史与阶级意识》不够激进而对它表示反对的批评家只有一个,这就是列瓦伊。他那篇文章可以在《格律恩贝尔格文库》中找到。同时,列瓦伊逐渐产生了这样一种信念,即他命中注定要成为匈牙利有远见的政治家,因此他在任何情况下都必须在匈牙利党的领导中占有一席之地。

由于这个缘故，他认为他必须承受任何牺牲，不管多大。这就是列瓦伊的悲剧所在。

那么，我说他的悲剧是在这里开始的，也许并没有离谱。一旦他转变路线，需要建立一个从外面控制的流亡党，他就会真正发现他后来扮演的从外面和上面牵线的角色。

的确是这样。

是不是您和列瓦伊的个人关系还在匈牙利的时候就开始了？

是的，甚至在专政以前，特别是在库恩被捕以后，当建立起第二个中央委员会的时候。列瓦伊和我都是《红色新闻》的编委，我们总是在一起工作。所以，我们在专政期间就已经有很好的个人关系。

森科·埃尔温的长篇小说中有个故事，说列瓦伊开始对一个理论问题进行讨论，在讨论过程中被卢卡奇同志改变了看法，于是你们的友谊就开始了，这有没有事实根据？

有，他说过一点什么，我现在再也记不得了。我只知道我回答说："瞧，这不是我的观点，这是马克思在《〈政治经济学批判〉序言》中说的。"列瓦伊第二天来看我，说："你是对的。"

我们回过头来谈兰德列尔团体的解体吧。

兰德列尔团体解体后，许多一流的成员投向库恩方面，因为在匈牙利党内部正在开始形成一个围绕着塞列尼·山多尔的团体。这种转向库恩的行动引起了一个过渡时期，它以共产国际第七次代表大会和它产生的政策告终。这些发展完全证实了我在勃鲁姆提纲中提出的观点。

塞列尼·山多尔采取的立场是什么？

他是敌视库恩的，他采取了一种纯粹以匈牙利国内形势为根据的、因此完全站不住脚的观点。

他的团体是值得认真对待的团体吗？

是必须认真对待的团体。它在第三次代表大会之后掌权，把它的权力用于各种目的。例如，列瓦伊认为，而且还对盖尔特鲁德说了，他宁愿做霍尔蒂的囚徒，也不愿做塞列尼的下属。事实上他去匈牙利了，他在那里被逮捕起来，在监狱里蹲了约两年半。

卢卡奇同志，您的经历在多大程度上受到勃鲁姆提纲之后的形势的影响？

直至勃鲁姆提纲以前，我是匈牙利党内的一个干部，所以我的工作范围在很大程度上是由这一事实决定的。在勃鲁姆提纲之后，当我认识到——而这是提纲的基本

点——无产阶级革命和资产阶级民主革命之间，只要它是真正的革命，就没有隔着一堵万里长城的时候，我便来到了我能够自由行动的领域，这里为搞伦理学提供了广阔的民主天地。让我做一点自白。在我写了勃鲁姆提纲以后，我一方面认识到我不是一个政治家，因为政治家不会在那种时候写勃鲁姆提纲，至少不会发表它；另一方面，我在写这个提纲的时候懂得了，无产阶级革命不是一个孤立的事件，而是一个历史过程的终结。在这种意义上，勃鲁姆提纲有积极的方面，即它开拓了通向民主的意识形态道路。为了能够在这个显然很重要的问题上自由行动，我完全屈从于匈牙利这条线。我不想给库恩·贝拉提供通过把勃鲁姆提纲变成国际问题而获胜的机会。结局是这整个事件归结为一个匈牙利问题，我的全部哲学的内容发生了变化。我从匈牙利这条线转到德国的，或者更确切地说转到俄国的这条线上。

是否可以稍显过头地说，《青年黑格尔》是勃鲁姆提纲的延续？

就我来说，任何事情都是另一件事情的延续。我想，在我的发展中没有任何非有机的成分。

我只想说，您对资本主义社会革命阶段的研究可能与

您对无产阶级革命和资产阶级革命之间没有隔着任何万里长城的认识有联系。

对，在这一点你完全正确。我开始研究这个问题的意识形态方面，这后来成了我的研究工作的核心。

您以前提到过，您在这个时期曾在匈牙利非法待过一段时间。

在 1929 年。

您的使命是什么？

去领导运动。外事委员会的成员轮流去匈牙利三个月，以便亲自领导运动。流亡者中的普遍看法是，只有库恩和兰德列尔是例外，他们不必去匈牙利。流亡者中有一群人也曾想把我作为例外。但是，由于会遭到库恩的反对，我觉得不能接受朋友们的意见。我认为，如果我足够谨慎，而且幸运地没有遇到密探，那么我能够避免被捕。我也认为，即使我被捕了，也会有许多国际上的抗议，我不至于被判处死刑。

您在匈牙利待了三个月？

三个月。

掩护的住处和其他一切都是从维也纳安排好的吗？

一切都是在维也纳安排的，但是安排得很糟糕。例

如，我的住处非常漂亮。它在城市的树林里，但是同时离《西方》的编辑部只有十来步路。我完全无法适应这一点。我有一个联系人，即我的所谓表妹。我给她的任务是在一个下午来看我，说她母亲由于在塞格德围绕她舅舅的遗嘱耍的一些阴谋正在六神无主，只有我去塞格德才能把事情办妥。我把这一切告诉了我的房东太太，并且预付了一个月房租以防万一。于是，我们安排这个表妹第二天来接我，陪我去乘开往塞格德的火车。然而，发生了一件小小的倒霉事，我要说它，只是因为我为我能冷静地处理感到自豪。那天晚上，我的房东太太来对我说，她的侄子曾住在她那里，把她的柜子打开偷了一些钱。她说她已经报告了警察局。这非常有趣。更有趣的是，我的房东太太恰好是施怀尼泽尔[1]的表妹，因此她自然去找过施怀尼泽尔。我的房东太太问我是否注意到她的侄子有什么不合适的地方。我回答说："太太，这是什么世道？我住到你这里来，我并没有问女佣是可信还是不可信。因此，正像您看到的，我毫不犹豫地把钥匙留在柜子的门上。"我往柜子那边指了指，"因为如果您说

---

① 施怀尼泽尔是布达佩斯警察局副局长和政治部主任。——英译者注

某某人可信，我对他就绝对相信。现在您却对我说，我应该对您的侄子抱有怀疑。这是什么世道？"她诉了一会儿苦，可是在那以后，我们的关系非常好。我对我当时处理得这样好感到自豪。

您以前曾提到党要您坐一等车。

那纯粹是愚蠢。当然不是任何时候都是这样。像山托·佐尔坦这种人可以平安无事地从维也纳乘卧铺出来，不会发生什么事。可是如果我乘卧铺，我就会提心吊胆，说不定什么时候会遇见一个老同学或类似的人，他会立刻认出我来。

所以，乘三等车较好？

我先到布拉迪斯拉发，从那里乘柏林－布达佩斯特快的三等车回家。

您在那里完成了什么？

我同八至十个人，同各支部的头头保持联系。我参加了这里的中央委员会的会议。事实上，我在那三个月内负责这里的事务。

因此，这次回国还是有意义的。

有一定的意义。它也有利于保证秘密工作不被人们偶像化。事实是，在布达佩斯，虽然不是总是如此，但一般

说来如果足够严谨细致地行事，是可能完全获得成功的。我以前认识的某个人突然在某一瞬间出现的可能性很小，大约是千分之一。这种可能性自然不能完全排除。但是，在布达佩斯有一百多万人，这种遭遇的可能性是极小的。我在布达佩斯逗留期间，有一个时期进行了大规模的逮捕，我不能依靠正常的关系。例如，我通知当时负责出报的萨拉伊·伊姆雷，我将在上午 10 点 5 分在某个街角上把我的手稿交给他。10 点 5 分我在那个街角上遇见他，把一个文件夹给他。他走右边，我走左边，谁也不会怀疑。这种安排现在有各种各样的技术问题。如果萨拉伊迟到，被捕的危险就不止增长十倍，而是会多得多。因为如果我在那里来回徘徊，然后某人从这个来回徘徊的人手里接过什么东西，那么事情就变得非常明显。这种可能性必须估计到。地下工作者当中还有一种倾向，即认为不应该利用大火车站，而只能利用小火车站。据我的看法，小火车站非常危险。从戈多洛站乘维也纳特快的有多少人？在戈多洛站的月台上等去维也纳的特快，从一开始就会引起人们的怀疑。相反，如果你在火车东站上车……我的做法是在检票处只出示一张月台票，而不出示车票。另一个同样有月台票的同志把我的行礼送上车，在车上待几分钟。然后我自己上车。任何人也不会注意，因为这种事在东站每次开车时要发生上百次。只要一切事情都小心从事，被捕的可能性是极小的。

您能举出您1929年在匈牙利遇见过的任何共产党人的名字吗？

嗯，那些人现在再没有什么意义了。今天还重要的人物中我可以举出塞列尼·山多尔。还有一个更好的例子，那就是弗里什·伊什特万，他当时很年轻，负责编辑秘密报纸。

在谈到无产阶级专政失败时，我们曾说到库恩在制造殉道者方面的作用……这种活动是否是这整个时期的特征？

不，我在这里是把库恩从未暗示过的东西加到他头上了。不过，我个人确信，他肯定有这种私下的盘算。

现在出版了哈伊·尤里乌什的一卷自传。我没有读，不过我听说，哈伊·尤里乌什在他的自传中声称，库恩把他的政敌送到匈牙利去，以便他们在那里被逮捕和被收拾掉。

不是不可能的。我不想对库恩作任何道德上的判断，但是据我对他的性格的了解……我已援引过我第一个妻子

卢卡奇自传

的很机敏的看法，她恰如其分地称其为伏脱冷。

这有任何事实根据吗，还是只是一种猜测？

这是不能证明的事情。毕竟我本人去了布达佩斯，又安安全全地回来了。所以，我不认为谁能证明他做了任何这样令人作呕的事情。令人作呕的是库恩本人，是他的为人。至于说到这些指责，那么是我自己争取回到布达佩斯去的。

卢卡奇同志，您安安全全回来这一点并不是对库恩有利的证明。毕竟，您不得不在头一天就改换住处。

有偶然性这种东西。我的住处的偶然情况不能记在库恩的账上，因为这是当地的人给我安排的，他们不可能知道我和《西方》杂志之间的密切关系。

总之，哈伊的说法可能是真的，也可能不是真的。

不能将其看作已得到证明的东西。有一点是肯定的，即库恩非常随便地使用所谓难对付的人去搞地下工作。但是，这是出于政治信念，还是出于粗心大意，甚至是出于坏心肠，没有任何证据可以证明。

我想，哈伊是联系到萨拉伊说起这件事的。

只有在萨拉伊的情况下这种怀疑才有道理，因为在专政期间，萨拉伊是科尔文的代理人。因此，他要是被捕，肯定要被绞死。显然，不要冒太大的风险为妙。可是，萨拉伊确实是自己要求回匈牙利工作的。他绝不是被派遣才去的。情况是这样的：如果哪个领导人从来不回匈牙利工作，他最终将在匈牙利党内丧失威信。按我的看法，库恩和兰德列尔在这个问题上是唯一的例外。

刚才谈到哈伊，您和哈伊的关系怎样？

我们从很早的时候起就很友好，他的头两个剧本《上帝、皇帝和农民》和《财富》，我的确很喜欢。但是，在哈伊转变为从事剧作的人，我们之间的友谊就完全消失了。

你们是在哪里认识的？

在莫斯科。

你们在 1945 年以后有任何友好的接触吗？

在 1945 年以后，我们没有任何接触。他成了一个彻底的创作人。

他的不幸也许对一个哲学家来说或在某些别的领域不那么可怕，但对一个作家来说却是严重的打击，这就是他没有任何母语，他没有真正精通哪种语言。他的德语无疑比他的匈牙利语强，但是即使在他的早期剧本中，他也写不出舞台所需的那种精辟简练和绝妙的语言。

然而，在他的早期剧本中的确包含真正的戏剧冲突。

毫无疑问，《财富》中有严肃的冲突。你不应该忘记那个时期匈牙利戏剧的状况。这在当时自然是了不起的成就。

甚至今天那也是了不起的成就。甚至今天冲突在我们的戏剧中也很罕见。

匈牙利戏剧中没有冲突。哈伊的作品在匈牙利戏剧中是一个真正的转折点。

在您的匈牙利秘密之行之后您住在哪里？

在勃鲁姆提纲以后，我去莫斯科参加第二次党代表大会。

您是什么时候第一次去莫斯科的？

第一次去是在 1921 年共产国际第三次代表大会的时候，会议结束后就离开了。然而，在第二次党代表大会以后，我在那里停留了一年多。我从那里去德国，在希特勒上台后我回到苏联，一直待到解放。

您第一次在莫斯科长期逗留期间在哪里工作？

我在马克思恩格斯研究院工作。我们已经讨论了匈牙利的勃鲁姆提纲。但是，在那里有一个很有趣的发展。如果你现在考察斯大林时代，你必定会比通常更严格地研究斯大林主义的残余，并对之进行清算。但是另一方面，以为斯大林所做的一切都是错误的或反马克思主义的，则纯粹是一种偏见。我现在提到这一点，是鉴于在 1930 年，即在我第一次长期逗留苏联期间，发生了斯大林反对德波林及其学派的所谓哲学讨论。当然，斯大林主义的后来一些特征在这场讨论中都表现出来了。尽管如此，斯大林捍卫了一个极其重要的观点，这个观点在我自己的发展中起了非常积极的作用。斯大林正是对当时在俄国被认为非常重要的所谓普列汉诺夫正统发起了进攻。他反对必须把普列汉诺夫看作一位提供了与马克思之间的主要中介环节的伟大理论家。斯大林认为，正确的应是马克思和列宁的传统——不言而喻也是斯大林这条线。如果您只是考虑斯大林这样说的主要目的，这显然是一种斯大林主义的思维方式，但是对我来说，它有一个极其重要的结果：斯大林对普列汉诺夫的批评使我产生了对梅林进行同样批评的想法。无论是普列汉诺夫还是梅林，都认为必须把马克思的思想扩大到社会和经济问题以外的知识领域，以此来对它加以补充。您也许记得，梅林曾把康德的美学引入马克思的理论，普列汉诺夫则把一种实质上是实证主义的美学引入了马克思的理论。我把斯大林对普列汉诺夫正统的斗争解释为它包含着这样一种观点，按照这种观点，马克思主义不是一种社会经济理论，而是一种普遍的世界观，它

在社会经济理论之外的领域也有一席之地。这意味着它也
必定包含着一种马克思主义的美学，而不需要从康德或任
何别人那里去借用。这些是里夫希茨和我进一步发展了的
思想。当时，我和里夫希茨一起在马克思恩格斯研究院工
作。我们后来的全部发展都与我们对这一思想的加工联系
在一起。您在哲学史中找不到关于这点的说明，然而事实
是我们最先谈论专门的马克思主义美学，最先不是用这种
或那种美学来补充马克思主义的体系。美学构成了马克思
主义的一个有机组成部分的思想，可以在我写的关于马克
思和拉萨尔之间的济金根论争的论文中看到。在里夫希茨
那里，则可在他早期写的关于青年马克思的著作中看到。
非常有趣的是，这一思想与我们的其他思想不同，在苏联
得到了非常广泛的传播。它之所以得到广泛传播，是因为
没有人真正知道这是里夫希茨和我开启的转向。

您对里夫希茨的总的看法如何？

我对里夫希茨的看法是，他是那个时期，首先是在
文学领域中最有才华的人之一。他对现实主义问题有很清
楚的理解，但是他并没有把这扩展到其他文化领域。您不
应该忘记，我在 30 年代写了《青年黑格尔》，我对黑格尔
的观点是与全部官方路线背道而驰的，因为在日丹诺夫眼

中，他只是法国革命的浪漫主义批评家之一。更不要说我当时已开始写《理性的毁灭》。在那本书中，我批评了那种认为现代哲学只建立在唯物主义和唯心主义的对立之上的教条。我采取了既批评理性主义又批评非理性主义的立场，不管它们是采取唯物主义的还是唯心主义的形式。这一切意味着，在主题方面我当时已远远超出了里夫希茨的范围。可怜的里夫希茨在俄国落后了，我这不是批评他，毕竟他在俄国能做出什么来呢？他也认为现代文学是糟糕的。他的思想变得彻头彻尾地保守。我不是要说这使得我们之间的友谊终止了，但是事实是，里夫希茨至今还抱住不放的东西，我在理论上早已远远抛在脑后了。

他一定还有点别的问题，因为他的名字1945年以后在匈牙利几乎不被允许提及。

是这样，但那是因为犹太人问题。他在思想上总是高度正统的，特别是他坚持只有唯物主义哲学才能和艺术中的现实主义相容。

卢卡奇同志，就现代文学中的现象而言，您和他的意见有哪些不同呢？毕竟您也反对一些现代的现象。例如，我想到尤涅斯库或贝凯特的一些剧本。现代现象中有哪些是您接受而里夫希茨反对的？它们属于何种类型呢？

在现代戏剧中，无疑有悲剧开始复兴的迹象。我非常留心地注视着这种发展，因为按我的意见，必须指出这种东西在今天依然存在，尽管很微弱，但问题颇多。里夫希茨完全拒绝了这种现象。

卢卡奇同志，您在哪些作家身上看到了这种悲剧复兴的迹象？

例如，在迪伦马特的《老妇还乡》中。我对他后来的发展很不满意，但是他的第一个剧本……

里夫希茨和您在造型艺术方面也有意见分歧吗？

分歧在于，我把塞尚和凡·高看作现代艺术的顶峰，而他把这个顶峰回推到了更早的时期。

推到什么时候？

文艺复兴时代。

的确往回推了很远。在音乐方面有类似的分歧吗？

音乐在那时并不很重要，只有当我遇到巴尔托克的问题时，我才觉得音乐问题重要。

卢卡奇同志，是什么促使您去柏林的？

这非常简单。我想离开莫斯科。在勃鲁姆提纲以后，我去拜访梁赞诺夫，他很机智地概括了当时的形势。他说："哈哈，你被共产国际化了。"①

梁赞诺夫后来怎样了？

梁赞诺夫当时是马克思恩格斯研究院的院长。他是一个著名的马克思主义者，曾经负责编辑一部大型的马克思恩格斯著作全集。他是一个怪僻的人，但是他很有学问，是真正的马克思主义的行家。我在莫斯科的时候，他就和当局有点麻烦，结果被调到外省去任职。在大清洗时期，他最终消失了。详情无从得知。

您为什么决定去柏林？

维也纳只是作为匈牙利活动的中心使我感兴趣。但是，我不能去维也纳，因为匈牙利党——也就是说，库恩及其同僚——会反对。我于是决定去柏林，因为我想，而这是完全正确的，我能够在德国党内做些认真的工作。我在柏林的两三年中，我完全在处理德国事务。

加波尔·安多尔留在维也纳吗？

不，他在20年代就去柏林了。

巴拉日·贝洛呢？

巴拉日也去了柏林，然后去了莫斯科。但是，我和他

---

① 这里原文就是德语形式。——德译者注

在流亡期间早就分道扬镳了。

为什么呢？

我们已经谈到过这一点。巴拉日在政治上站在左边。但是，他进行了世界观的改造，即把他的旧世界观吸收到官方的共产主义中。结果得出了一种我无论在理论上还是在艺术上都不能忍受的二重性。除了他的第一卷抒情诗《男人的歌》以外，他在流亡期间创作的东西都有这种二重性的毛病，这使得我们之间逐渐疏远起来。我应该补充一点，以便您能看到我的态度不是宗派主义的，这就是我总是劝巴拉日不要入党。我的意见是，如果他仍然是一个同情共产党人的资产阶级作家，这个意识形态问题就不会以如此尖锐的状态出现。谁也不会迫使他忠于马克思主义的教义，他完全可以继续做他的左翼资产阶级作家。但是，他不惜任何代价要入党。

您对巴拉日在电影理论方面的贡献也持有这种严厉的看法吗？

至于说到电影，巴拉日很幸运，没有任何马克思主义的电影理论。因此，他可以认为怎么合适就怎么写，这种二重性并不起作用。我不知道你是否看过《信卡·潘纳》，科达伊在1945年以后甚至为它谱了曲。这简直糟透了。

巴拉日无论如何都要充当一名马克思主义的学者，他把拉科齐和贝尔切尼说成机会主义者，并且用他们来与奥斯开·拉兹洛相对立，后者是平民民主路线的代表。这本身就是绝顶愚蠢的东西。但是，他还编出下面这一套：贝尔切尼派一个使者带了行动计划去见奥斯开。这个计划的突出特点是与奥斯开原来的计划完全一致。但是，由于这个计划现在是由贝尔切尼送来的，他拒绝把它付诸实施。整部电影充满了这种过分幼稚的东西，我们还在莫斯科的时候，我就劝巴拉日把手稿烧掉。

在加波尔·安多尔那里，世界观改造的深度如何？

加波尔·安多尔很容易接受这种在 1919 年以后产生的，在匈牙利表现为强烈仇恨霍尔蒂及其支持者，在维也纳甚至无须宗派特征的救世主式的宗派主义。但是，在向斯大林主义过渡阶段，加波尔有一种深刻的失望感，这就是使这位老人最终毁灭的东西。因为我不认为在整个世界上有任何一个人愿意读他的十卷本后期作品——不幸的是他的妻子认为可以出版他的十卷集。他的维也纳诗歌仍然值得一提，他在《维也纳匈牙利新闻》上发表的檄文非常出色。它们属于匈牙利最优秀的檄文。不幸的是，必须说，除了我以外，没有一个匈牙利作家安然度过了

斯大林时代。我们已经说到过哈伊。所以，当列瓦伊在匈牙利的党代表大会上捍卫流亡文学的时候，他在这一点上是完全错误的。曾留在匈牙利的作家们拒绝他的观点，是完全正确的。不管是巴拉日，还是加波尔，还是哈伊·尤里乌什……

更不要说伊勒什·贝洛了。

伊勒什·贝洛、格尔格里·山多尔……

但是，伊勒什·贝洛后来变坏了，因为他的头一本书丝毫不弱。

《喀尔巴阡山狂想曲》还可以作为一本书来读，但是他后来写的就糟糕透了。

我们现在来谈您的柏林时期吧。您是什么时候到达柏林的？

在1931年夏天。

您是否在那里待到希特勒上台？

希特勒在1933年1月上台，我在3月去了莫斯科。

在反革命获胜以后还在现场待两个月，似乎已成了您的一种习惯。

您知道，我留在柏林，是因为党有一个完全错误的想法，即我应该把文化组织转入地下。这自然是很幼稚的，因为当时谁能想象在希特勒统治下，地下组织会是什么样子。但是无论如何，我在希特勒上台后待到 3 月中才离开。

您在柏林做了什么？您写东西了吗？

我主要是写东西。

您是为一家报纸或一家刊物写稿吗？

我实际上没有任何合同，但是我经常为《左曲线》及其他共产党报纸写稿。

您为《左曲线》写了相当大量的文章。您全是在这个时期写的，还是从维也纳寄去了一些？

不，它们全是在柏林写的。现在已经重印。在我的《全集》的第 4 卷中。

您在德国作家协会中起了任何作用吗？

德国作家协会中有一个很大的左翼集团，其中有一部分是共产党人。我是这个共产党人部分的领导人之一。

那时有可能公开承认自己是共产党人吗？

您知道，我不能隐瞒我是共产党人这个事实，但是这不仅只是对我来说如此，像魏特夫或贝歇尔这种人也不能隐瞒，他们二人在当时起了重要的作用。大家都知道他们是共产党人。

您的处境没有因为您是流亡的共产党人而在组织方面

变得更困难吗？

在希特勒上台以前，这不起任何作用。我不知道是否别人有同样的经验，但我是一个相当有名的用德语写作的作家，而且不仅仅是在共产党圈子中。我是托马斯·曼等人写到过的作家，因此我属于所谓作家中的精英。所以，我是共产党人这一点得到了人们的宽容。

这个时期，即直到1933年您在德国流亡的时期结束，是您今天还持有的马克思主义观点大体形成的时期，对吗？

对，我的某些观点的确可以回溯到这个时期，这从我在《左曲线》上对威利·布莱德尔的自然主义的批评中可以很清楚地看出来。我进行这种批评的时候，德国共产党人的官方看法是，布莱德尔是无产阶级文学的伟大代表。在艺术方面，我一贯否认这种以自然主义的方式存在的共产主义者。

您和布莱希特认识也是在这个时期吗？

是的。

关于您和布莱希特的关系，现在东德发表了许许多多的东西，甚至是流言……

那时我认为布莱希特是一个宗派主义者，毫无疑问，他最初的剧本，他的教育剧都带有很强烈的宗派性质。因此我对布莱希特倾向总是采取一定的批判立场，近来我的批评变得越来越尖锐。这主要应归功于布莱希特的妻子，我们今天还能够看到，她总是采取最官方的立场来促进布莱希特作为作家的声誉。当时的情形就是如此，我可以给您讲一个故事来说明这一点。当时我在德国的地位是，我获得了官方对我继续作为作家进行文化活动的许可，但被告知不得干预政治。那时，我在一次党的会议上受到布莱希特夫人的攻击，说我在地区的党的会议上对这个或那个问题应该采取这种或那种政治立场。我简单地回答说，如果布莱希特夫人到警察局去而不是在这里说这些话，我将非常感激。

您和布莱希特的关系在以后的年代中是怎样发展的？

在关于表现主义的争论中无疑有意见分歧，非常明显，布莱希特更同情印象主义者，而不是更同情我。但是，在战争期间——我记不得确切的年份了——我们有一次在莫斯科见面了。他原来在丹麦和芬兰生活过一段时间，然后穿越苏联前往美国。我们在莫斯科的一家咖啡馆里见面，他对我说："事实是，有许多人在不惜一切代价煽动我反对你，肯定也有同样多的人在极力煽动你反对我。

我们不应该掺和这种事情。"我们的谈话结束得很有趣，因为我们约定在和约签订后的一小时，在柏林的某某咖啡馆见面。所以，即使我在关于表现主义的争论中批评了各种各样的东西，我们在莫斯科分手时是非常友好的。我应该补充一点，由于我深深卷入了匈牙利事件，关于布莱希特的晚期作品，甚至在我了解了它的极端重要性以后，也未能写出一篇文章，这是我的文学工作中的一次严重失误。如果我写出了这篇文章，我关于他这个时期的成就的看法大家就会看得很清楚了。事实是，那时我每次到柏林去都要去看布莱希特，我们常常在一起。我告诉他我关于他后期著作的看法，我们也进行讨论。可以说，我们之间发展了一种很友好的关系，下面这一事实也可证实这一点，即我是应布莱希特夫人的邀请在他死后在柏林发表演说的人之一。我当时正好在德国的一个疗养地，我从那里被邀请到柏林去发表了这篇演说。

如果我可以有点苛求的话，那么我认为您的失误还有另一方面。因为完全有可能，除了《三分钱歌剧》以外，所有莱希特的早期剧本都不会保存下来……

对。

但是，他的早期诗歌肯定有持久的价值。

说实话，我从来没有真正详细研究过布莱希特的诗歌。相反，我对他后期的剧本评价很高。我在我的《美学》和其他著作中都谈到它们。我在 30 年代，由于工作太忙，没有为德国报刊哪怕写一篇文章，用以说明布莱希特的后期剧作与早期剧作是多么不同，这纯粹是我的错误。

在 30 年代？您是说 40 年代吧？

是在 40 年代。

毕竟在《德国文学中的进步和反动》中您不可能知道这些剧本，因为这篇东西您是在 30 年代写成的。

对，我是指 40 年代。我刚才说错了。[①]

您知道为什么布莱希特没有作为流亡者留在苏联吗？他向您作过什么说明吗？

事实是——我该怎么说呢？——布莱希特总是千方百计一方面为自己在党内保留一个安全可靠且完美无瑕的位置，另一方面为自己保持完全的自由。很能说明问题的

---

① 布莱希特的后期剧作，从《伽利略传》起，包括《大胆妈妈》和《四川好人》，是在 1938—1939 年开始的。虽然卢卡奇在 20 世纪 30 年代不可能知道这些剧作，但是他的确知道《第三帝国的恐怖和灾难》，它是在 1938 年发表的，卢卡奇在关于表现主义的论争中对它进行了评论。——英译者注

是，他在去东柏林以前，首先给自己设法搞到了奥地利国籍。他是作为奥地利公民去柏林，作为奥地利公民活到最终的。

据我了解，他把他的钱存在一个斯堪的纳维亚国家的银行里，把著作权卖给西德的出版社苏尔康普。这就是说，他让四个不同的国家来保证他的生命和著作的安全。

总之——他的妻子在这一点上起了很大的作用——布莱希特是一个非常谨慎的人，在事关保证他们的自由的问题上，在有足够安全的保障的前提下，他是绝不嫌麻烦的。

您在柏林和其他重要作家有什么接触吗？例如和安娜·西格斯？

和安娜·西格斯我直至最近几年还保持着友好的关系。我们的通信也总是很友好的。只有当她——在我看来是以一种完全缺乏头脑和极其浅薄的方式——屈服于极度乏味的乌布利希文学倾向的时候，我们的友谊才在没有什么大的冲突的情况下中断了。

她在柏林的时候已开始写作了吗？

对，在30年代，在希特勒上台以前就开始了。

据我们所知，她嫁给了一个匈牙利人。

对，她的丈夫是一个匈牙利人，不过是那种令人不大愉快的人。我认为他很不对头——我是说，他总是盲目追随党的路线。我认为他在这方面对安娜·西格斯产生了很坏的影响。

和其他作家，像布洛赫或贝歇尔，您有过接触吗？

我和布洛赫有过一些接触。和贝歇尔有很友好的关系。他是我和德国作家之间的最重要的联系人，因为我以前的文学联系已完全中断。这一部分是因为人已死了，一部分是因为他们中的某些人，例如托马斯·曼，对和我的关系采取极其老练圆滑的观点。

他的老练圆滑表现在哪里？

他的老练圆滑表现在，他总是语带保留地夸赞我。

他这样做是出于政治上的谨慎，还是不愿损害他的资产阶级威信？

我认为，在托马斯·曼眼中，我不知道用匈牙利话应该怎样说，我是个有点不可思议①的人物。我认为这绝对不是不可能的，从一开始就是这样，而且这与我的共产主义信仰没有关系，只是我们二人性格上的问题。不久前发生了一件很可疑的事情。一个美国教授给我写信，说他在

---

① "不可思议"这个词在原稿中就是德语。——德译者注

托马斯·曼的档案中研究手稿《死于威尼斯》，发现有好些段落逐字逐句引自《心灵和形式》，可是没加任何引号。任何熟悉托马斯·曼的青年时代的人都知道，托马斯·曼从不放过与一个批评家认识的机会。对我，他从未做任何尝试。而且当时我甚至还不是共产党人。总之，一定有一些我还不知道的其他原因。这就是为什么我认为我在他眼中——我在这确实找不到一个合适的匈牙利语单词——有点不可思议[1]的原因。

可以证实这点的是，按照文学传统，纳夫塔这个人物[2]……

毫无疑问，他把我作为纳夫塔的原型。但是，他不可能如此不明智，竟不知道纳夫塔的观点与我的很不相同。在这个问题上，他在书信中也包含了大量圆滑的辞令。例如，在他和一个法国裔的德国文学史家的通信中，他恳求对方不要写纳夫塔问题，因为我至今对他的伟大长篇小说《魔山》只说过友好的看法。他的意思是说，我很可能没有注意到纳夫塔是以我为原型写的。

卢卡奇同志，似乎您会感兴趣……

---

① 这一词语原稿中就是德语。——德译者注
② 托马斯·曼的长篇小说《魔山》中的人物。

我曾给《明镜》写了一篇答记者问，我在那里说，如果托马斯·曼在维也纳问我他是否能用我作为原型，我会同意的，就像如果他把他的香烟盒忘在家里，问我要支烟抽，我会同意一样。

还有一个地方可以从文字上证明，托马斯·曼在创造纳夫塔这个人物时，心里想到的是您。在托马斯·曼给总理宰佩尔的信中有几段话，同汉斯·卡斯托尔普关于纳夫塔说的话几乎完全一样。

不能否认，托马斯·曼想在纳夫塔这个形象中刻画我。但是我认为，如果我在他的早期小说中认出某些德国著名作家，并且觉得很有趣，对这些人物肖像很是喜欢，那么当我受到同样的待遇时，我为什么要反对呢？同样，我绝不会问，随便某个作家的小说中所描写的人物与当事人是像还是不像，因为这个问题毫无意义。重要的是，这个作家是否成功地描写了他想要描写的形象。同样，我也不会问纳夫塔在多大程度上像我。托马斯·曼对纳夫塔的描写显然是成功的。因此，纳夫塔毫无问题。

作家或是在他的熟人中寻找他的人物的原型，或是进行抽象的概括，使读者觉得谁也不像或谁都像。

如果托马斯·曼一直致力于使人认不出我来……我

自然应该补充一句，作家有时由于具体情况的需要，必须偏离他的原型。举一个很简单的例子来说明这一点：我在1919年8月离开布达佩斯，我当时确实没有什么钱。我只有我离开时穿的那身衣服，我在1919年和1920年一直穿着它，因为我只有这一套衣服，我去拜访托马斯·曼时也是穿着这唯一的一身衣服，所以他不可能把我看成一个衣着考究的人。他说纳夫塔讲究服饰，是因为这符合他对这个人物的理解。我应该补充一句，讲究服饰从来不是我的特征。画家麦克斯·里贝尔曼有一句话说得很好，他有一次说，他画的某人比在实际中更像他。作家需要一定的形象。托马斯·曼也从我这里获取灵感，但是他按照自己的需要对一切做随心所欲的改变。我不认为他对我是否讲究服饰特别注意。

他肯定把卢卡奇同志出身富裕家庭这一点加进了这个人物里……

完全可能。然而，我在1920年5月去拜访托马斯·曼时，我的服饰并不讲究。

我想你们在1955年纪念席勒逝世150周年时又见面了。

这对托马斯·曼也是很典型的。在耶拿进行纪念活动期间，我们住在同一个旅馆里。用餐是这样安排的：最尊贵的来宾大人物、乌布利希和其他那些响当当的人物同作家贝歇尔和资产阶级作家托马斯·曼一起，在另外一间屋子里吃，而我和中等阶级一起在旅馆里吃。托马斯·曼没有一次想到对贝歇尔说："我们可以邀请卢卡奇来同我们一起吃饭！"

贝歇尔也没有想到。

这是因为贝歇尔也是一个像托马斯·曼那样的外交家。

可是，他的外交辞令对他产生了很坏的后果。托马斯·曼的老练圆滑没有影响他的作品，而贝歇尔的才华则被他的老练圆滑毁灭了。

正像你看到的那样，我在这种问题上是很随便的。对于一个好作家，我几乎可以包容一切。我有一次和托马斯·曼通信——可惜这些信在维也纳被销毁了——当时我害怕我们可能要彻底闹翻。我在山托审判案进行时写信给他，敦促他向霍尔蒂发一封抗议电报。托马斯·曼给我回了一封长信，说他刚才在波兰参加了作家俱乐部的会议，这一场大的意识形态论战真是美妙极了，与政治完全不同，因此他不想卷入政治。我回了一封极其粗暴的信，指责他是这样"理解"政治的，即一个人可以在作

家代表大会上对毕苏斯基^①的半法西斯主义给予意识形态的支持，倘若他不得不这样做的话。他居然为此感到兴奋。但是，当问题涉及拯救一个正派共产党人的生命时，政治就突然变成可怕的事情了。我当时确信这封信会结束我们之间的任何关系。可是三天之后，我接到了一封电报："已给霍尔蒂拍电报。"我感到非常遗憾，这封电报再也找不到了。

但是，那封信完全可能在托马斯·曼的档案中。

不，信也不在那里。我已把它烧毁了。

但是您写的那封信呢，卢卡奇同志？

那完全可能在那里，但是他们自然不会夸耀它。

托马斯·曼的信的副本也应该在那里。据我所知，您所能想到的一切，他都留有副本，一部分是为了留传后世，所以他的档案一开放就可以看到那些材料。

那封信的确可能在某个地方。我们当时认为，我们可以在别的场合利用托马斯·曼，而且的确我们应该尽可能利用他。因此我必须留心，一旦我的住宅被搜查，不会有托马斯·曼的来信被发现。就是因为这个缘故，我把它们烧毁了。

---

① 1926年5月，毕苏斯基在波兰发动政变，建立了法西斯统治。

您和恩斯特·费舍尔的友谊也是在维也纳时期开始的吗？

不，是在莫斯开始的。

因为我觉得恩斯特·费舍尔为了类似的问题和托马斯·曼通过信。

恩斯特·费舍尔从一开始就是共产党人，他同非党人士有接触，并且力求与他们建立关系。

让我们来谈在莫斯科的年代吧。

1月30日希特勒成了内阁总理。很明显，我已不可能再留在柏林。然而，正像上面已经提到的，党希望我帮忙把组织尽可能转入地下。这自然是很可笑的，因为希特勒时代的地下工作和以前的地下工作根本不能比，根本不存在可进行地下工作的组织。无论如何，由于这个原因我在柏林留到3月底，4月才前往莫斯科。

您走的时候，已经必须完全秘密进行了吧？

我旅行都是秘密进行的。我没有护照，因为匈牙利没有给我任何护照。所以，当我作为匈牙利中央委员会成员来往于维也纳、布拉格和柏林之间时，我只是用来自非法作坊的护照旅行。在1945年以前，我从来没有用合法护照在欧洲任何地方旅行过。

卢卡奇 自传

您回到莫斯科以后，重新开始在马克思恩格斯研究院工作吗?

不，我没有回到马克思恩格斯研究院，因为当时按照斯大林的倡议，开始了反对拉普①的运动，这无疑有它的积极方面。这个运动的目的，我觉得是很值得称许的目的，就是破坏拉普的托洛茨基首领阿维尔巴赫的地位。斯大林只是对这一点感兴趣。然而参加这个运动的还有尤金，尤其是乌西也维奇。他们抨击拉普的官僚贵族，狭隘地坚持只许可共产党人入会。他们要求建立一个总的俄国作家联合会，苏联的每个作家都有权加入，这样它就能全面组织俄国作家的事务。我也参加了这个运动。在某种程度上，这个运动分裂为两部分。纯粹斯大林主义的一翼满足于使阿维尔巴赫陷于孤立。后来，阿维尔巴赫在大清洗中被杀害了。另一翼创办了刊物《文学评论》，争取在俄国文学中实现革命民主的变革。我在俄国停留的后期参加了这一活动。

在斯大林主义上升时期，这个刊物有什么活动余地?

不应该忘记那个特别的背景，斯大林主义的实际影

---

① 拉普是"俄罗斯无产阶级作家协会"俄文简称的音译。——英译者注

响是通过中央的党的机关实现的。我不知道是由于什么缘故，但是毫无疑问，斯大林把哲学家米丁和尤金看作他的人。因此，他们在中央委员会起很重要的作用，尤金能够利用乌西也维奇为《文学评论》赢得让步。正是由于这个缘故，不仅我在大清洗时期得以幸免，而且没有一个《文学评论》编委会的积极分子成为清洗中的牺牲品。我很幸运，乌西也维奇是我莫斯科的朋友。她又和尤金很要好。这样我们就能成为中央委员会中的一派，即便属于其他宗派的法捷耶夫等人对我们不停地进行攻击。由于我的尽人皆知的好运气，各种事变发展都没能使我被逮捕。一方面，我们受到了尤金的保护；另一方面，我在匈牙利党中不再起任何作用，因此匈牙利党中没有任何人记起我来。审判是在1936—1937年之间进行的。关于勃鲁姆提纲的论争发生在1930年。在这整个期间与匈牙利党保持了距离的任何人，都已被完全遗忘。个人的问题当时不像今天有详细档案等等的时代中这样记录清晰。加之——这样说也许有点玩世不恭——我住的房子很坏，对内务部的人没有什么吸引力。

在您的自传提纲中与这有关的还有一段话我不懂："灾难时期幸免于难，布哈林、拉狄克，1930年……"

当我在 1930 年回到莫斯科时，布哈林对我非常友好。他很友好地为我安排了接触的机会，被我拒绝了。

那么，这个好运气也许是指……

要不是由于这种幸运的情况，我必然会陷入斯大林的清洗。

"然而在 1941 年还是幸运"是什么意思？

在 1941 年，我最终还是被捕了。

那就是您说的"幸运"？

我所谓"幸运"，是说我到这个时候才被捕，这时处决已经停止了。

卢卡奇同志，在您的通篇回忆中可以经常听到这样的声音："我极其幸运"。我不禁想起索尔仁尼琴的伊凡·杰尼索维奇，他也一直拥有好运气。

我度过了世界上规模最大的逮捕运动之一。在这个运动的末了，当这个运动的各种激发因素不再起作用的时候，我被拘留了两个月。这只能叫作幸运。

您知道您为什么被拘留吗？

把我投进监狱时对我说的是，我是作为匈牙利政治警察的莫斯科代表被拘留的。

基于谁的告发呢？

我一无所知，因为没有形成任何文件。当我被捕时，他们对我的住处进行了搜查，没收了一个文件夹，里面有我申请担任党的各种职务及其他职务时写的履历。对我提的所有问题都与这个文件夹里的情况有关。提问的水平您可以根据提审者有一次对我说的话判断："我读了所有这些东西，很清楚，你在第三次代表大会时是一个极左派，就是说，是一个托洛茨基派。"我回答说："请原谅，您的这些说法中唯一正确的是我在第三次代表大会时的确是一个极左派，但是当时托洛茨基本人并不是一个托洛茨基派，而是支持列宁的。"然后，他问我当时谁是托洛茨基派。我说，有些意大利共产党人和一部分波兰共产党人是托洛茨基派，此外还有德国人马斯洛夫、路特·费舍尔和台尔曼。当我提到台尔曼时，他脸变红了，说我在撒谎。我说，我们争论什么是撒谎和什么是实话，毫无意义。我劝他去查阅一下他们图书馆藏有的第三次代表大会的记录，特别是台尔曼的发言、列宁的回答和托洛茨基的发言。他再没有提这件事。

您的书籍被没收了吗？

没有。什么都没有被拿走。

您有任何可以被没收的书籍吗？

没有。我被告知我的藏书被没收了，但是盖尔特鲁德确保他们什么也没有拿走。

卢卡奇同志，您销毁了任何您认为会给您惹祸的书吗？

这是必然的，因为如果他们发现我有任何托洛茨基的书，那是很危险的。

您销毁的主要是托洛茨基的著作吗？

主要是托洛茨基、布哈林和那些已经落到车轮子底下的人们的著作。我应该提到，是加波尔·安多尔迫使我这样做的。有一天他和他妻子带着一个大袋子来我家，把我所有的托洛茨基和布哈林的著作拿走，当天晚上扔到河里去了。

这一定很像德里·蒂博尔在《不是判决》中描写的那个加波尔·安多尔如何要他小心并且改写他的书的场面。加波尔一定是一个很谨慎的人。

加波尔是一个很不一般的人。他想要保护每一个人，并且在这方面表现了很大的勇气。例如，他经常与被拘留的人通信，经常给他们送食物等。一般说来，加波尔是一个少有的正派人。

您是由于什么缘故相当快就被释放了？

据我后来了解，是季米特洛夫进行了干预。

您和他有什么个人关系吗?

还在维也纳的时候我就认识他了,他当时是一个保加利亚的流亡者。季米特洛夫常常被英美新闻记者所包围,因为我懂英文,即使发音不好,也常常给他和他的人当翻译。我们的友谊来源于此。

在莫斯科您和他有任何接触吗?

在莫斯科我们没有见过面。因为他是这么一个大人物,我是这么一个小人物,通常的见面是不可能的。

季米特洛夫是怎么知道您被捕的呢?

很简单。盖尔特鲁德告诉贝歇尔,然后贝歇尔、列瓦伊和恩斯特·费舍尔一起去找季米特洛夫,把这事告诉他。因为季米特洛夫对我印象很好——不知这个在维也纳的时候是怎么开始的——他立刻就采取行动。幸运的是,鲁达什·拉兹洛和我一起被捕,这样匈牙利党也立即参加了这一行动。那时拉科西·马加斯已经作为未来的领袖开展工作,自然和鲁达什关系很好。当季米特洛夫建议采取行动拯救卢卡奇和鲁达什时,拉科西很难说救鲁达什而不救卢卡奇。这种说辞会与拉科西的形象矛盾。

我不知道鲁达什被捕过。这就是说,很难有人没有被捕过。

只有很少几个人完全没有被捕过。

列瓦伊被捕过吗?

列瓦伊从未被捕过。

伊勒什·贝洛也没有被捕过。

对。但是,伊勒什·贝洛在某个地方被拘留了一段时间,他是被反库恩的浪潮卷了进去的。

是不是说《文学评论》的其他成员里夫希茨和乌西也维奇没有受到清洗的影响?

乌西也维奇一直到最后都未受到影响。她是一个很老的党员。她还是个年轻姑娘时,甚至乘坐列宁的专列去过莫斯科。她在党内的经历很长。

别人也是这样。

但是,她在文学之外从不表示任何观点。她既不是托洛茨基派也不是布哈林派,所以没有受到清洗的影响。顺便说一下,她出生在一个很老的布尔什维克家庭中。她的父亲费利克斯·柯恩在波兰党内起过很重要的作用,她常自豪地说,没有一次波兰的起义没有她家里人参加。单是根据她的出身,她就属于党的领导层。

单是这一点,对斯大林不会有任何影响。

不单是这一点,而且在哲学上她能够依靠米丁和尤金，尤金总是当着斯大林的面支持她。这对乌西也维奇自然很重要，特别是因为斯大林对狭义的文学问题毫无兴趣。

乌西也维奇的著作值得关注吗？

绝对值得关注。但是，她的东西都没有被翻译过来。

在斯大林进行镇压期间，《文学评论》有可能捍卫偏离基本的斯大林主义路线的意见吗？

我们抨击了自然主义的正统斯大林主义观点。不应该忘记，当时恩格斯关于巴尔扎克问题的信发表了。我们坚决否认意识形态能够成为艺术作品的美学成就的标准——这是与斯大林主义完全对立的观点，但是没有引起任何严重的后果。我们认为，尽管意识形态不好，如巴尔扎克的保皇主义，但也能产生出很好的文学。反过来说，意识形态很好，也能产生出坏的文学。乌西也维奇按照这个观点抨击了当时的政治诗歌——我没有这样做，因为我不懂俄文——但是她未因此而坐牢。

您显然注意到了斯大林在这方面偏离了列宁的政策。您的世界观后来在多大程度上受到了这种认识的影响？

我想我可以说，我完全忽略了这一点。除了文学问题以外，人们不会为了这种原因干预我们的工作。就是说，只有法捷耶夫真正反对我们。他被许可通过写文章的方式

对我们进行攻击。然而在改组期间，他争取到了《文学评论》的停刊。但是，他的权力并没有大到足以实现对我们的逮捕，即使这与他的态度并不是不相容的。至于哲学，在这个时期我开始了我的哲学创作，并且发现自己与斯大林的路线完全对立。我在 30 年代后期写了我的论黑格尔的书，当时日丹诺夫已经宣称黑格尔是反对法国大革命的封建反动的思想家。谁也不能说我的论黑格尔的书支持了这种说法。后来，日丹诺夫和斯大林一起把全部哲学史描写成唯物主义和唯心主义的斗争史。可是，大部分在二战期间写成的《理性的毁灭》却把观察的中心放在完全另一种对立上，即理性主义哲学和非理性主义哲学之间的斗争上。的确，非理性主义者都是唯心主义者，但是他们也有既是理性主义又是唯心主义的对手。因此，我在《理性的毁灭》中所描写的对立与日丹诺夫的理论是完全不相容的。

《理性的毁灭》您是在战争期间写的吗？我还以为是在 50 年代初写的。

整本书是在 50 年代初完成的，但是大部分手稿在战争期间已经写好了。应该记住，唯物主义和唯心主义的对立在 50 年代还被认为是哲学史的唯一主题。您也许还记得，在《理性的毁灭》问世以后我受到来自左面的攻击，理由是我忽视了这个最重要的问题。

《理性的毁灭》的基本论点之一是没有无辜的哲学。尼采和早期的非理性主义哲学家与法西斯主义的兴起有牵连。卢卡奇同志，能否按照您这种思路，说马克思无须对斯大林主义负有责任呢？

如果我对您说二乘二是四，而您作为我的正统信徒说二乘二是六，那我不能对此负责。

同理也可以说，尼采作为个人不大可能是希特勒的信徒，也不能要他为别人利用他的学说做的事情负责。

问题是理论是否真被践行了。如果我用恩格斯说明巴尔扎克的理论即意识形态和艺术脱节的概念来说明托尔斯泰，那么恩格斯就在一定意义上要对我的托尔斯泰理论负责。要是我完全歪曲了恩格斯的意思，恩格斯就没有责任。历史责任可以仅限于对思想的实际采用。例如，我否认恩格斯的否定之否定可以被理解为黑格尔的否定之否定的合法继续。后者纯粹是一个逻辑范畴。马克思在巴黎手稿中说："非对象性的存在物是非存在物。"[1] 这就是说，没

---

① 《马克思恩格斯全集》中文第 2 版第 3 卷第 325 页。

有任何对象性的存在物不能够存在。存在是和对象性一致的。相反，黑格尔的逻辑是从一种没有对象性的存在开始的，黑格尔的《逻辑学》的第一部分企图通过吸收量和质的范畴把非对象性变为对象性。这只有用逻辑的诡辩术才能做到。有一个这种诡辩术的例子，在我看来，它在马克思主义的本体论研究中起着重要的作用，这就是，我们由于过高评价了逻辑和认识论，开始把否定也看作一种存在形式，即使只是在一种非常引申的意义上。所以，我们不仅谈论否定之否定，而且也遇到"Omnis determinatio est negatio（一切确定皆否定）"的思想，这也是从黑格尔那里取来的。

这是从斯宾诺莎那里取来的，不是吗？

是的。但是，在斯宾诺莎那里它有意义。在他的哲学中它意味着，如果事物是实体的不可分割的部分，它们便是实在的。当它们成了独立自存的物体，它们的独立自存性就否定了这种实体统一性。所以，在这里否定有某种意义，即使我们没有斯宾诺莎的实体概念就不能把它应用于世界上的任何事物。黑格尔把他性定义为否定时，就是做了进一步的发展。当然，在他性中有一定成分的否定。我可以说，这是桌子，不是椅子。然而，使桌子成为桌子的不是这种否定，而是那些在桌子中的肯定特征，通过这些特征，介于桌子和椅子之间的他性就产生了。用我粗俗易懂的方式来说的话，我习惯说："一切确定皆否定。"这种情况也可以说成，狮子不是刮胡膏。在逻辑上，这个命题是无懈可击的，因为狮子的确不是刮胡子膏。但是，这种命题可以无限地增加，其中任何一个都不会有实在的意义，因为否定在对他性的定义中是个次要的成分。它产生于比较，但是即使在比较中它也是一个次要的成分，因为例如桌子和椅子的互为他性是从完全肯定的因素中产生的，桌子不是椅子这一点是极其次要的事情，在实际思维中简直不起任何作用。相反，只要我们想以纯粹逻辑的方式来理解现实，否定就变得非常重要——不管它的真正意义是否已经消失。在"二乘二不是五"这句话中就有那种意义上的否定。如果我说"龙不存在"，那也是个合理的否定。然而，绝大多数的否定命题都不是真正的否定。如果我说狮子不是刮胡膏，那绝不是一个真正的否定，而只是一个次要逻辑命题的纯粹逻辑推论。

我懂。我认为，甚至就龙来说，我们也是否定了某种与现实中的任何事物都不符合的东西。

这个否定正是在于存在的概念不能用于有七个头的龙。

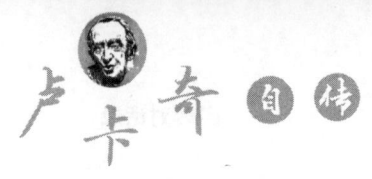

所以，这是一个肯定的论断。

如果您能够对鳄鱼而不是对有七个头的龙作出有意义的论断，那么这个"不"字显然有真正的意义。但是，在延伸否定的意义时有一点常被忽略，即在实际生活中，每一个否定都是以肯定为条件的。如果我说我是一个共和派，那么我的意思就是我反对君主制。这和不存在有七个头的龙这种论断不能相比，因为君主制实际存在着。消除和破坏同样和劳动本身一样属于劳动。这是人类劳动的特性。如果我做一把石斧，那么我必不可免地要从未来的石斧上去掉一些石头片。这个去掉的过程是一种否定的活动，因为我只是把那些石头片去掉，对它们再也不管了。总之，我的行动包含着一种否定的因素。但是，这一因素和逻辑的否定并不完全一致。极而言之，逻辑否定只能够说，某东西不应该如此或不是如此。但是，当我从一块石头上去掉一些碎片以便做出一把石斧时，这并不包含着不是如此或不应该如此的意思。

"应该"是主要的。

"应该"是主要的。

"不应该如此"最好可以表达为"这个石头不应该是圆的，而应该是尖的"。

202

然而，事情的本质是"它应该是尖的"，因为除了说"它不应该是圆的"以外，我还可以说"它不应该是椭圆的""它不应该是抛物线状的"，还有成百万种其他的说法，但是它们都对石斧的定义毫无帮助。

请让我回到《理性的毁灭》上来，请问，卢卡奇同志，您在那里没有批评斯大林主义的土壤中滋生出来的那种非理性主义，您是否认为这是一个缺陷？例如，我想到个人崇拜，这无疑是一种非理性主义。

斯大林主义在哲学上由一种超理性主义统治着。您所谓的非理性主义实际上是超理性主义的一种形式。从谢林起，敌视理性主义的思潮在德国哲学中占上风——包括克尔凯郭尔在内。这些思潮被赋予了现实的价值。在斯大林那里，理性主义获得了一种近乎荒唐的形式，但它仍然是不同于非理性主义的东西。

但是，它不是在某种形式上属于《理性的毁灭》吗？

我一刻也没有怀疑，而且一直主张，斯大林主义是一种理性的毁灭。但是，我不认为在那里批评斯大林是正确的，因为在那里我们也可能发现某种类似尼采的东西。按那种方式绝不可能达到对斯大林主义的真正理解。据我看，斯大林主义的本质在于，工人运动在理论上坚持马克

思主义的实践性质，但是在实践上，行动却不是由对现实的较深刻的理解支配的。相反，那种较深刻的理解被歪曲成了一些策略。在马克思和列宁那里，社会发展的基本方向是事先给定了的。在这个基本方向内部，每时每刻都有一定的战略问题；在这个基本方向内部，这些不同的策略问题不断涌现。斯大林把顺序颠倒了，他把策略问题当成主要的东西，从那里引出理论的概括。例如，斯大林同希特勒缔结条约，是采取了正确的策略。但是，他从这里引出了完全错误的理论结论，即第二次世界大战和第一次世界大战一样，因此李卜克内西的"敌人在我们自己国内"的口号也适用于英法对希特勒的防御，这显然是错误的。今天，俄国政策的困难也是在于它不提出从世界历史发展的角度而言是关键性的问题，而只是局限于眼前的策略问题。我们只需想一想以色列和埃及之间的冲突，便可知晓，俄国人的大国政治使他们认为，埃及人是社会主义者而以色列人不是。实际上，二者都不是社会主义国家。

　　卢卡奇同志，您对这种理论和策略颠倒的理解是完全合乎实际的，但是我认为您所说的超理性主义在许多方面与通常的非理性主义难以区别。例如，且不说别的什么，就拿相信世界历史的智慧能够体现在具体的人身上来说吧。不仅是体现在斯大林身上，还体现在党在每一个策略上。

毫无疑问，当理性被滥用时，理性变为非理性的可能性是存在的，因为理性总是同具体事物有关的。当我过分强调这一具体事物的抽象特征时，我就会达到使以前是理性的东西的合理性不再存在的地步。

您在以前一次谈话中谈到必然性的概念时也这样说。过分强调必然性的概念最终会导致神学。

我相信——而我的观点和现代自然科学的观点一致——经典意义上的必然性只存在于数学中。实际上，您必须考察其中发生不可逆过程的概率有多大。例如，如果一台机器准确工作的或然性是 99.8%，那么我在使用它时，就会把那种或然性看作必然性。我就会忽略掉那个 0.2%，即使在理论上不是必然性，而是 99.8% 的或然性。任何人都能看到，在日常生活中我们把极高的或然性当作必然性看待。我认为，按经典意义来说，必然性在实际中并不存在。

斯大林主义在哲学上的特征不就是夸大必然性吗？例如，它断言，革命的胜利，或更确切地说，推翻沙皇制度加上剥夺措施在多少多少时间以后将必然导致社会主义。

这归根到底是夸大必然性，它和非理性主义已经是搭界为邻了。

在《理性的毁灭》中，我只限于研究一种特殊的非理性主义。在斯大林主义中，必然性的概念被过分夸大到了无意义的程度。这种无意义的确在一定程度上近于非理性主义，但是我不认为它对理解斯大林主义很重要。它是个次要的主题。

如果您要探求斯大林主义的哲学根源，您主要到哪里去寻找？

最重要的歪曲——没有这种歪曲，斯大林主义就不可能——是从逻辑必然性的立场解释社会影响，恩格斯和在他之后的许多社会民主党人是这样解释的，与马克思所说的实际社会联系完全相反。马克思实际上一再说的是，特定社会的人民总是会找到特定方式对既有劳动制度作出反应，在社会中发生的过程是由这些反应综合而成的。这在实际上不可能是"二乘二等于四"那种意义上的必然的东西。

您在苏联期间还写了其他什么书？

我写了收在《现实主义史》中的文章。然后我出版了一本讨论理论问题的书，然后是一个论歌德、巴尔扎克、托尔斯泰等人的论文集。^①我再没有出其他的书。我写了许多文章，但是例如出版《历史小说》在俄国是不可能的，尽管我把它交给了一家出版社。

您的论黑格尔的书也没有出版。

即使我没有在大清洗中被捕，我在出版社的眼中仍然是个有点可疑的人物。可疑的意思不是说我可能是敌人，而是我不遵从法捷耶夫所定下的马克思主义路线。

由于您刚才再次提到清洗，卢卡奇同志，您能谈谈您当时在意识形态上是怎样看待它的吗？

我认为这些审判是极其可憎的，但是我安慰自己说，我们站在罗伯斯庇尔一边，即使对丹东的审判从法律角度看并不比对布哈林的审判好多少。我的另一点安慰，而且是决定性的安慰，是这时最重要的问题是消灭希特勒。消灭希特勒不能指望西方，只能指望苏联。而斯大林是唯一现存的反希特勒力量。

您今天还持有这种观点吗？如果还持有的话，是在多大程度上？我不是泛指斯大林，而是指这些审判。

关于这些审判，即使我想做点什么，我也做不到。我

---

① 即《十九世纪的文学理论和马克思主义》和《现实主义史》，由莫斯科国家文学出版社在1937年和1939年出版。

曾有且仅有一次去美国的机会，但是我不愿这样做。

我的问题不是关于您个人的行为，而是说您对这些审判的解读是否同您现在的理解一致？

我现在对这一情况的看法与过去不同，这些审判对斯大林完全是多余的。通过对布哈林的审判，他已经完全消灭了反对派，所以就政治方面而言，没有从大规模逮捕中得到什么好处。在布哈林审判案以后，已不可能有任何人敢于起来反对斯大林。然而，斯大林却保持了他的恐吓政策。在这种意义上，我认为这些审判是多余的。

在我看来，苏联被这些审判削弱了而不是加强了。我首先想到的是军队中的审判。

清洗是从军队中的审判开始的，我认为斯大林持有这样一种外行观点，即一个士兵很容易用另一个士兵来代替。他在战争爆发前放弃了这种信念，把所有的将军都释放出狱。

关于西线最初的失败已写得很多，一般都认为这些失败是由于总参谋部内所有稍微有点军事经验的成员都已被捕而造成的。

这与斯大林的心理有关。由于他认为与德国人缔结的条约在策略上很必要，他对这个条约的信赖超过它所应得到的程度。

流亡者在这一点上同意斯大林吗？

我不同意。

您是否始终对这个条约持怀疑态度？

我始终以怀疑的目光看待它。

您有一次曾说，您之所以觉得这些审判可以接受，是因为德国的威胁使得必须团结一切可以团结的力量，因为反对中央政府只会削弱苏联。如果我没有记错的话，那么您曾说，虽然您不相信审判中的事实材料，但是您在意识形态上，或者更确切地说在策略上没有拒绝。

不能说我们在策略上没有拒绝这些审判。在策略上我们保持中立。我重说一遍，如果斯大林用罗伯斯庇尔反对丹东的武器反对托洛茨基，这不能按照今天的情况来判断，因为在当时关键问题是美国将站在哪一边干预战争。

您认为罗伯斯庇尔和丹东同斯大林和布哈林之间的类比在今天还站得住吗？

我现在认为这种类比是不正确的，但是我认为它对于一个当时住在俄国的匈牙利流亡者来说是可以理解的。

如果您在今天要批评这种类比，您会从什么出发？

我将从这样一个明显的事实出发，即丹东从来没有像罗伯斯庇尔声称的那样是一个叛国者，从来没有失去对共

和国的信念。就在斯大林的审判中的被告者而言，则没有那么无辜。

他们都被迫承认是叛国者。甚至布哈林也不得不承认叛变。这是一个大得惊人的差别，然而只是在道德上。

这只是一个道德上的差别。但是，我在这里想到的不是布哈林，因为我认为他是一个极其正派的人。我认为他是一个很坏的马克思主义者，但是那不能成为处决他的理由。然而，季诺维也夫等人为帮助斯大林掌权做了大量的事情。他们成了自己行动的牺牲品。

托洛茨基和那些被处决了的追随者在这一切当中起了什么作用？

我几乎不认识托洛茨基分子。托洛茨基本人我是从第三次代表大会认识的，我一点也不喜欢他。我最近在高尔基的最后一卷书信中读到，列宁有一次曾说，虽然托洛茨基在内战中有很大的功劳，并且是站在他们一边的，但是他并不真正是他们中的一员，他有拉萨尔的坏特征。我完全同意这种类比。

但是，与季诺维也夫和加米涅夫周围的那伙人相比，不能否认托洛茨基和他的追随者们是真正的革命者。例如，请想想自杀了的越飞。

加米涅夫和季诺维也夫在革命后变成了官僚。托洛茨基的最紧密的追随者们还没有发生这种情况。但是，我并不把他们之间的差别看得太重，因为由于这种拉萨尔的特征，我对托洛茨基和托洛茨基分子都完全不喜欢。

那托洛茨基的著作呢？

托洛茨基是一个非常出色的、才智超人的著作家。作为一个政治家或政治理论家，则根本不值一顾。

那作为历史学家呢？您认为他关于 1905 年革命和 1917 年革命的历史著作怎么样？

我不能对它们作出判断。无论如何，托洛茨基主义——我在这里把季诺维也夫、加米涅夫和布哈林也包括进来——只能被看作一种在反对希特勒的斗争中有助于使英美舆论反对苏联的思潮。当时在美国的布洛赫可以说以同样的理由拒绝与托洛茨基及其追随者为伍，这是很能说明问题的。

卢卡奇同志，您似乎是说，在美国舆论的眼中，托洛茨基对苏联造成的危害比清洗还要大。我的感觉是，清洗造成的危害更大。

这些东西是不能放在天平上称的。毫无疑问，清洗造成了危害。发生清洗的事本身就造成了危害，这也是毫无

疑问的。我认为，我们这里谈的是一个很复杂的问题。当时事情关系到斯大林领导的整个问题，关系到斯大林领导所产生的专政是否比托洛茨基及其追随者可能产生的更坏。当然，我们对这个问题的回答自然是否定的。

但是归根到底，这里的问题不是我们应该争取一个斯大林的专政还是一个托洛茨基的专政。托洛茨基可能直到20年代中期以前，都是一个很糟糕的政治家和一个很糟糕的意识形态家，但是后来，不知是由于不得已还是出于某种策略考虑，他看清了一切可能，从他自己的错误中吸取教训，而且……

我不怀疑托洛茨基是一个非常正派的人、一个有才能的政治家、一个出色的演说家，等等。我只是说，他没有任何可能成为斯大林的真正对手、受到东西方都承认的真正对手。你不应该忘记，托洛茨基的思想和斯大林的政策完全不能调和，而斯大林的政策是唯一能够为抵抗希特勒提供希望的政策。因为真正抵抗的开始是斯大林的条约。

卢卡奇同志，在战争开始时，在德国人长驱直入时，您是否曾认为德国人可能获胜？

不曾认为。我从一开始就深信，曾经消灭过比希特勒更伟大的人——拿破仑的俄国，也会消灭希特勒。

所以，您首先信赖俄国？

对。

而同盟国最后参加了这一边……

同盟国参加哪一边是当时的主要问题。因为如果英美参加希特勒一边，我不知道战争会怎样结束。然而，加上了英美法的进攻，天平就偏到了希特勒的敌人方面了。

流亡者是一般都有这种最后胜利的信念，还是在他们当中笼罩着一种失败主义情绪？

有失败主义情绪，而且还很强烈。

在匈牙利人的圈子里，还是一般地说？

在匈牙利人的圈子里。但是，你在别处也能看到——例如在贝歇尔身上，他是一个很胆小而敏感的人。

您的反托洛茨基主义态度是什么时候开始的？

我在哲学研究所工作的时候，我的态度是由这一事实决定的：俄国哲学界形成了明确的反希特勒统一战线。唯有托洛茨基派持反对态度。于是，我反对托洛茨基派。

托洛茨基派确切反对的是什么？

他们反对反希特勒的统一战线。

很有趣。是否托洛茨基本人也反对。

我不知道。

据我记得，托洛茨基在斯大林希特勒协定之前，也许是由于策略原因，对斯大林发起了极猛烈的攻击。托洛茨基预言，斯大林甚至会和希特勒结成联盟。

和希特勒缔结的协定是希特勒向法英发起进攻，从而发动一场欧洲战争的前提条件。由于这场战争，这些国家，也许甚至包括美国在内，会变成苏联的多少可靠的盟国。

在战争第一阶段，由于入侵波兰以及在芬兰和波罗的海沿岸各国的战争，在苏联是否引起了任何反感？

这一切事件引起了反感。绝没有两个人，至少在我知道的流亡者当中，能够在早晨起来时表示支持斯大林，到晚上睡觉时仍表示支持斯大林。在经过一定的思考以后，认识到斯大林的政策会导致欧洲反希特勒的联盟，那是另一个问题。那是一种理性的认识，而不是流亡者的自发反应。

我刚才读了马尔洛的回忆录。好像布哈林在30年代初一次散步时曾对他说，斯大林的政策会导致他个人的和专政权力全面扩大，例如布哈林认为斯大林无疑要把他处死。布哈林说这话的时候完全没有反斯大林的情绪，也没有任何严厉的批评。按照马尔洛的说法，它听起来像是简单的事实陈述一样。在当时是否可能意识到或者知道这种事态发展的进程呢？

这是很容易想象的，布哈林是一个老共产党人，有党内斗争的长期经验，在斯大林还是个很小的人物时就已了解斯大林，他是有可能预见到这种结局的。

卢卡奇同志，您记得森科·埃尔温的书《小说的小说》吗？

记得。

森科作为运动中的一员并不太聪明。他的小说自然是事后以他的日记为基础写成的。然而，从他这本小说可以看出，在故事情节开始的1934—1935年，莫斯科无论在文学界还是在运动的圈子里，一般情绪都很明确，暗示这些可怕的事态将不可遏止地发展下去。我不知道这在多大程度上反映了森科自己的主观情况。

森科的主观情况对他的这一观点有一定的影响。但是在莫斯科，当时任何一个具备正常的理解能力的人，感觉器官都正常的人，都已经看出了正常发展的事态。

您在莫斯科见过森科吗？

没有。当森科到莫斯科时，他带着罗曼·罗兰写给库恩·贝拉和共产国际的介绍信。因为我同共产国际和库恩

卢卡奇 自传

的关系都很紧张，我不想见森科。他打电话给我，问我什么时候可以见面，我告诉他我们不能见面。我怕他和库恩站在一边，两个人一起来对我搞阴谋。

一般说来，这种怀疑是完全有道理的，但是就森科而言……

就森科而言，这种怀疑出乎意外并不正确，但是我仍然不为我的表态后悔，因为他实在是一个大麻烦，我没有回答对勃鲁姆提纲的批评，但是我以退出一切匈牙利事务捍卫了自己。这就是说，无论是对萨斯①及其同僚，还是后来对库恩来说，都再也没有真正的理由攻击勃鲁姆提纲。因此，当库恩在第七次代表大会之后被推翻、我重返匈牙利人队伍的时候，再也没有人谈起勃鲁姆提纲，它已被所有人完全遗忘了。

那个时期您甚至没有和您的匈牙利朋友有任何接触吗？

我当然和我的老朋友有接触，但他们在莫斯科为数极少。汉布格尔·耶诺在那里，我和他有接触。他每个月为我给匈牙利俱乐部交会费。但是，我和他的接触完全是私人的，他和匈牙利的事务毫不相干，特别是因为这是在萨

---

① 指塞列尼·山多尔。——德译者注

斯及其同僚被推翻之后，库恩得以把兰德列尔集团最优秀的成员，包括列瓦伊在内，都争取过去的时期。因为列瓦伊被派到布达佩斯去时盖尔特鲁德在维也纳，在他走的前夕他们见了面，列瓦伊对她说——我在这里几乎是逐字引用原话——他这次回国整个说来都准备得很差，他肯定不久就要被捕。尽管如此，他认为在布达佩斯坐牢比在萨斯及其同僚下面从事匈牙利的运动更好。

在战争期间，您待在哪里？

在塔什干待了一年，然后就在莫斯科。

您在塔什干做什么？工作吗？

莫斯科的作家都被送到塔什干去，所以我们在那里怎么生活得好就怎么生活。我们有时参加各种各样的事情，有时不参加。我过得相当舒服，因为阿列克塞·托尔斯泰作为作家协会的代表访问塔什干，他知道我是在国外享有盛誉的作家，便把我列入上层。顺便说一句，我只和他见过一次几分钟的面，但这毫无意义。

除了您以外，在塔什干还有任何其他的匈牙利人吗？

当然有，甚至多得很。

世界各地都有很多匈牙利人。我最后还有一个个人性质的问题。据我所知，雅诺西·费伦茨也被捕过，对吗？

对，但那不是由于我的缘故。

他当时已在苏联工作了吗？

他已在一个企业工作了大约 10 年。他犯了一个错误，这一点他今天已承认。战争爆发的时候，这个企业的大部分都撤退到西伯利亚西部，只有一小部分劳动力留在莫斯科。他就是选择留下的人中的一个。如果他去了西伯利亚，他是绝不会被捕的。

他被拘留了多久？

好几年。直到 1945 年才获释。当党庆祝我的 60 岁生日时，瓦尔加·耶诺到我们家来，答应干预一下费尔科[①]的事。我只需要给他写一封信。正是在这时我得到消息，我在匈牙利当选为议员。当我是匈牙利的议员时，他待在拘留营中是不可想象的。所以，我写了这封信。

四、回到匈牙利

您是在什么情况下从苏联回到匈牙利的？

我回匈牙利时的最突出特点，是我在莫斯科的全部异端邪说都已被忘却。很能说明问题的，是在一本刊物上发

---

① 费伦茨的爱称。——德译者注

表了一篇文章，把勃鲁姆提纲完全抹杀了。就是说，那里宣称，第二次代表大会对民主和专政问题做了一个错误的决定，这个错误是斯大林纠正的。勃鲁姆提纲根本没有被提到。好像它从未存在过。我想要放在一起说的是，我的存在或不存在，在匈牙利始终是一件很成问题的事情。例如，在1959年纪念专政四十周年的时候，裴多菲博物馆展出了一枚1919年的纪念章，其中我的名字被遮盖了。显然，由于我在1956—1957年的行为，所以我不可能成为1919年的人民委员。只有那些在1956年和1957年做得正确的、符合党的政策的人，才适宜做1919年的人民委员。这种情况是不能忽略的。所以，在官方的党史中关于我所写的一切，说得温和点，是极成问题的。我这里不是说关于我所作的推断，因为推断是任何一个历史学家的特权。但是，只是因为一个人在1957年的行为不是无可指责，就认为他不能在1919年做人民委员，这是匈牙利党的特点之一。

我不认为这种态度是匈牙利党的特点。托洛茨基也是在1905年不能做……

当然，这是斯大林时代的特征，托洛茨基是头一个受害的人。

卢卡奇 自传

　　他曾是圣彼得堡工人苏维埃的主席……

　　他不应该是，因为斯大林的对手不可能是革命者。同样的情况以较小的规模在匈牙利这里发生，因为在匈牙利什么都小一号。

　　让我们回到1945年。起初，人们在谈论过去的事情时，希望有一张空白的纸、一张被粉饰得空白如新的纸。

　　一张被粉饰得空白如新的纸。1945—1948年期间的突出特点是我做什么都可以。两个工人政党为增加党员数目而相互竞争，知识分子自然起特别重要的作用。因此，从1945年至1948年或1949年，我得到了完全的自由。鲁达什论争是在两党合并之后爆发的，这就是说，"摩尔人已完成自己的任务，摩尔人可以走了"①，因此再也用不着卢卡奇了。

　　从今天的角度看，使得摩尔人必须走的意识形态因素是什么？

　　基本上是关系到对意识形态问题的民主解决。从勃鲁姆提纲以后，我就一直坚持一条始终一贯的路线，从来没有否认过。在战后初期，它被拉科西及其追随者接受了。

---

　　① 引自席勒的《菲埃斯科》。——英译者注

就是说，以容忍的方式接受了。您不要以为我的思想在某人那里竟成了官方的意识形态。但是，也没有任何人提出任何异议。说得极端一点，当时就是对哪怕是一只兔子也没有提出过任何异议。①这是共产党可以用来对社会民主党人进行宣传的东西。你不应该忘记，拉科西和格罗也是彻头彻尾的实用主义者。当然，他们的意见随着莫斯科意见的改变而改变。我不认为，对我的态度的改变必须直接来自莫斯科。正像我已经解释过的，这只是摩尔人已完成自己的任务，可以走了。我必须说，我自己对形势的估计也是不正确的，因为在拉伊克事件以后我曾认为，我的生命和自由已危在旦夕，我不应该冒任何大的风险去搞纯文学问题。值得注意的是，我还应当顺道提及下述事实，我是通过列瓦伊得知鲁达什论争的。他打电话给我，问我是不是知道鲁达什写了一篇诽谤我的可耻文章。自然，列瓦伊随后使这一论争与拉科西的路线协调起来。我的错误在于——我决不因此责备自己，因为在拉伊克审判时期，犯错误并不难——我不知道格罗和拉科西已接到莫斯科的指

---

① 卢卡奇在这里指他的一个有名的比喻，按照这个比喻，马克思主义是世界观的喜马拉雅山，但是在喜马拉雅山上漫游的兔子不应该愚蠢到以为自己比山谷中的大象还要高大。

示，只有莫斯科的流亡者可以信赖，而那些留在匈牙利的人和从西方回去的流亡者只在一定的限度内可以信赖。我当时不知道这一点，所以做出了可能没有必要做的让步。无论如何，在谈到这个时期时，我总是感到自责，在鲁达什问题上我的让步本可以比我实际做的少很多。为了自我辩护，我可以说，如果拉伊克能够被处决，那么谁也不可能得到任何认真的保证，也就是说，如果他进行反抗的话，不会发生类似的事情。

鲁达什论争中的一个关键问题，是指责您错误解释了人民民主的阶级性质，贬低了无产阶级在人民民主中的作用。

按我的观点——这个观点可以上溯到勃鲁姆提纲——人民民主是一种从民主制中发展出来的社会主义。按反对的观点，人民民主从一开始就是一种专政，从一开始就是那种在铁托事件以后发展成的斯大林主义的形式。

我想给您提一个可能完全不辩证也不历史的问题。卢卡奇同志，从今天的角度看，您认为可以设想在外部政治因素并不特别严酷的情况下，人民民主能完全依靠自己内部的力量发展成为社会主义吗？

我认为可以。但是当然，只有在苏联没有斯大林主义的条件下。用斯大林主义的方法，任何这种发展都是不可想象的，因为甚至稍微偏离官方的路线都不可能。如果我们想到拉伊克的情况，那么我们不应该忘记，拉伊克是拉科西的正统支持者。说他是反对派是不对的。最近，我与拉伊克夫人有一次颇不愉快的对抗，因为我在为论拉伊克的文集写的文章中说他是一个极其可爱的人，但绝不是一个反对派，对此她感到非常生气。他们对拉伊克做的实际上是一种预防性谋杀，即使拉伊克夫人周围的人认为拉伊克是反对派中的一员，情况仍然是如此。我读过马罗山的书的第二卷手稿。那里对这一段有很详细的描写。有趣的是，直到1949年以前，他最认同的正好是列瓦伊和拉伊克，他和他们保持了极为密切的关系。他非常坦率地写到拉伊克，很清楚地把他描写成拉科西的正统追随者。有数不清的这种传说，我简直不知道拉伊克夫人能用什么来证明拉伊克是反对派。他们只是把被怀疑对斯大林路线不够热情的任何人都搞掉。这就是整个鲁达什论争的实质。列瓦伊也在他的一篇文章的末尾把勃鲁姆提纲说成是我的所有错误的根源。整个论争只是要证明，在50年代爆发的那种专政从一开始就是一种专政，说在它之前有过一个民主阶段，完全是胡说。这就是鲁达什论争和勃鲁姆提纲之间的联系。我也从这里得到教训，到现在也是如此，如果

卢卡奇 自传

像拉伊克这种绝对正统的人都能被处决，那么不可能想象有任何其他的出路。意见与正统路线相左的任何人似乎都可能遭遇这种命运。

您的自我批评有一点是很实在的。因为您曾错误地认为，以勃鲁姆提纲为基础的人民民主是一种可以想象的选择。

确实如此，不过其中有一点差别，虽然我的自我批评把这说成是**不应该存在**的东西，我在实际上只是把它看作**没有实现的**东西。这是我的自我批评中不真实的成分。

您认为莫斯科审判案和拉伊克审讯案之间有什么差别？

情况是这样的，人们常常忽略，在 30 年代，审判是在二战即将开始的阴影下进行的。我不是要用这点来为那些审判辩护，但是我要用它来为正派的人们当时所作的反应辩护，这种辩护是有道理的。当时有人说，不管在莫斯科可能正在发生什么，他们决不支持希特勒对莫斯科的进攻。然而，这绝不适用于拉伊克审判案，因为当时没有这种威胁。当时在一定程度上有冷战，然而那不是理由。

它的确在一定程度上是冷战产生的原因。

不，我不这样认为。斯大林对西方开始冷战起到了推波助澜的作用，但是冷战的根本原因是杜勒斯的所谓推回政策，根据这种政策，1945年的各项协定必须通过压力和各种其他手段逐渐加以改变。这个政策当时实际上存在着，它对我们的愚蠢可能有所助长，这是另一个问题，我不想加以否认，所以在匈牙利——而且不仅是在匈牙利，而是在所有的人民民主政体中——搞那种审判是没有任何基础的。我不怀疑，在被逮捕的一万人中有一两个真正的间谍。但是，这纯粹是碰运气，能做什么呢？还在1941年我在留比杨卡坐牢的时候就发生过了，我就被指控是匈牙利警察派驻莫斯科的间谍。我获释后，我对里夫希茨的回答是："非常可笑。"当然，这一切是在更好得多的气氛中发生的，因为他们没有对我犯下任何大的暴行。可是，拉伊克和他的人则受到了最为惨烈的折磨。

即使对他们的指控同样"非常可笑"……

指控的确是非常可笑和完全虚构的。按我的看法，对两种审判潮必须作出历史的区分。拉狄克、布哈林和季诺维也夫的审判潮后来发生彻底的变化。在1937年至1938年，这些审判潮变成了一种完全没有道理的迫害运动，所有丢了性命的匈牙利人——巴尔塔·山多尔、伦节尔·久洛等——大部分都没有做任何应遭受这种命运的事情。另

一方面，不可能有任何怀疑，库恩·贝拉的确是季诺维也夫的帮凶。库恩·贝拉和季诺维也夫的追随者一起被逮捕。这就是说，季诺维也夫在共产国际和列宁格勒都有一个必须认真对待的宗派。但是，这整个集团在此以前已遭到意识形态方面的彻底性失败。按我的看法，赫鲁晓夫关于这些审判案纯属多余的批评是绝对正确的，虽然这种差异确实存在，因为在两年前季诺维也夫周围的人都是有名望的人。因为，如果您读多伊彻的书，您就能看出，托洛茨基派的组织当时已存在着，而且是一个潜在的反对派。与此相反，我完全不知道在拉科西下面有任何反对派，即使是由铁托事件引起的反对派也没有。

让我们回到您回国之后的时期。卢卡奇同志，您的工作是什么？如果我的消息正确，您当时是中央委员会委员。

不是。

甚至在一个短时期内也不是？

甚至在一个短时期内也不是。我在党内没有任何正式职务。当然，今天各种假消息达到了闻所未闻的程度。例如，我听说，在索特研究所的一次内部讨论中——这次讨论的材料还没有发表——萨博尔契力图把我和拉科西体制联系起来，声称我曾是中央委员。但是，如果您查阅一下党代表大会的纪录，您就能很清楚地看到，在拉科西时代我从来不是中央委员。

但是，即使中央委员也不能做任何事情来制止拉伊克审判案……

问题不在那里。关键在于我是否曾担任过中央委员。这不是需要讨论的事情，而是事实问题。我甚至知道，在我对知识分子影响力最大的时期，曾有人向格罗和拉科西建议，应该把我选入中央委员会。他们的回答是，特别是格罗说得非常坚定，在属于党的工具的知识分子中，我是唯一可以被考虑进入中央委员会的人，但是甚至我也不能被考虑在内。讨论这一点没有任何意义，因为这件事纯粹是虚构出来的。

您当时在大学里已经有职务了吗？

已经有了。

还有《论坛》的编辑工作吧？

我想我是在一年之后才成为编辑的。确切日期我记不清了。

对您而言，这是否意味着正式的编辑工作？

这是真正的编辑工作，我也有意识地试图贯彻我的方

针。您不应该忘记，《论坛》在鲁达什论争之后停刊了。

谁是《论坛》的编辑？

维尔特什和达尔瓦什。《论坛》是以人民阵线的观念作为基础的，所以所有的问题都是围绕着人民阵线会不会导致无产阶级专政展开的。

您以前认识这些编辑吗？

我和维尔特什的关系很浅，只知道他是对旧体制持有反对派观点的人。我认为他适合促进我的文学目标。列瓦伊起初对维尔特什有意见。但是我坚持要他时，他没有反对。您由此可以看出 1945 年的气氛与譬如说 1948 年的气氛之间的区别。

您与达尔瓦什以前没有任何关系吗？

决定我和达尔瓦什的关系的，主要是——我想保持这种在《论坛》存在期间的情况——我力求使《论坛》成为人民阵线的刊物而不是共产党的刊物，也就是成为在人民阵线的框框内赞颂共产主义真理的刊物。

您还完全没有说到第三位编辑奥尔图特·久洛。

奥尔图特·久洛和达尔瓦什一样是左翼资产阶级运动的代表，我和他也能够像和达尔瓦什一样很好地共事。《论坛》内部在下面这一点上看法是一致的，即必须在非共产党运动的最激进部分和共产党运动之间创造出密切的关系。这一部分是由于非共产党人的激进化，一部分是由于共产党人的民主化。这种关系一直存在到鲁达什论争。

您回国以后和哪些作家有个人关系或政治关系？和德里怎么样？和伊叶什怎么样？

我和德里的关系变得非常友好，因为我衷心赞同他的社会主义言论，也因为我对他的文学才能评价很高。因此，我成了德里的个人支持者。遗憾的是，列瓦伊的批评让他变得默默无闻。与伊叶什的关系较为复杂，因为伊叶什不像德里，从未真正成为我们中的一员。当时德里真的认为自己是共产党人作家，《不完全的句子》和《回答》真的是当时典型的共产主义作品。可是，伊叶什从未稍微离开过他的陈旧的半民族主义半社会主义的观点。也就是说，我和伊叶什的个人关系一直很好，但是在政治上从来不能和他取得一致。

那和维勒什·彼特他们呢？

和维勒什·彼特我总是保持一种很客气的、基于相互尊敬的关系。在民粹派中，埃尔德伊·费伦茨是我一向认为站在我们一边的一个人。

您和他发展了个人友谊吗？

起初我们的关系很好，甚至成了朋友，后来我们疏远了。

纳吉·拉约什呢？

我一向认为纳吉·拉约什是一个重要的共产党人小说家，我对他的著作的评价一向是很高的。

您从为《西方》杂志撰稿的时候起就认识他了吧？

我当时不认识他。但是在30年代初，他和伊叶什在莫斯科参加作家代表大会时，我就和他有很好的个人关系了。他认为我不够激进。我们有一次在一起谈话，他问我按我的看法希特勒的统治还要持续多久。我告诉他，我认为它还能稳定九到十年等等。他听了感到非常气愤，并且对我说，如果甚至革命者都对革命会在什么时候发生如此漠不关心，那成什么话。

如果我记得不错，那么他曾说过他绝不是一个这么好的共产党人，以致……

……他对革命会在什么时候发生漠不关心。

他从莫斯科回国之后非常失望，是吗？

他对我们的制度非常失望。

他还在莫斯科的时候，曾在私人谈话中表达过自己的看法吗？

他表达过。

那伊叶什呢？

伊叶什是一个比纳吉·拉约什程度还要严重的机会主义者。伊叶什在当时事实上采取了相当正统的立场。

正好我们在聊伊叶什，您是否记得，伊叶什在他发表在《人民自由报》上的最后答复中声称，您说他从来不属于受迫害的作家是不对的，因为他同巴比茨和肖普弗林一起写过一份抗议书。关于这事您知道什么吗？

关于这事我没有任何可靠的材料，但是有两种说法。根据第一种说法，他是抗议书的作者；根据另一种说法，他参加了签名。然而，这第二种说法是很容易检验的。

我有一份复件，根据它可以确定他没有签名。的确，他的声明措辞是很谨慎的——"毕竟，我是抗议书的作者"，但这并不等于说，他也签了名。事实上，他是草拟了另一份抗议书，一份从未公之于世的抗议书。据说，他没有在这份抗议书上签名，是因为它预定在《美言》杂志①上发表，而他不愿意和这家杂志有任何关系。

这都是借口。《美言》也搞过极其特别的事情，我记得

———————————

① 《美言》是一家倾向左翼的资产阶级杂志。——英译者注

很久以前批评过它，因为两种思潮真是不能相容。这也表明，伊叶什的"统一"概念也许不像他今天说的那样成熟。

伊叶什最近在大学生剧院发表了一次谈话，他说匈牙利的文学是民粹派的文学。最突出的是他援引尤若夫·阿蒂拉作为根据。他说，尤若夫·阿蒂拉在《我的国家》中提出了民粹派的纲领。

如果我们把民粹派文学理解成尤若夫·阿蒂拉所理解的样子，那么我们当然能够把它作为一种观点加以接受。事实上，在匈牙利文学中没有任何重要作家没有这种关于人民的概念，但那不是伊叶什的概念。另一方面，我也从来没有听说过尤若夫·阿蒂拉在狭义上与这种民粹派运动有任何关系。

他只有和他们争吵的关系。直至他生命的最后一息，他都拒绝与他们登上共同的讲坛。

情况是，在1919年的崩溃以后，农村的民粹派对工人产生了深刻的不信任感。这是不容否认的。按我的看法，这是匈牙利历史上的一件在客观上不应该被轻视的事实，因为归根到底这是苏维埃共和国对农民的错误政策的后果。如果您研究农民代表对共产党人的不信任感，不应该忘记它是有原因的。我不想说，我要为这些代表辩护。

问题不在于此，而在于他们缺乏热情不是由于无事生非，也不是由于存有反革命偏见，而是由于拒绝苏维埃共和国的农村政策。

我们能谈谈其他一些作家吗？您和弗雨什特·米朗的关系怎么样？

那是一种很简单的关系，一种党政关系。弗雨什特·米朗在我之前很久就得到过一位大学教授关于授予他在大学讲课的资格的许诺。我当时是人民阵线政策的支持者，我认为，如果像弗雨什特·米朗这样一个知名的《西方》杂志资深成员被许诺取得在大学讲课的资格，那么这个许诺就应该兑现。在一本关于弗雨什特·米朗的书中甚至有一处证明，他对我学院师生所作的关于他的评论非常满意。他会成为一个怎样的大学讲师，完全无所谓。这在政治上毫无意义。但是，无论如何要任命他担任这一职务，这样才不至让人感到我们不愿意让《西方》杂志的一个出色成员担任教授。

我很久以前听过弗雨什特·米朗的课。他比瓦尔达普菲尔和所有其他人加在一起还更加有能力和更加令人感兴趣。

我完全能够想象。很显然，弗雨什特·米朗是个真正

的作家和诗人，在文学问题上，他除了一些很不正确的东西以外，还说了很正确的东西。

此外，一般认为，弗雨什特·米朗表达了自己个人的看法。除此之外，当时只能从您的身上感受到这种个人看法的表达，卢卡奇同志。

毫无疑问，弗雨什特·米朗在《西方》杂志的意义上是一个重要的作家。我必须顺便提一下一件有趣的事情。在某种意义上他使我很失望。我以前一向认为他是一个极其傲慢的人，充分意识到自己作为作家的重要地位的人。可是，在授予他大学讲课资格之前，他就好像一个正在等待授课资格的小人物拜访一位正式的教授一样，对我进行了例行的拜访。每次他都要带一束花给盖尔特鲁德。总之，他使我非常失望……

只是今天我才从芬尼厄·米克沙那里听说，弗雨什特习惯于吻奥什瓦特的手。

这不是不可能的，但除此以外，他在他自己的狭窄圈子里是一个很傲慢的人。但是，我从不怀疑他作为作家的成就。

格勒尔特·奥斯卡呢？

格勒尔特·奥斯卡是一个完全以自我为中心的人，和他打交道时，一切都取决于和格勒尔特·奥斯卡本人的关系的性质。老实说，在《西方》杂志时期我对此从不感兴趣，后来我对此也不感兴趣。

您和其他教授有什么个人的和意识形态的关系？

整个说来我是很独立的，不太关心我的同事们的看法。

在鲁达什论争以前，哲学系有大约 80 名积极的学生，美学讨论课也很受欢迎。在论争之后，只剩下了五六名学生。

这是很自然的。要说明情况，我不得不从库恩·贝拉的一句话说起。在 1919 年成立中央委员会时，我成为委员，而鲁达什没有被选进来。为了避免争吵，我当时对库恩说："这怎么好？无论我是不是中央委员，我都会完成我的任务。但是对鲁达什来说，成为委员却绝顶重要。"库恩回答我说，而他的话我至今还一字一句记得很清楚："您这话很可笑。我是您的对手。但是毫无疑问，您有您的信念，即使得不到我的赞同，您也会在共产主义运动中宣扬这些信念。但是，您的确有信念，而信念在党内是一股力量。鲁达什则是另一回事。你给他钱，他就给你写东西。"这就是在 1919 年库恩对鲁达什的看法。

早在 1919 年？这表明库恩·贝拉很会看人。

他非常刻薄。他对人的消极方面特别敏锐，但他不能看到别人的优点。

您的哪些著作是在 1945 年以后发表的？

主要是我在 1919—1945 年之间写的书。在那以后，未经我的同意，用德文出版了《小说理论》和《历史与阶级意识》。我当时已不再把这两本书列入我的著作集，我甚至和朔姆约就此有过争论。他声称我无权否认我自己的生平著作。我一向认为，我与我的生平著作当然毫不相干。应该由之后的历史来决定一个人是否拥有其生平著作。谁若想要创造生平著作，那他从一开始就要说谎。

然而，有些伟大的艺术家有意识地努力创造自己的生平著作，时刻考虑他们的著作的统一性。在托马斯·曼那里，您就可以时刻感觉到，他知道他的每一本书将在他的全集中所起的作用。

这是真的，然而尽管如此，他主动疏离了他自己关于战争的观点。如果他仍然坚信他在那本关于战争的书① 中所提出的观点，他就永远写不出《浮士德博士》。这正是

----

① 卢卡奇在这里指的是托马斯·曼的《一个非政治的人的回忆》。——英译者注

"除非你领悟到这一条：死和变！"①的真义。歌德对此领悟得非常清楚。若没有它，则没有任何人类的发展。我不是说，你必须每时每刻改变自己的想法。但是，如果你遇到有分量的论据，你必须准备接受改变想法。如果我不准备这样做，那么我在学术上就缺乏诚实精神，而这是当今世界上最大的弱点之一。

您和列瓦伊的关系在 1945 年以后是怎样发展的？

在勃鲁姆提纲以后，列瓦伊和我的关系完全断绝。在第七次代表大会筹备期间，他私下和我说，勃鲁姆提纲将必须被看作第七次代表大会的先驱。但是，他绝没有当众这样说；在那次代表大会以后，他也没有再那样谈到勃鲁姆提纲。相反，他与民粹派运动的关系又被放到台面上来了。诚然，党内在这个问题上有意见分歧。例如，加波尔·安多尔同情《美言》的自由主义，而我，正如您知道的，对《美言》和《回答》②都同样批评，在这方面和列瓦伊站在同一边。

是否这种一致持续到 1945 年以后，一直到鲁达什论

---

① 引自歌德的《极乐思念》一诗，接下去的一句是："你将只是阴沉大地上的一名忧郁过客。"——英译者注

② 《回答》是民粹派的刊物。——英译者注

争呢？

完全如此。他事先作为好朋友和我打了招呼，然后就站到另一方面去了。这又是由于列瓦伊的这样一个特点，我习惯于这样评价，即他不能想象匈牙利党没有他担任领导职务。结果，凡是能帮助他巩固这种地位的事情，他没有不做的。他的妥协不应该归因于任何卑鄙的动机，而应该归因于他想留在党的领导层的愿望。为了这个目的，他愿意在一切问题上作出最大的让步，包括在人民民主内部的民主思潮问题上。

卢卡奇同志，您是不是说，他想要无条件地留在领导层不仅仅是由于个人因素？

我认为个人因素在这里不是决定性的，必须把列瓦伊看作一种悲剧现象，看作这样一个人，他非常清楚地看到了许多重要的和紧迫的问题，却做出了错误的决策，原因是他怕不这样决定，会危害他在领导层的地位。匈牙利党要是没有列瓦伊来领导，它会成什么样呢？

从您这种尖刻的讥讽中可以得出结论，您认为列瓦伊曾希望对拉科西和格罗施加影响。

列瓦伊认为，党永远是正确的。因此，他不是由于机会主义或个人野心的原因而紧跟党的路线，而是因为他认为党是正确的，所有的人都必须支持党的观点。

你们的友谊在1949年以后在多大程度上受到列瓦伊的这种态度的影响？

在1949年以后，我们之间的关系自然大大冷淡了。后来，列瓦伊被解除了党的领导职务，我们之间的关系再次好转起来。

您怎么解释列瓦伊对民粹派的巨大热情？这纯粹是一种策略呢，还是存在着"对匈牙利现实的顺应"？

很可能是这样。在所有领导人中，列瓦伊对匈牙利理解得最深，与在匈牙利占统治地位的各种意识形态最接近。所以，他完全有可能与民粹派保持着一定的关系。

您和内麦特·拉兹洛见过面吗？

我和他只见过一次面，是在列瓦伊家，我、内麦特·拉兹洛和伊叶什·久洛在那里开四人小组会。那次，我和内麦特·拉兹洛之间发生了尖锐的争吵，因为我指责他在第二次世界大战期间对法德之间的关系采取了不可容忍的立场，他那时曾说，和德国接近破坏了律师的法国。内麦特否认他曾写过这类东西。第二天我给他寄了一张明信片，确切地指明了这些话的页码，我们的关系从此就结束了。

你对纳科兹运动①的看法如何？

纳科兹运动作为一场人民运动，我衷心支持。我批评它是因为它的成员中跻身于领导层的愿望很强烈。我主要是在大学中和学生打交道，所以我看得很清楚，纳科兹的学生主要不是想学习，而是想学会当领导。他们以为他们很快就会在统一的党内担任精神、政治和意识形态方面的领导职务。我从来不愿意承认任何一部分人有权事先被看作领导层，所以我也不愿意承认纳科兹有这种权力。

您那时和社会民主党人的关系怎么样？

我和他们从未有任何关系。我是一种特殊的激进匈牙利共产党人，就是说我在共产主义内部鼓吹民主。但是，我从来不同意社会民主党人所希望的对专政思想的削弱。我站在两个阵营之间。我不认同社会民主党人，我也不认同那些想用专政方法实现共产主义的人。在1945年以后，产生了一种新的形势。在社会民主党内部形成了必须认真对待的反对派，其中包括霍尔瓦特·佐尔坦、马罗山等人，我不想一一列出他们的名字。我和他们建立了直接的联盟。1945年后最具特征意义的，是拉科西接受了我的看

① 指工农学院联合会。——德译者注

法，对我发表的讲演没有提任何反对意见。他事实上认识到了，用我的方法比用他的方法更容易争取知识分子。两党的合并最终达成。当然我的方法只是促成了极少数的部门。但是，当合并一完成，拉科西、格罗等人就认为该由他们来决定怎么办，而不是由像我这样的人，像我这样的人是多余的，甚至是有害的。这就是鲁达什论争的背景。这次论争不仅是在时间上和两党合并吻合，而且在这两件事之间也有密切的内在联系。

后来您和社会民主党人的关系问题不再很重要，因为他们不再存在了。

我和马罗山的关系仍很友好。我和霍尔瓦特·佐尔坦的关系也很好。事实上，对那些与我们合并的社会民主党人，我除了认为他们过于随意以外，从来没有任何问题。两党合并后，拉科西问马罗山，他想让谁来给他讲讲共产主义的基本原理，马罗山选中了我。

卢卡奇同志，在那些困难的年代里，谁继续和您保持友好关系？

那是很难说的事情。我必须说，维尔特什坚持和我在一起。在作家当中，埃尔德伊·费伦茨对我的努力表示了真正的同情。

德里是否受到鲁达什论争的影响？

他没有受到鲁达什论争的影响，但是受到这样一种情况的影响，即拉科西认为，他在匈牙利的重要作用在德里的小说《回答》中没有得到足够的承认。于是，列瓦伊对《回答》发起了猛烈的攻击。

在鲁达什论争期间，有文化的公众持什么态度？

我认为，人民的同情更多地在我这一方面而不是在列瓦伊方面，因为《回答》的艺术性对他极为不利。《回答》毕竟是匈牙利至今为止最优秀的社会主义小说。这部小说还是在青年中得到了承认。即使德里在这部小说一开始受到攻击时就宣布他既不打算进行修改，也不打算继续写下去。同时，这部小说有一个很有趣和很重要的特点，就是它的主人公直到 1945 年以后才成为共产党员。按照德里的想法，这种类型的人只有在建立专政之后才会成为共产党员。但是，拉科西—列瓦伊集团自然不愿意承认这种情况的正确性。

然而，当一个国家的最高领导愿意参加这种关于一部小说的继续写作问题的激烈讨论时，就有了极为便利的框架条件。

在那后面隐藏着一个很重要的问题。后来证明，拉科西及其追随者主张，专政从解放匈牙利开始就一直存在，在它之前并没有一个民主阶段。

在拉科西和他的支持者的观点中有很奇怪的矛盾。一方面，他们要人民相信自由是通过共产党的斗争而获得的，共产党有广大的群众基础；另一方面，他们声称全体人民都是法西斯思想，以此为他们的统治方法辩护。他们想在这部小说中看到的是这两种因素的结合。但是，能把这两种相互冲突的谎言协调起来的小说还有待去写。

德里是不够装进这种框框的，不幸的是，他由于这个缘故，完全离开了社会主义作家的行列。

卢卡奇同志，您是不是认为德里的抱极端怀疑态度的和非社会主义的发展应归因于这些批评？

对，我是这样认为的。当然还有他个性中的其他原因。但是如果你读他的自传，你就能看到他总是把自己的个性当作世界的中心。有一个时期，他的个性和世界一致，从这种一致中就产生出了《未完成的句子》和《回答》。对《回答》的批评结束了这种一致。在那以后，他写了后来的几部小说。在它们当中，社会主义被描写成一种极成问题的、虚弱的和不真实的现象。在我们这里，有多少作家的前途由于1945年以后的事态发展而被断送了，

真是可怕。

在我看来，前途被断送得最悲惨的是尤哈斯。

德里也很悲惨。不过，他在过渡期间写了像《两个女人》这样的书，单是它们就足以使他流传后世。再例如，他在和伊叶什合出的那本诗集中的那首诗。我认为那是一件非常美的作品，它使他归于抒情诗人之列。

确实如此。我认为尤哈斯悲惨，是因为他的天赋过人。

尤哈斯是整个匈牙利危机的产物。他是一个天赋很高的诗人，是最有天赋的诗人之一。但是，老托尔斯泰非常聪明，他反对迷恋天赋。他认为，天赋是艺术家发展中的不可缺少的因素，但它只是一个因素，而不是全部。可能在匈牙利，再没有比尤哈斯更有天赋的诗人。另一个极端也同样有趣。例如本亚明，他留下了伟大的诗篇，虽然他按天赋并不属于匈牙利伟大的诗人之列。他的《阿兰尼颂》是匈牙利最优美的诗篇之一。所以，我认为托尔斯泰反对迷恋天赋是对的。

我还没有问您同从莫斯科流亡归来的其他作家的关系。您能不能谈谈您同巴拉日·贝洛、加波尔·安多尔、伊勒什·贝洛及格尔格里·山多尔在 1945 年以后的关系？

同巴拉日·贝洛和加波尔·安多尔在许多问题上有

意见分歧。然而，我对他们作为作家评价很高。至于其他人，有意见分歧，但没有这方面的高度评价。

您同加波尔·安多尔和巴拉日·贝洛的友好关系继续保持了吗？

同加波尔·安多尔保持了，但是同巴拉日·贝洛则没有，因为巴拉日·贝洛按他作为作家的重要性来说，做了比加波尔·安多尔更多、更大的妥协。因此，在后来几年，我不能再像以前那样对作为作家的巴拉日评价那么高了。

我想您在 1945 年以后参加了许多国际会议？

狭义而言，它们不是真正意义上的国际会议，而只是和平会议。我只参加了和平会议。

但是也有一些哲学会议，例如在日内瓦……

我只是由于私人邀请参加了日内瓦会议，它对党没有任何意义。这个会对我很有启发，因为我能够看到美国生活方式当时在西方还广泛流行。虽然我作为个人和作为作家对许多人而言并不陌生，但是对我的接待有点像孟德斯鸠在《波斯人信札》中所描写的情景——"先生是波斯人吗？怎么可能是波斯人？"换句话说，一个能说多种语言、有教养有文化的人怎么可能是马克思主义者？我和雅

斯贝斯有一次小小的辩论，主要问题是能否把马克思主义作为科学的世界观来捍卫和宣传。

您在战后遇见过布洛赫吗？

我遇见过他。他成为莱比锡大学的教授，有我的一份功劳。甚至在他离开东德以后，我们仍然是朋友，虽然我们再没有见面，也没有再通信。

您是否对离开东德和离开匈牙利有不同的看法？

当然有不同的看法。我认为布洛赫是一个非常值得尊敬和非常正派的人。

让我们转到从 1953 年开始的时期上来。

这个时期始于我放弃了我在鲁达什论争后承担的一切文学义务。我甚至争取到了中央委员会的一个决议，使我从文学活动中解脱出来。这就消除了可以说是那次论争的消极后果，因为我再没有参加后来的小打小闹。您记得，当作家们对拉科西的攻击在 50 年代开始的时候，我也没有参加，不是出于什么高尚的动机，只是由于策略上的考虑。我比大部分人更了解党，我知道，当作家们都开始往一个方向集体行动时，会被看作企图结成宗派。如果其中一人以结成宗派为理由被威胁开除出党，所有人就会退出。当时实际上发生的情况就是如此。因为我不愿意退出，我从一开始就拒绝参加。所以，我在1956年事件以前的文学界造反中的作用等于零。

您在1956年以前已开始写《审美特性》了吗?

开始了。

您不愿参加的一个因素是不是您担心您的工作受影响?

我还从来没有抱怨过政治活动打扰我的工作。相反，政治活动对我的工作只有好处，因为它会更尖锐地指出各种问题，使我们能更清楚地看到人民的真正要求是什么等等。

在二十大以后您是怎么看未来的?

我现在只能重复我在这个问题第一次出现时说过的话。说全部问题能够归结为个人崇拜问题，是不对的。远不止那个问题。需要进行改革。毫无疑问，我不想否认，我在头几个星期曾相信纳吉·伊姆雷会实现这种改革。后来我发现我必须放弃这种幻想。

您是什么时候第一次见到纳吉·伊姆雷的?

很早了。不应该忘记，纳吉·伊姆雷曾作为战俘在俄国待过。他在20年代回到匈牙利，在外省工作。我1929年在布达佩斯时，我们曾有许多次在一起工作，我们的共事是相当成功的。在以后的时期，我拒绝承认他的领导作用，于是有一天，有几个大学生来看我——也许你是其中

之一，我记不清了——他们认为，我们不进行商量是不对的。我回答说，纳吉·伊姆雷跟我的距离同我跟他的距离是一样远的。该由他采取主动！这不仅仅是威信问题。要是我去拜访纳吉·伊姆雷，那么我就是被吸收到当时在匈牙利极为强大的伊姆雷大叔潮流里。但是，如果纳吉·伊姆雷来接近我，那么我就能够心贴心地偷偷告诉他，没有纲领不可能进行革命。

让我们暂且回到1953年以前的时期。在鲁达什论争时，纳吉·伊姆雷由于他的农业纲领被赶出了中央委员会。你们在1953年以前根本没有见过面吧？

因为他和我都属于所谓第二级领导，我们常在像马特拉宫这种为我们这层人保留的地方见面。我们有一种很好的交谈关系，但从未超出这一点。

您认为纳吉·伊姆雷是没有任何纲领，还是只缺乏一种全面的纲领？

他自然有一个很一般的改革纲领。但是，他根本不知道如何能够在不同的领域实现这个纲领，它的具体内容是什么，个别共产党人的权利和义务应该是什么。

他不是有一个专门的农业纲领吗？

那是那种什么都没能实现的纲领。你不应该忘记，在纳吉·伊姆雷领导下没有实现什么农业改革。

然而，在纳吉·伊姆雷自己掌权的政府中，除了一个星期以外，他在党内是少数。

是这样。但是，如果我在党内是少数，那么我或是不承担任何责任，或是提出一定的条件：我愿意接管领导权，只要你们把这个或那个事情做了。纳吉·伊姆雷没有这样做，但仍然是这个国家的老公公或者其他什么的。他还建立了一个小组，其中有些成员是最坏的改革者，另一方面，没有任何确切的纲领，没有声明想要做什么、不做什么，等等。因此，在他担任总理的那一年，我们没有见面。纳吉·伊姆雷为人正派，很聪明，在匈牙利农业问题上有丰富的经验，对这些我评价很高。但是，我不认为他是一个真正的政治家。

是不是在他建立的小组中没有任何真正的马克思主义者？

我甚至在今天也不能证实这一点。

多纳特·费伦茨呢？

多纳特·费伦茨与纳吉·伊姆雷很友好，他参加小组的会议。乌伊赫尔伊·西拉尔德等人也参加。但是，我不知道多纳特当时对这事的态度，因为我后来才和他有较密

切的关系，而在这之后，他对纳吉·伊姆雷的严厉批判态度才显现出来。

您没有参加这个运动是事实，但是这也是事实：当裴多菲俱乐部开始讨论时，您几乎是人们最先想到的人，人们对您抱有很大的期望。卢卡奇同志，您为什么在当时准备起一种政治作用？

事实是我把 1956 年看作一个伟大的运动。这个自发的运动需要一定的意识形态。我宣布我准备承担这个任务，并且通过一系列演讲来实现。例如，我曾试图弄清楚我们和其他国家的关系在多大程度上改变了，合作和共处现在是否可能，实现这种共处的条件是什么。所以，我有过这种意识形态的目的，但是别的目的我全然没有。

您在 1956 年事件以前，在裴多菲俱乐部内部对自发运动做过这种贡献吗？

不仅仅在裴多菲俱乐部内部，我还在高级党校作过一次报告，它也同样与这个情况有关。

这个报告得到什么反应？

很客气的反应。

在那以后，党的领导……

在那以后，不论我做什么都是错的。当时他们让所有鲁达什的门徒都自由行动，他们愿意怎么写我就可以怎么写我。

我指的不是 1956 年 11 月 4 日以后的时期。我还记得您提到的这个受到礼貌回应的报告，因为我也在场。我指的是 10 月以前、那次报告以后两三个星期的时期。拉科西下面的党领导采取了什么行动？

什么也没有发生。他们如此张皇失措，以致什么也不敢做。

您个人以何种形式受到 1956 年十月事件的影响？这些事件对您产生了哪些实质性的后果呢？

第一个后果是，我被选入中央委员会。第二，在中央委员会内部，我发现自己在某种程度上与纳吉·伊姆雷对立。提一下最重要的问题：当纳吉·伊姆雷退出华沙条约时，山托·佐尔坦和我投票反对。我们要求，在将来，这种极其重要的决定在党内充分讨论之前不应该公之于众。

仅有您二人提出反对退出华沙条约？这个决定得到了其他中央委员的支持了吗？

其他人也支持。

在领导人中还有其他的意见分歧吗？

卢卡奇 自 传

　　这是决定性的分歧，所有其他的冲突都是由它决定的。但是，到处都遇到坚决与旧制度决裂还是只对它进行改革这一问题。很坦率地说，我是站在改革一边的。

　　纳吉·伊姆雷在很长的时间里也是如此。

　　对，但是他的观点从来没有表达得很明确，没说到底站在哪一边。

　　我认为他也是主张改革的。问题是他受到起义内部的各种文职和军职集团的直接压力。在我看来，他是被这种压力拽着走。

　　那是非常可能的。我绝不是宣称，纳吉·伊姆雷是一个反革命或是资本主义的拥护者。我并没有宣称这类说法。我只是说，他没有纲领。他这一天这样说，过一天又那样说。

　　卢卡奇同志，您是在原则上反对退出华沙条约，还是受策略考虑的影响，即害怕苏联搅和？

　　首先，我当然是在原则上反对。我完全只是主张匈牙利是华沙条约的一个成员。其次，我们不应该给俄国人提供干预匈牙利事件的口实。这一点对我的决定也是有影响的。

　　卢卡奇同志，您知道，在 1956 年 10 月您成了党的中

央委员会的六个成员之一。但是，您还完全没有谈到您的
国家职务。

我的部长职位是这么来的：埃尔德伊·费伦茨当上
了不知道具体是什么的大人物，他提名我为文化部部长。

您有任何设想，有任何纲领吗？

没有，完全没有。我的脚一次都没有踏入过文化部的
大门。

我记得，您曾发表过一个声明，可能是在《自由报》
上，您的纲领似乎是要解散这个部。

那是不大可能的。

不是教学部分，而是成人教育部分。您似乎这样说
过，这个部有很多职能是毫无意义的。例如，它要管文学
和电影。

那是完全可能的。这种声明我是完全可能发表的。

后来批评您接受部长职务了吗？

当然批评了。

是具体的批评还是千篇一律的指控？

我记不得了。在我一生中，写关于我的坏东西太多，
对个别的攻击我再也记不起了。

您曾为 11 月 4 日事件感到吃惊吗？或者说，您是否

曾认为苏联和匈牙利政府有可能达成协议？

这是一个很难回答的问题，因为这是我生平几乎没有经历过的事情。我纯粹由于身体的原因犯了一个错误。11月3日，我很晚才从议会开完会回家，我刚躺下睡觉，就接到山托夫妇的电话，说是盖尔特鲁德和我应该到他们家去。我们一到那里，他们就说我们应该到南斯拉夫使馆去，因为俄国人就要来了。我承认，我在极度疲劳的情况下默然同意了他们的想法，即使——我这样说又是为自己辩护——我在使馆睡了一两个小时觉，我就开始后悔作出这样的决定了。但是那时已经太晚，不可能离开了。

在南斯拉夫使馆避难的那些人是在那个阶段就已经有意见分歧，还是到罗马尼亚以后才表现出意见分歧的？

当然，意见分歧在使馆就已经很清楚明显了。你不应该忘记，人们是出于不同的原因到那里去的。例如，瓦什·佐尔坦逃到南斯拉夫使馆来，是因为他以为他的妻子会同俄国军队一起来，会责备他见异思迁，因为他已和那个现在已成为他妻子的女人同居。我只提出这一点来说明，人们的动机的确是千差万别的。我们的态度从一开始就是我们要回家。许多其他人也这样要求，有趣的是，这一愿望被接受了。然而，当我们企图实现这一愿望时，我们被逮捕起来，关押在一个俄国兵营里，或者说是把我们"带过去"。

还有谁被许可离开了？

有许多人。例如，我能记起乌伊赫尔伊·西拉尔德、山托·佐尔坦和瓦什·佐尔坦。狭义而言，除了纳吉·伊姆雷周围的一群人以外，有相当多的人要求离开。

你们离开使馆时，发生了什么情况？

我们一坐进汽车，就有一辆警车开过来，要我们的司机跟在警车后面开。我们弯到一条小街上，然后换乘另外的车子，把我们载到俄国兵营里。

你们在那里受到什么样的待遇？

从一开始就很好，很有礼貌。

当时布达佩斯流传着一个故事，说你们都被要求交出武器，据说您把自己的钢笔递了过去。

这是一种传奇的说法。没有任何人要我们交出任何武器。山托·佐尔坦、瓦什·佐尔坦和我是最先到达俄国兵营的。我不知道这一批是否还有别人。三四天以后，所有其他的人都来了。然后，我们都被送往罗马尼亚。

您在那里能工作吗？

实际上可以工作。我们能去图书馆，想读什么就能读什么。在这方面没有给我们设置任何障碍。完全听凭我们自行其是。

卢卡奇同志，那您工作了吗？

我读了一些我们以前由于做党的工作而没有可能读的东西。当然，很难把这种活动描写成工作。但是，我不能说无所事事。

我还听说了一则轶事。据说有一个罗马尼亚的监狱看守得到了对您进行意识形态改造的任务。

那是可能的。我实际上知道有一个那样的看守，但那是完全无害的事情。

这个故事说，在几个星期的讨论之后，这个看守进了精神病院。

我记不得有那样的事情。当我离开罗马尼亚时，他还没有进精神病院。

他是一个聪慧的人吗？

按党的标准，这种人被认为是聪慧的了。也就如此而已，算不上多么聪慧。

为了能回到匈牙利，您提出过请求吗？

提出过，而这引起了一个问题。我的审讯人对我说，他们知道我不是纳吉·伊姆雷的追随者，所以我没有理由不作不利于他的证明。我对他们说，只要我们两个人，纳吉·伊姆雷和我，能够在布达佩斯大街上自由散步，我就会很高兴地来讲述我对纳吉的一切活动的看法。但是，我不能谈论与我一起坐牢的伙伴。

是不是所有被拘留的人都持这种道德立场？

大概所有的人。

布达佩斯谣传山托·佐尔坦的态度不是无可指责。

我不知道那种情况。我没有任何具体的信息，因为每个人都是被单独审讯的，事后都可以爱怎么说就怎么说。然而，我认为山托·佐尔坦可能说了对纳吉·伊姆雷不利的话。举行过一次所有流亡者——即所有被拘留的人——都参加的集会。山托·佐尔坦在这个会上发了言，对纳吉·伊姆雷批评得很厉害，纳吉·伊姆雷也在场。

这些会是在严格监视下举行的吗？

当然。这二十或三十个人在那里。此外，还有俄国人或罗马尼亚人。

我问到山托·佐尔坦的原因是，我记得您和他的亲密友好关系似乎在这个时期大大恶化了。

我并不同意他在这个时期的行为举动，我们的关系很

自然就在一定程度上冷淡下来了。

当我们在 1956 年谈到山托·佐尔坦时,您曾把他描写成当时最有才华的共产党领导人。

他是个很出色的党的工作者,在 50 年代初 ① 他就在重建匈牙利党方面起了很积极的作用。他后来被拉科西和他的人排挤到幕后,结果造成了一种特殊的形势,使山托误认为他的作用比实际上更为重要。

他在意识形态方面有任何特殊的重要性吗?

在意识形态上,他的立场始终非常正确。

卢卡奇同志,您在 1957 年 5 月是在什么情况下得到机会回匈牙利的?

我在 3 月底或 4 月初就回到匈牙利。

对您有任何条件吗?

没有。

您当时和党的关系怎样?

当党重建、改用现在的名称时,我写了一封信,坚持我的党员身份。我把这封信寄给中央委员会,提到我从什么时候起是党员,以及我在党内的全部历史(从我入党的

---

① 卢卡奇在这里说错了。他大概是想说"在 20 年代初"。——英译者注

那天起，对党是很清楚的）。我说，不可能有任何理由拒绝我继续做党员的申请。尽管如此，我的申请被拒绝了，或者更确切地说，我没有接到对我的信的任何回答。十年以后，如何回复这一问题的情形才再度出现。

在1962年出版的《百科词典》中，西格蒂·尤若夫声称您已被开除出党。

那是不对的。但是，很容易写出这种东西，因为我直到60年代还受到道德谴责。很容易散布关于我的这种谣言。但是，事实是我没有被开除出党。只不过是对我写的那封要求继续做党员的信没有任何回答。

显然没有给您任何回答，因为谁也不敢说"是"还是"不是"。

肯定是有某种原因。无论如何，在我就实行新经济政策问题接受《团结报》的记者访问时，这个问题又重新出现了。在那篇答记者问中，我说我赞同这一政策，因为它意味着党的民主化和马克思主义的革新，必然随之出现。

这篇答《团结报》记者问是您重新公开露面的开始吗？

在某种程度上是这样。但是，您必须实事求是地看问题。直到实行经济改革的时候为止，我一直在公众场合扮

演一种反面角色。我是一座修正主义的纪念碑，在这整个时期，这个角色不是没有争议的。

您在这个时期还继续写作《美学》吗？

在第一个时期我就完成了《美学》。当然，不要说在匈牙利了，它没有在国外出版的任何希望。所以，我写信给卡达尔，批判这一事态的发展方式。按我的看法，每个出版社有权出版它想要出版的东西。同理，没有一个出版社有权阻止别的出版社出版书籍。所以，我在信中就这一事态的发展方式向卡达尔提出抗议。结果是我得到了一次接见。政治局的这个家伙叫什么名字来着？西尔马伊。我得到西尔马伊的接见，他告诉我，如果我要的话，他们会很高兴给我一本出国护照。我对他说："权在你们手中。你们对我想怎么办就怎么办。如果我在离开这间房子时，一个警察抓住我的肩膀，我就会成为一个什么事也不能做的囚徒。但是，你们没有权力在任何时候用漂亮话把我骗出匈牙利。"在那以后，他们把这件事又搁了一年半。

出版您的德文版全集的计划是什么时候产生的？

很久以前。在 1956 年以前。

这次争论的原因是您想把《美学》送给本斯勒尔[①]去出版，是吗？

正是这样。

在这个时期，有可能在国外出版其他手稿吗？

我设法偷偷送出国的手稿，全都出版了。

您没有为此受到质问吗？

没有任何人向我问起过。在情况缓和以后，我和阿策尔讨论过这个问题。我对他说："听着，只要你们禁止我在国外发表东西，我就会继续平心静气地把我的著作偷偷送出去。我不承认你们有权阻止我用德文出版我的书。如果我得到保证，我的东西能够合法地送到国外出版，那么我将极其愉快地放弃我的走私权。"这是在情况开始缓和时的事情。

在您回到匈牙利以后，我想您在一段时期内对那些陷入困难的人给予了支持。

那是当然。我现在再也说不出，我们帮助过谁，或者我们的支持采取了什么形式。我总是极力抵制政府方面的暴力，谁也不能认为我曾赞同处决纳吉·伊姆雷，等等。

---

① 弗兰克·本斯勒尔是联邦德国卢赫特汗特出版社负责《卢卡奇全集》的编辑。——英译者注

但是，也必须采取带有很大策略性的区别对待的态度，就是说，必须认识到对某些人有可能帮助，而对另一些人则毫无希望，等等。

您在这个时期除了《美学》以外还写什么东西？

我为我的《本体论》进行准备。《美学》实际上是对《本体论》的准备，因为在那部著作中，美感是作为存在的因素、社会存在的因素看待的。

据我所知，您曾打算在《美学》之后写一部《伦理学》。

我实际上曾打算把《本体论》作为《伦理学》的哲学基础，但是到最后，《伦理学》被《本体论》挤掉了，因为它谈的是现实的结构，而不是一种单独的形式。

您在这个时期还写了许多政治文章，实际上您甚至写了一篇关于资产阶级民主和社会主义民主之间的关系的政治论文。这篇著作还没有在任何语言中发表过。它是关于捷克斯洛伐克事件的。

捷克斯洛伐克事件是在很久以后才发生的。我采取了一种明显亲捷克的立场。我利用我作为党员的权力给卡达尔写了一封信，说我既不能赞同党的特殊立场，也尤其不能赞同他的立场。我给卡达尔就是这样写的。大家知道，我也拒绝了去维也纳参加哲学会议的邀请——我至今认为我这样做是对的——因为很显然，如果我出席的话，我每说两个词就会有一个词被人们根据捷克斯洛伐克事件来解释，这是我所不愿意的。

捷克事件使您在一定程度上改变了对 1956 年匈牙利事件的态度吗？我的意思是，尽管捷克人公开表明不想退出华沙条约，但在布拉格还是发生了入侵。能不能得出结论，纳吉·伊姆雷退出华沙条约只是 1956 年入侵的借口呢？

那时不可能回答这种问题。至于我，我当时同情捷克人，尽管我曾想为一家罗马尼亚报纸写一篇文章，指出捷克人的问题，指出捷克的民主概念中存在的某些内部矛盾。只是因为当时没有时间，所以这篇文章没有写出来。总之，我对捷克人采取批评的态度，但这是一个同情者的态度。

如果我没有记错的话，这篇文章是与马萨里克问题有关的。

在专政期间（1919 年），捷克军队在马萨里克指挥下入侵了匈牙利。我原本想写文章说，我对一种想用民主武器反对另一个国家的无产阶级专政的民主并不十分看重。

在这个时期有任何别的论争吗？

我总是私下对阿策尔同志说，他是一个非常好心和正派的人，我本来非常喜欢和尊敬他，但他想把事情解

决得使所有人都满意，这是不行的。不可能既要消灭走私，同时又使走私者满意。当阿策尔写了一篇论战文章登在《人民自由报》上，反对我所谓的列瓦伊悲剧时，我对阿策尔说——这没有在《人民自由报》上发表——从拉科西时代留下了成千上万的人。一边是法尔卡什·米哈伊，一个十足的流氓，而另一边是赫格居什·安德拉什，他在拉科西手下当过总理，如今是最重要的改革派领袖之一。如果我们今天简单地从这样一种认识出发，即每个人都有这样那样的困难——没有必要细谈——那么这最终就意味着把法尔卡什·米哈伊和赫格居什·安德拉什之间画上等号。这是很不公道的。当前的主要任务之一就是对法尔卡什·米哈伊这类人说一个充满憎恨之情的"不"，对赫格居什·安德拉什这种人说"好"。显然我在这里说的是人的类型，而不是单个的人。在这两种极端之间，有形形色色的中间类型，艺术的任务就是按现实的情况来描写它们，然而为了做到这一点，就必须看到全部色调。如果我们忽视这一点，我们就会达到这样一种立场：虽然过去有过很大的不愉快，但是我们现在差不多已经迈过这道坎了，把所发生的事情忘掉。然而，事实是我们不应该忘掉过去。这整个问题已经在我们的文学中，特别是在马卡连科那部伟大的教育小说中以一种宏大的形式出现。那本书表明，社会主义的教育方法在于，忘记应在羞愧感和内心净化之后。就是说，只有先做到内心净化，才能够忘记。如果我们真的想要实现社会主义，我们不能没有这种教育过程。没有这种类型的教育，我们在意识形态上将只会得到一种假社会主义。

或者让我们拿革命恐怖问题来说。如果法尔卡什·米哈伊是革命恐怖，那么我们就会达到完全错误的立场。而如果科尔文·奥托是革命恐怖……让我说一个故事！在专政期间举行选举时，我的妻子在选举结束之后——我们当时还没结婚——带着一个女性朋友来看我，说发生了一件可怕的事情。那个女性朋友的兄弟，一个教员，发表了一大篇竞选演说，把整个选举说成是骗局、阴谋，因此被警察逮捕了。他现在会怎么样？人们肯定会把他绞死的。我答应第二天早晨给科尔文·奥托打电话。我真的从人民委员部给他打了电话，科尔文只是对我说："啊，那个疯子，我早就把他放了。"然而在另一个场合，即施腾塞尔－尼科伦伊密谋事件，科尔文和我在人民委员会中坚决反对社会民主党人关于应该赦免这二人的观点。我们主张，这二

人都应该被处决，因为高级警官在自己家里为反革命建立了很大的武器库。现在我认为，科尔文的这两种表面上不能相容的立场在实际上并不矛盾。如果我抹去科尔文和法尔卡什·米哈伊之间的区别，站到今天时髦的"宽恕一切"的立场上，那么真正的革命英雄——科尔文就是这样的英雄——就将消失不见。今天科尔文·奥托在匈牙利没有任何声望或威信，这在很大程度上应归因于这种普遍的赦免，这样，革命者的正面形象被遗忘了。科尔文·奥托被描写成一个温和的法尔卡什·米哈伊，虽说温和，但最终还是一个法尔卡什。如果人们懂得我的很尖锐的批评是一种社会主义的批评，我将很高兴。我不是从所谓资产阶级人道主义的观点来看待这些问题。我能够想象人们可能根据策略做出一种畸形的考量：让我们用遗忘的面纱包覆过去吧！不要忘记，在 1867 年就是这样说的。① 我小的时候，对阿拉德的十三人② 还记忆

---

① 在 1848—1849 年的革命遭到血腥镇压后在匈牙利复辟的奥地利帝国不能克服多民族国家内部的尖锐矛盾，外交关系方面的恶化，不得不向匈牙利进行妥协。结果是在 1867 年根据德阿克·费伦茨提出的计划成立了双君主制的奥匈帝国。——德译者注

② 1849 年 10 月 6 日，按照奥地利司令官赫瑙的命令，在阿拉德处决了 13 名匈牙利将领。——德译者注

犹新。事实是，这种遗忘的面纱只不过是一种官僚主义的手段。所以，我坚决反对对法尔卡什时代采取这种态度。因为这种态度包含着非常现实的后果，即使这种后果不像在以前的时代那样可怕。但是，如果霍尔瓦特·佐尔坦只是因为在一次私下谈话中轻蔑地说到卡拉伊就不得不忍受一年多的软禁，那么这千真万确地表明我们又回到了法尔卡什时代。

我认为，阿策尔批评您，是因为他要求持续的平衡，这就是说，当我们开始说点否定的话时，我们应该马上补充一点肯定的话，这自然是无稽之谈。

这完全是多余的，因为我完全可以承认法尔卡什·米哈伊是一位出色的一家之主——我不知道是不是这样，但这不是不可能的。但是，我不认为考虑他形象中的好父亲的特点是我作为历史家的任务。如果一个人有好坏特点的辩证关系，例如在托洛茨基等人那里毫无疑问就是这样，那就完全是另一回事。在那种情况下，就必须把这种辩证关系摆出来——当然，不是为了把肯定方面和否定方面加以平衡，而是因为不了解这种辩证关系，你就不能抓住这个人的行为动机。我记得，在我年轻的时候，我们是多么高兴看到奥第·安德烈把蒂萨·伊什特万描写成巴

托里·伊丽莎白①的男性变种。他没有提到蒂萨的一个优点，尽管蒂萨·伊什特万是一个聪明、诚实和诚恳的人。奥第把蒂萨描写成巴托里·伊丽莎白的男性变种，是完全正确的。

对奥第这样激烈的说法，人们能够容忍。我们要是这样做，就绝不会得到容忍。

但是，要是没有这种激情，我们将永远不会进步。您可以在杨乔关于拉台伯爵的影片中看到类似的情况，拉台伯爵无疑也有自己的正面品质。我不想否认他有这种品质，但是它在这里没有意义。

或者在杨乔最近的影片《沉默和呐喊》中……

我非常喜欢这部影片。它有许多很可贵的东西，我不禁认为，在这个领域我们还可以对杨乔和科瓦奇有很大的期待。然而，为了实现这一点，电影爱好者们必须支持他们，以使对过去和现在的消极面的揭露成为积极的事情，成为对社会主义的帮助。

匈牙利电影在奉行诚实的方针时就硕果累累，这不是偶然的。

---

① 按照传说，匈牙利的大贵族巴托里·伊丽莎白（1614年逝世）为了使她的皮肤变漂亮，常用被杀害的少女的血洗澡。——德译者注

可笑的是，斯大林关于文学的任务曾说："你们书写真实吧！"然而，他不能容忍真实情况被写出来。我在这方面很愿意接过斯大林的口号，并且说："你们书写真实吧！"

现在还有一些私人问题。您从罗马尼亚回来的时候，列瓦伊还活着吗？您和他见过面吗？

我们还见过面，因为这时列瓦伊已被赶出中央委员会，处境很不愉快。在三十年的友谊之后，我不能在他处境困难的时候不管他。我们的接触不算过于友好或过于亲密的，但是我们每四个星期见面一次。

列瓦伊没有修正他对任何事物的观点吗？

列瓦伊什么也没有修正，相反，他极力维护他以前对一切问题的看法，认为那是唯一正确的看法。

德里出狱的时候……

德里关于在匈牙利可以写社会主义的长篇小说的信念，在狱中没有丧失，而是在列瓦伊挑起的论争中丧失了。从那时起，他的全部作品，甚至包括他的自传在内，和社会主义关系甚微，甚至毫不相干，虽然这些作品自然都很有才华。

您还和他保持个人接触吗？

　　我对他本人以及他妻子都很有好感。因此，我们继续保持接触，因为事实上我们从未做过相互损害的事情。那么，为什么我们不应该互相见面呢？然而，我不愿再坚持我在30年代初关于德里的作品所表达的观点。

　　近年来您和哪些作家有友好往来？

　　我继续同德里和伊叶什保持友好关系。或者更确切地说，我和他们有很好的交谈关系。伊叶什的确是一个平民民主主义者，而不是一个社会主义者。我的印象是，他不再相信任何东西，因此，他新近的作品尽管文学水平很高，但是远远不能与他青年时代的伟大作品相比。在其他作家中，也许应该提到本亚明·拉兹洛，我在1957年以后的时期中曾和他见过几次面。但是，和谁应该保持真正的关系呢？没有一个作家的作品我是特别欣赏的。除了我前面提到的三人——我关于本亚明说的只适用于他的某些诗歌——没有一个这样的作家。我应该和谁经常交往呢？

　　现在稍微谈谈您的学生。他们当中哪一个您认识得最早，哪一个您最看重？

　　首先是赫勒尔·阿格尼斯、费赫尔·费伦茨和其他几个人。

马尔库什呢？

马尔库什不是我的学生。马尔库什从莫斯科回来的时候，百分之七十的思想已经成熟。我不是说我对他没有影响，但是我不能把他称作我的学生。

瓦伊达呢？

瓦伊达是。瓦伊达实际上是赫勒尔·阿格尼斯的学生，赫勒尔当时还在大学教书，我把瓦伊达从她那里要了过来……实际上，不能把他叫作我的学生，因为他到我这里来时多少已经成熟了。只有赫勒尔·阿格尼斯和费赫尔·费伦茨真正从一开始就是我的学生。

在音乐美学家中有学生吗？

我在音乐美学家中也有学生，例如佐尔塔伊·德内什。你在萨博尔契·本采周围和我周围总会看到多少受到我作为老师而产生的影响的人。

既然谈到音乐，我想问一下，您常把科达伊和巴尔托克区分开来，是什么意思？

我认为科达伊对恢复古老的匈牙利音乐做出了卓越贡献。这类作品描述的自然是古老的田园式的匈牙利。可是，《凡俗清唱剧》却不是古老的田园式的匈牙利，而是反叛的匈牙利。科达伊的早期作品我不敢妄加判断，因为

我不是音乐家，除开这些早期作品以外，我看不出科达伊和巴尔托克之间有任何共同之处。

萨博尔契·本采对此有不同看法，是吗？

是这样。但是，我不认为他在这方面是权威，因为我说的不直接是音乐，而是譬如说科达伊关于必须恢复古老匈牙利音乐的信念。对巴尔托克来说，匈牙利音乐不比埃及音乐更优越，更富农民味。对巴尔托克来说，如果我可以这样说的话，农民世界的恢复是在列宁说到托尔斯泰的那种意义上很重要，即在这个伯爵到来之前，俄国文学中从来没有一个真正的农民。同样可以说，没有任何一个农民曾在音乐中出现，这就是巴尔托克重要的地方。不在于他是一个匈牙利农民或罗马尼亚农民或别的什么农民，而在于他是一个农民。他是那头不愿意回到人群中来的牡鹿。[①] 在我看来，这就是他们之间的一个巨大区别，我不想把他们统一起来。的确，围绕着科达伊也编造了神话，一种不是没有道理的神话，因为他的作品表达了古老的、

① 巴尔托克的《凡俗清唱剧》说的是这样一个故事：一个父亲教他的九个儿子不做任何有用的工作，只是去狩猎。有一天，他们在外面狩猎中了魔法的牡鹿时，自己也被变成了牡鹿。他们的父亲要求他们回家，但是他们不肯，说是他们的鹿角使他们进不了家门，以后只有森林才是足以容纳他们的地方。——英译者注

272

有文明以前的匈牙利对农民的关系。我对此一点也不怀疑。我怀疑的是那种关系存有国际的和革命的含义。他的农民不是《凡俗清唱剧》的农民；他们不是不肯回家的牡鹿。他们是能歌善舞、喜欢各种古老传统音乐、对古老的匈牙利不说一个不好的词的农民。正像在文学中人们不把乔柯纳伊、裴多菲、奥第、尤若夫·阿蒂拉的传统谱系与其他谱系分开来一样，在音乐中也从来不做这种区分。人们谈论科达伊和巴尔托克。这就同似乎我要说"奥第和巴比茨"一样。我不怀疑巴比茨是一个真正的诗人，但是当他在第一次世界大战结束时说"让我们不要问该责备谁，让我们栽花吧！"等等时，他显然准备甚至和蒂萨·伊什特万和解。可是，奥第·安德烈从来不会和蒂萨和解。巴尔托克和科达伊之间的差别就像奥第和巴比茨之间的差别一样大。

最后，您能就您最后一部著作《本体论》说几句话吗？

遵照马克思的思想，我把本体论设想为哲学本身，但是是在历史基础之上的哲学。从历史上说，不可能有任何怀疑，先有非有机生命，从这当中产生出有机生命，也就是植物和动物形式的生命——如何产生的我们不知

道，但是在什么时候产生的我们大致知道。从这种生物状况，经过无数的过渡，然后产生出我们所知道的人类社会，它的本质就是人的有目的的行动，也就是劳动。这是最主要的新范畴，因为它把一切都包括在内。不应该忘记，当我们说到人类生活时，我们就必须利用各种价值范畴。什么是第一个价值？第一个产物？一个石头锤子或是符合它的目的或是不符合。在前一种情况它有价值，在后一种情况则没有价值。在存在的生物水平上看不到价值和无价值，因为死亡和生命是相同的过程。两者之间没有价值的差别。第二个根本差别是"应该"的概念，我们在匈牙利文中叫作"Legyen"。这就是说，事物不是自然而然地改变的，不是通过自发的过程，而是有意识选择的结果。有意识的选择意味着，目的先于结果。这是整个人类社会的基础。价值和无价值之间的对立，自然生成的东西和被制造的东西之间的对立，实际上构成整个人类存在。

马克思本人在多大程度上发展了这一理论？

马克思确认，历史性是一切社会存在的根本范畴，而一切存在都是社会存在。我认为这是马克思理论的最重要的部分。在巴黎手稿中，马克思说，只有一种科学，即历史科学，他甚至补充说："非对象性的存在物是非存在物。"这就是说，一个没有范畴特性的事物是不能存在的。所以，存在意味着一个事物以一定形式的对象性存在，这就是说一定形式的对象性构成有关存在所属的范畴。就是这一点使我的本体论与以前的哲学清楚地区别开来。传统哲学构想出一个范畴体系，把历史范畴和其他范畴包括在一起。在马克思主义的范畴体系中，每一个事物从一开始就有属性、物性和范畴的存在。非对象性的存在物是非存在物。在这个事物中，历史是在范畴中发生的变化的历史。所以，范畴是客观现实的组成部分。绝对没有什么东西可以不属于某种形式的范畴而存在。在这方面，在马克思主义和以前的世界观之间有异常尖锐的差别。在马克思主义中，一个事物的范畴存在构成这个事物的存在，而在以前的哲学中，范畴存在是基本范畴，在其内部构成现实的范畴。不是历史在范畴体系中展开，而是历史是变化过程中的范畴体系。所以，范畴就是存在的形式。当它们自然地成为思想形式，它们就成为反映形式，然而首先是存在形式。这样就产生出带有各种不同的范畴群和范畴内容。我们可以举一个历史上有名的例子来说明这一点，即莱布尼茨向公主

们解释说，没有两片叶子是完全相同的。他同样也可以说，没有两颗石子是完全相同的。事物的唯一性是与它们的存在分不开的，不能归结为任何更根本的东西。这意味着，从唯一性的角度出发，范畴体系本身是这样发展的，唯一性的范畴在一个非常非常漫长的过程中从石子的唯一性发展到人的唯一性。

（根据伦敦维尔索出版社 1983 年出的《卢卡奇·捷尔吉，一生的记录，自传》，参考法兰克福苏尔康普出版社 1981 年出的《卢卡奇·捷尔吉，经历过的思想，对话体的自传》译出）

第二部分

简　历[①]

　　我于 1885 年 4 月 13 日出生在布达佩斯匈牙利皇室枢密官、匈牙利通用信贷银行经理尤若夫·卢卡奇家里。我是匈牙利公民，新教信仰。我在布达佩斯新教文理中学完成中学学业，于 1902 年 6 月高中毕业。然后，我在布达佩斯大学学习法律和国民经济学，于 1906 年 10 月在科罗茨瓦获得国家学博士学位。然而就在这一学习期间，文学和艺术史以及哲学已成为我的兴趣中心，所以在商务部的短暂供职以后，我就完全从事这些学科的学习，并且上柏林大学和布达佩斯大学。我在布达佩斯大学上学期间，由于那里的教授没有一个对我有重大影响，听狄尔泰和西美尔教授的课所给我的激励和帮助就更具有决定意义了。狄尔泰的影响主要在于激起我对文化史联系的兴趣，西美尔的影响则在于表明了社会学方法和文化具体化的可能性。

---

　　①　这份简历是卢卡奇在 1917 年为谋取海德堡大学的哲学讲席而写的，最初发表在慕尼黑《作品与评论》杂志 1973 年 10 月第 39—40 期《卢卡奇专辑》上。

此外，马克斯·韦伯的方法论著作对我起了澄清问题和拓展思路的作用。我于1909年11月在布达佩斯大学获得哲学博士学位。

我的文学活动早已开始，收入我的《心灵和形式》中的一些文章是很早的时候写出的，我用匈牙利文写的《现代戏剧发展史》的初稿也是如此，我曾因这部文稿于1908年2月获得布达佩斯基斯法卢狄学会的奖赏。这部文稿经过彻底改写后，于1912年在基斯法卢狄学会的版本中分两卷出版。用德文出版它——收入阿尔弗莱德·韦伯的《文化社会学丛书》——的谈判由于战争爆发而中断。只有第二章（它和第一章一起构成我在布达佩斯答辩的博士论文）于1924年春天发表在《社会科学和社会政治文库》中。

在通过博士考试以后，我的兴趣越来越集中在纯粹哲学问题上，然而我并没有因此失去我与个别文学艺术问题的联系，这一联系一直保持活跃。1909年秋天我搬去了柏林，在那里一直待到1911年春天，这期间去过一次意大利。我的哲学学习当时主要集中在德国古典哲学上，即集中在康德、费希特、谢林和黑格尔上。然而，对适用思想愈益清楚的理解使我很快转向现代德国哲学，首先是文德尔班、李凯尔特和拉斯克的哲学。此外，胡塞尔的著作在方法论方面的倡议也对我产生了很大的影响。之后，我从柏林去了佛罗伦萨，待了一年之后离开那里，以便迁往海德堡，并在那里长期定居。采取这个决定的最重要动机，是想与那些通过著作对我的发展产生了很大影响的人建立个人关系。在这些年当中，我与埃米尔·拉斯克之间也有非常亲近的关系，我在《康德研究》中写了一篇长文纪念他。在海德堡的居留在头几年被去荷兰以及罗马的旅行，后来又被服兵役所中断。1914 年春，我在海德堡同赫尔松地方自治局书记安德烈·米海伊洛维奇·格拉本科的女儿叶莲娜·格拉本科结婚。

这个时期，我构思并且大体上完成了一部系统的艺术哲学以及各种各样关于伦理学和一般科学学说的著作。然而，它们中的大部分还没有发表。

我已发表的著作目录

1. 《心灵和形式》。论文，柏林 1911 年。（这卷书中收有早先在《逻各斯》1911 年度第二卷第一期中发表的《悲剧的形而上学》一文。）

2.《现代戏剧发展史》。布达佩斯基斯法卢狄学会1912年。（德文：第二章《现代戏剧的社会学》发表在《社会科学和社会政治文库》中。1914年。）

3.《文学史的方法论》。1910年。（匈牙利文。）

4.《社会科学和社会政治文库》中的几篇记述社会科学方法问题的原则性评论文章。

5.在几家不同刊物上发表的记述文学形式问题的一些小文章。

6.《小说理论》。《美学和一般艺术科学评论》第九卷第3—4期，1916年。（这部著作是一部更大的著作的绪论部分。）

7.《美学中的主体客体关系》。《逻各斯》1917—1918年度第七卷第一期。（这部著作是我以前未发表的《艺术哲学》的一章。）

8.《埃米尔·拉斯克》。悼念文章。《康德研究》1918年度第二十二卷第四期。

为讲课提出的题目

1.索伦·克尔凯郭尔的黑格尔批判。

2."适用"和"应当"概念之间的区分。

3.现象学和先验哲学。

（根据弗朗克·本斯勒尔编《革命思想：卢卡奇·捷尔吉——生平和著作介绍》达姆施塔特和新维德卢赫特汗特出版社 1984 年版译出）

我走向马克思的道路 [①]

与马克思的关系，对每一个认真对待自己世界观的阐明，认真对待社会的发展，特别是当前的形势、自己在其中的地位以及对它的态度的知识分子来说，都是真正的试金石。他对待这个问题的认真、彻底和深刻的程度，是衡量他是否并且在多大程度上想要回避（不管是有意还是无意）对当代具有世界历史意义的斗争采取明确态度的尺度。因此，扼要叙述自己与马克思的关系、为掌握马克思主义所做的努力，总是能提供一幅有助于了解知识分子在帝国主义时期的社会经历的图画，并且在一定程度上使大家产生兴趣，尽管——就我而言——个人经历本身绝没有什么值得公众注意的地方。

我初次接触马克思（《共产党宣言》），是在我中学快毕业的时候，印象非常深。于是，入大学后，我又读了好些马克思和恩格斯的著作（例如，《雾月十八日》《家庭的

---

① 这是卢卡奇 1933 年在国际作家大会上的发言，最初发表在苏联《国际文学》杂志德文版 1933 年第 2 期上。

起源》），特别是从头至尾钻研了《资本论》第一卷。这种钻研使我很快认同了马克思主义的一些基本观点。剩余价值学说、把历史看作阶级斗争史的观点和对社会的阶级划分给我留下了尤其深刻的印象。然而，正像在资产阶级知识分子身上很容易理解的那样，这种影响只限于经济学，特别是只限于"社会学"。我曾认为唯物主义哲学在认识论方面已完全过时，其实我当时根本分不清辩证的唯物主义和非辩证的唯物主义。新康德主义的关于"意识内在性"的学说非常适合我当时的阶级地位和世界观。我甚至没有对它进行任何批判的检验，就全盘接受了它，把它作为提出每一个认识论问题的出发点。虽然我总是对极端主观的唯心主义怀有疑虑（既怀疑新康德主义的马堡学派，也怀疑马赫主义），因为我不能理解，怎么能把现实的问题简单地当作内在的意识范畴，然而，这并没有导致唯物主义的结论，而是反倒使我接近那些想以非理性主义和相对主义方式，甚至是以神秘主义方式来解决这个问题的哲学派别（文德尔班、李凯尔特、西美尔、狄尔泰）。我曾是西美尔本人的学生，他的影响也使我有可能把我在这一时期从马克思那里学到的东西"纳入"这样一种世界观。

西美尔的《货币哲学》① 和马克斯·韦伯关于新教伦理的著作② 是我的"文学社会学"的榜样。在那里，那些出自马克思的成分必然黯淡无光，它们虽然还存在，但是已几乎难以辨认。我一方面依照西美尔的榜样使这种"社会学"尽量和那些非常抽象的经济学原理分离开来，另一方面则把这种"社会学的"分析仅仅看作对美学的真正科学研究的初期阶段（1909 年的《现代戏剧发展史》、1910 年的《文学史方法论》都是用匈牙利文写的）。我在 1907 年到1911 年间发表的文章③ 都在这种方法和一种神秘主观主义之间闪烁不定。

很清楚的是，由于这样一种世界观的发展，我在青年时代留下的对马克思的印象必然越来越淡薄，马克思主义在我的学术活动中起的作用必然越来越小。我始终认为马克思是最有权威的经济学家和"社会学家"；但是，经济学和"社会学"在我那时的活动中所起的作用暂时还微

---

① 格奥尔格·西美尔的《货币哲学》于 1900 年在莱比锡出第一版，1907 年出增订的第二版。

② 马克斯·韦伯的《新教伦理与资本主义精神》于 1905 年发表在《社会科学和社会政治文库》第 20 卷和第 21 卷中。

③ 这个时期卢卡奇最重要的著作，除上述两部外，还有《心灵和形式》（柏林 1911 年）、《美学文化》（布达佩斯 1913 年）、《论渴望和形式》（载《新评论》杂志 1911 年第 22 期）。

不足道。这种主观唯心主义把我引入哲学危机的发展过程中出现的各种问题和经过的各个阶段，对读者而言并不有趣。但是，这种危机——我自然没有意识到——是由帝国主义矛盾不断加剧的表现客观地决定的，并且世界大战的爆发加快了危机的到来。不过，这种危机最初仅仅表现为由主观唯心主义向客观唯心主义过渡（《小说理论》，写于1914—1915年）。不言而喻，由于这个缘故，黑格尔——尤其是《精神现象学》——对我具有越来越大的意义。随着我对战争的帝国主义性质的了解日益清晰，随着我对黑格尔研究的深入，费尔巴哈也被考虑了进来（当时自然只是从人本主义方面），我开始了对马克思的第二次深入钻研。这一次我主要注意的是他青年时代的哲学著作，虽然我也努力研究了那篇重要的《政治经济学批判导言》。不过，这一次不再是透过西美尔的眼镜，而是透过黑格尔的眼镜来观察马克思了。马克思不再是"杰出的部门科学家"，不再是经济学家和社会学家。我已开始认识到他是一位全面的思想家、伟大的辩证法家。当然我那时也还没有看到唯物主义在使辩证法问题具体化、统一化以及连贯一致方面的意义。我只达到了一种——黑格尔的——内容优先于形式，并且试图（实质上是以黑格尔为基础）把黑

格尔和马克思在一种"历史哲学"中加以综合。由于当时在我的祖国匈牙利最有影响的"左派社会主义"意识形态是萨博·埃尔温的工团主义，我的这一尝试获得了一种特别的色彩。他的工团主义著作除了给我的"历史哲学尝试"一些有价值的东西以外（例如对《哥达纲领批判》的介绍，我是通过他才知道这部著作的），还使这一尝试带有非常抽象和主观的，因而是伦理的特点。我作为脱离非法工人运动的学院知识分子，在大战期间既没有见过斯巴达克同盟的文章①，也没有看到过列宁关于战争的著作。我读过罗莎·卢森堡战前的著作②——这对我产生了强烈的和持久的影响。列宁的《国家与革命》我是在 1918—1919 年革命期间才熟悉的。

在这样的思想意识酝酿中，我赶上了 1917 年和 1918 年的革命。经过短暂的动摇犹豫后，我于 1918 年 12 月加入了匈牙利共产党，从此一直留在革命工人运动的行列中。实践工作使我不得不加紧研究马克思的经济著作，努

---

① 主要指斯巴达克同盟从 1919 年 1 月 27 日至 1918 年 10 月在柏林以秘密方式不定期出版的《斯巴达克通讯》。

② 主要指《社会改良还是革命？》（莱比锡 1899 年）、《罢工、政党和工会》（汉堡 1906 年）、《资本积累》（柏林 1913 年）和《俄国社会民主党的组织问题》（《新时代》杂志 1903—1904 年）。

力钻研历史、经济史、工人运动史等，不断修正哲学基础。然而，这种为争取真正和完整领会马克思主义辩证法的努力持续了很长的时间。虽然匈牙利革命的经验非常尖锐地向我表明了一切搞工团主义的理论（党在革命中的作用）都是错误的，但是我仍然长期坚持一种极左的主观主义（如 1920 年对关于议会制的辩论、1921 年对三月行动的态度）。这首先妨碍我从其全面的哲学意义上来真正地和正确地把握辩证法的唯物主义方面。我的《历史与阶级意识》一书（1923 年）很清楚地表明了这一过渡。尽管已经有意识地试图用马克思来克服和"扬弃"黑格尔，但是一些有决定意义的辩证法问题还是按唯心主义方式解决的（自然辩证法、反映论等）。至今还坚持着的卢森堡积累理论与一种极左的主观主义的行动主义非有机地混杂在一起。

在长年实践中形成的与革命工人运动的融合关系，以及研究列宁著作并从其基本意义上逐渐加以领会的可能性，使我进入了学习马克思的第三阶段。只是到现在，在做了将近十年的实际工作之后，在和马克思打了十多年的理论交道之后，我才**具体地**明白了唯物主义辩证法的全面和统一的性质。但是，正是这种明白才使我认识到对马克

思主义的真正学习**现在才刚刚开始**，绝不能就此止步。因为列宁说得很中肯："现象比规律丰富……因此，规律、任何规律都是狭隘的，不完全的，近似的。"① 这就是说，任何人若幻想靠对辩证唯物主义的广泛深入的认识来一劳永逸地掌握自然和社会的现象，就必然要从生动的辩证法重新陷入机械的僵化状态，从全面的唯物主义重新陷入唯心主义的片面性。**马克思的学说辩证唯物主义，必须每日每时地在实践中重新领会和掌握。**另一方面，马克思的这一学说正是以其无懈可击的统一性和整体性成为指导实践、认识现象及其规律的武器。只要这种整体性的一个环节丧失（或者仅仅被忽略），就会重新出现僵化状态和片面性；只要对各要素之间的比例考虑不周，唯物主义辩证法的基础就会从脚下重新消失。列宁说："这是因为任何真理，如果把它说得'过火'（如老狄慈根所说的那样），加以夸大，把它运用到实际适用的范围之外，便可以弄到荒谬绝伦的地步，而且在这种情形下，甚至必然会变成荒谬绝伦的东西。"②

从我小时候第一次阅读《共产党宣言》以来，已经过

---

① 《列宁全集》中文第 2 版增订版第 55 卷第 127 页。
② 《列宁选集》中文第 3 版修订版第 4 卷第 172 页。

去三十多年。这种对马克思著作的不断的——尽管充满矛盾和曲折——深入，成了我的思想发展的历史，甚至成了我的整个一生的历史，如果说它对社会说起来还有一点意义的话。我觉得，在马克思出现以后的时代，认真研究马克思应当是每个抱严肃态度的思想家的中心问题；掌握马克思的方法和成果的方式和程度决定着他在人类发展中的地位。这种发展是按阶级性决定的。但是，这种决定也不是一成不变的，而是辩证的：**我们在阶级斗争中的地位在极大的程度上决定着我们掌握马克思主义的方式和程度；另一方面，这种掌握的每一次深入又促使我们与无产阶级的生活和实践相融合，反过来又促使我们加深和马克思的学说的关系。**

（根据弗朗克·本斯勒尔编《革命思想：卢卡奇·捷尔吉——生平和著作介绍》达姆施塔特和新维德卢赫特汗特出版社 1984 年版译出）

对《历史与阶级意识》一书的自我批评 ①

　　《唯物主义和经验批判主义》的意义远远超过了它对马赫的唯心主义进行的毁灭性批判。列宁在对马赫的批判中，同时批判了帝国主义时期的一切反动的唯心主义。他极其尖锐地指出了在这一时期必须为保卫辩证唯物主义进行新形式的斗争。费尔巴哈和他的许多无足轻重的追随者是"下半截的唯物主义者、上半截的唯心主义者"。马赫主义者的情况恰恰相反。"在波格丹诺夫那里，'上半截'是历史唯物主义，诚然，是庸俗的、被唯心主义严重地糟蹋了的历史唯物主义；'下半截'是唯心主义，是用马克思主义的术语、马克思主义的词句装饰打扮起来的唯心主义。"② 列宁以此对帝国主义时代资产阶级哲学的各种最

----

　　① 这是卢卡奇 1934 年 6 月 21 日在莫斯科共产主义科学院哲学研究所为纪念列宁《唯物主义和经验批判主义》一书发表 25 周年而举行的学术会议上的发言，他借这个机会对他的《历史与阶级意识》一书的错误进行了检讨。原来的标题是《〈唯物主义和经验批判主义〉对共产党布尔什维克化的意义》，这里的标题是本书编者加的。关于卢卡奇后来对这篇自我批评的态度，参看本书第 362—363 页。

　　② 《列宁选集》中文第 3 版修订版第 2 卷第 226 页。

主要倾向作出了基本的评价和批判，与此同时也对这一时期工人运动中各种背离马克思主义的倾向作出了评价和批判。我在《历史与阶级意识》一书中所陷入的错误，完全是沿着这种背离马克思主义的路线走的。对于像我这样的错误，列宁在他的书中已作了详尽的批判。我想先剖析一下这些错误的共同根源，等到在我的发言末尾再对这些错误作出详细的评价和批判。

列宁无比明确地说明了，波格丹诺夫和马赫的"上半截的唯物主义"是假唯物主义、自欺欺人、蛊惑宣传等。帝国主义时期的唯心主义哲学中的这些倾向的客观本质，是反对唯物主义，而且是以这样一种方式来反对，即以妄称他们是凌驾于唯物主义和唯心主义的对立之上的哲学家来蒙骗读者。列宁说："在**一切**马赫主义者的**一切**著作中，像一条红线那样贯穿着一种愚蠢奢望：'凌驾'于唯物主义和唯心主义之上、超越它们之间'陈旧的'对立的愚蠢愿望。而**事实上**这帮人**每时每刻**都在陷入唯心主义，同唯物主义进行始终不渝的斗争。"[1] 这是马赫主义的假斗争（仿佛是在两条战线上的斗争：反对唯物主义和唯心主义），

---

[1] 《列宁选集》中文第 3 版修订版第 2 卷第 233 页。

以这种形式进行着唯心主义对唯物主义的攻击，以最广泛的形式在帝国主义时期展开着这种斗争。随着主观唯心主义的新康德主义转变为客观唯心主义（新黑格尔主义等），随着非理性主义的生命哲学的发展，这些倾向越来越发展成为资产阶级认识理论的中心问题。由于这些倾向大多数都是在与马赫主义毫无关系的情况下发展的，它们对问题的提法与马赫主义如此相似，就更加令人吃惊。例如。在尼采那里，关于这种伪善的、实际上并不存在的反对唯心主义的斗争就谈得很多。的确，在战后时期资产阶级哲学越来越加强的法西斯化就是直接追随尼采的这种"反唯心主义"立场，直接追随他的"英勇的现实主义"（博依姆勒、罗森堡）。

当谈到当代的具体问题时，特别是当需要用哲学来辱骂无产阶级的阶级斗争时，帝国主义哲学的假唯物主义外衣立刻就消失了。战前的帝国主义还只达到"价值等级制"，经济被置于最末位，最上面是伦理、宗教等。这种"价值等级制"成了工人阶级中的任何"黄色"运动的基础。"生命哲学家"用活的"灵魂"来与"僵死的经济"相对立（西美尔、拉特瑙等）。法西斯主义的唯心主义仿效了这种对比的做法，但是存在着的、受到蛊惑性的"攻击"和"批评"的资本主义被描绘成死的东西（这里还包括蛊惑人心地一方面把资本主义与自由主义意识形态等同起来，另一方面又把自由主义与马克思主义和唯物主义等同起来），而法西斯运动和由法西斯主义创建中的"新社会"则被蛊惑人心地涂抹成为"活的人民共同体"（弗赖尔、荣格尔、罗森堡等）。正像马赫主义者为了更有效地与唯物主义做斗争，硬说他们凌驾于唯物主义和唯心主义的对立之上一样，法西斯主义的蛊惑宣传也宣称法西斯主义凌驾于资本主义和马克思主义社会主义的对立之上，正在建造某种"新的东西"，找到某种"第三条道路"，以便用这种办法可以更有效地捍卫腐朽的垄断资本主义，抵制无产阶级革命的威胁。唯心主义正在成为法西斯主义意识形态的最重要武器之一。

社会民主党在这种演变中的作用，一方面是系统地破坏马克思主义，而且既包括上半截的（因为时间限制，我们在这里只能涉及认识论问题，而且只能简略地涉及），另一方面则是转变为社会法西斯主义的机会主义政策使得法西斯分子能够暂时用他们对马克思主义的诽谤来欺骗失望和落后的工人，特别是处境险恶的小资产者。我们在这里只能简略地列举社会民主党哲学中在认识论上挖马克思

主义墙脚的几点最重要的内容。

第一，否认辩证唯物主义是世界观。把马克思主义的"社会学"和"政治经济学"作为专门科学（资产阶级意义上的）同唯物主义的认识理论分开。把马克思描绘成带有实证主义倾向的不彻底的唯心主义者（麦克斯·阿德勒）。

第二，用资产阶级哲学的时髦唯心主义流派代替唯物主义的认识理论，先是康德主义（伯恩施坦、麦克斯·阿德勒）、马赫主义（弗里德里希·阿德勒），后来是黑格尔主义（齐格弗里·马尔克）。

第三，这一认识理论对非理性主义的生命哲学作出愈来愈大的让步：战前帝国主义时代接受西美尔的影响，战后时代接受狄尔泰的哲学、现象学等。在麦克斯·阿德勒那里，伦理就按照纯粹非理性主义的方式处于认识的彼岸了。

第四，应该提到用伦理对马克思主义的"补充"。这里我们看到一种完全符合资产阶级唯心主义从对"黄色"运动进行意识形态论证到变为法西斯主义的经济唯心主义的发展过程的演变情况。（在详细评述这种演变情况时，应该指出拉萨尔主义残余在社会民主党意识形态中的意义，特别是战后时期拉萨尔主义复兴的意义。）

只有列宁领导的布尔什维克党明确地意识到了在帝国主义时代反对唯心主义的意识形态斗争的特殊重要性。第二国际中的左翼反对派即使进行了一点这样的斗争，也进行得很不坚决和软弱无力（梅林向康德主义和马赫主义作了让步）。左翼反对派的这一弱点造成的必然后果是，在第三国际产生时期，中欧和西欧各个支部的思想状况极其混乱。在大多数支部中既广泛流传着社会民主党的唯心主义的强烈残余，也广泛流传着各种极左的无政府工团主义类型的思潮，这些思潮在哲学上也是唯心主义的。对正确的布尔什维克路线的反对，用"西方共产主义"对抗"俄国"布尔什维主义的企图，在意识形态上都是以这些唯心主义思潮为依据的。德国共产党内的右的思潮（从勒维起，经过布兰德勒和塔尔海默，到调和派为止）都追随德国社会民主党的老左翼反对派的世界观折中主义。它们在利用斯巴达克同盟的意识形态传统反对布尔什维克时，不仅捍卫卢森堡的帝国主义概念，反对列宁的概念，而且在一切哲学问题上向唯心主义敞开大门。从潘涅库克、哥尔特，到科尔施、路特·费舍尔、马斯洛夫的各种"左的"派别，都同样总是借助唯心主义化的"马克思主义"的论

据来论证自己的宗派策略。它们按照唯心主义的方式把先锋队与群众分隔开来，不去争取群众，从而放弃反对资本主义的真正革命斗争（这使它们在政治方面也和波格丹诺夫主义接近）。工团主义意识形态从一开始就是唯心主义的，它发端于蒲鲁东和巴枯宁，后来（主要通过索列尔）又加进了帝国主义时代的各种唯心主义的哲学思潮。在拉丁语国家，从这种工团主义意识形态中发展出了形形色色右的和"左的"机会主义集团（从博尔迪加到苏瓦林－罗斯梅），它们都同样按唯心主义方式论证自己的一切理论。如果稍微更仔细地研究所有这些右的和"左的"流派的意识形态，就会发现，列宁关于波格丹诺夫的"下半截唯心主义、上半截唯物主义"的评语正好打中了它们的要害。这一切派别在外表上利用不同的论据，而在实质上彼此完全协同一致，企图用"西欧共产主义"来与"俄国"布尔什维主义对抗。它们用这种对抗首先在意识形态上为反革命的托洛茨基主义开辟了道路，反革命的托洛茨基主义用唯心主义的革命辞藻来代替辩证唯物主义的布尔什维克的理论和实践；其次，它们以这种办法增加了左翼社会民主党的机动能力。左翼社会民主党实行的对社会法西斯分子的反革命实践的危险的蛊惑人心的伪装，其本质部分是建立在以"革命"外衣掩盖的对马克思主义的唯心主义修正之上的。所以，为了成功地对这种蛊惑人心的伪装进行斗争，必须无情地揭露对马克思列宁主义的任何修正。然而，"西欧共产主义"的各种唯心主义流派以其唯心主义为左翼社会民主党搭桥。这些流派宣扬它们对马克思列宁主义的唯心主义修正是共产主义的某种"新的""更高的"意识形态阶段，使得左翼社会民主党更易于欺骗群众。这一切流派应该连根铲除。在共产国际的一切支部中，保卫马列主义世界观的斗争应该像保卫战略和策略路线或者保卫组织路线的斗争那样极其严肃认真地进行。列宁的《唯物主义和经验批判主义》为共产国际各支部提供了进行这一斗争的思想武器。只有在这本书被译成了所有最重要的语言，被各国共产党的积极分子研究以后，只有在它的内容借助斯大林的《列宁主义问题》开始成为所有共产党人和同情党的群众的共同财富（通过思想运动、小册子、讲座等）以后，才能够在世界观的战线上也有效地同从布兰德勒到托洛茨基的对马克思主义的唯心主义歪曲进行斗争。的确，同它们的斗争正在变得越来越有效。保卫唯物主义的斗争、为争取正确理解列宁主义时代的斗争，构成共产国际各支部布尔什维克化的必要组成部分。

卢卡奇 自传

　　这里简略描述的意识形态流派也决定了我自己的发展。我当初是西美尔和马克斯·韦伯的学生（我曾受到德国各种哲学流派——"精神科学"的影响），在哲学上是从主观唯心主义向客观唯心主义，从康德向黑格尔发展的。同时，工团主义哲学（索列尔）对我的发展产生了很大的影响，加强了我的浪漫的反资本主义的倾向。在世界大战和1917年俄国革命所引起的我的整个世界观的危机中，由于匈牙利最大的工团主义代表人物萨博·埃尔温对我的个人影响，这些工团主义倾向更加强了。因此，我在1918年是抱着在很大程度上是工团主义和唯心主义的世界观加入匈牙利共产党的。尽管有匈牙利革命的经验，但我还是盲目追随了反对共产国际路线的极左的工团主义反对派（1920—1921年）。虽然在第三次世界代表大会以后我懂得了我当时所犯的具体错误（议会主义、三月行动），我在1922年完成的《历史与阶级意识》（写于1919—1922年）却成了这些思潮的哲学汇总。所以，列宁关于"下半截唯心主义"的批评恰恰击中了我的书的中心错误，虽然我从来没有接触过马赫主义。我反对反映论、反对马克思和恩格斯的自然辩证法观点，是这类"下半截唯心主义"的典型表现形式。不言自明，结果"上半截的唯物主义"只可能是按唯心主义歪曲了的、失去生命的"马克思主义"。对这一点，可以用我的书中所论述的所有具体问题来详细地说明，从哲学问题开始到阶级意识的定义和危机理论为止。在我进行实际的党的工作的过程中，随着对列宁和斯大林著作的熟悉，我的世界观的这些唯心主义基础越来越动摇了。虽然我没有许可出版我的书的新版（当时已售完），但是只有我在1930—1931年在苏联的逗留，特别是当时进行的哲学讨论才使我完全弄清了哲学问题。在德国共产党内的实际工作，在群众组织中反对社会法西斯和法西斯意识形态的直接思想斗争，更加强了我的这一信念，即在意识形态领域中，**唯心主义的战线是法西斯反革命及其帮凶——社会法西斯分子的战线**，对唯心主义的甚至最微不足道的让步也意味着对无产阶级革命的**威胁**。这样，我就不仅懂得了我在十二年前写的这本书的**理论错误**，而且也懂得了它的实际危险，并且在德国的群众运动中对这种唯心主义倾向以及任何其他的唯心主义倾向进行不屈不挠的斗争。我被驱逐出法西斯德国，只可能改变开展这一斗争的地点，随着对列宁主义的理解不断深入，这一斗争只应该不断加强。

在结束时应该再一次概括起来说：列宁的《唯物主义和经验批判主义》对帝国主义时代的资产阶级唯心主义及其对工人运动的影响作了主要的评述，对各种偏离马克思主义的思潮作了评述和批判。列宁在对一般唯心主义进行毁灭性的批判的同时，评述了它在帝国主义时代的各种特殊表现形式。在共产国际各支部中根除机会主义的、社会民主主义的和工团主义的传统，恢复意识形态战线，像列宁在《怎么办？》中就已要求并且在布尔什维克党中实行的那样承认理论斗争与经济斗争和政治斗争有同等意义，只有在这本书的基础上才有可能，只有借助这本书才得以实现。在《唯物主义和经验批判主义》的基础上，借助共产国际、借助斯大林同志的著作，共产国际各支部也获得了对马克思和恩格斯著作的正确理解，懂得了马克思主义中的列宁时期的革命意义。借助共产国际、借助联共（布）及其领袖斯大林同志，共产国际各支部正在越来越有成效地逐渐争取做到对一切偏离马列主义的倾向在思想上毫不妥协、在原则上决不退让，这在联共（布）是早已做到了的。只是在这一基础上，在自己工作的一切领域实行布尔什维克化的基础上，它们才能在越来越大的程度上，越来越有成效地进行反对法西斯主义和社会法西斯主义的意识形态斗争，越来越接近于争取到工人阶级的大多数和获得"同盟者"。列宁的《唯物主义和经验批判主义》过去是，现在仍然是在意识形态战线上进行这一斗争的旗帜。

（根据苏联《在马克思主义旗帜下》杂志 1934 年第 4 期译出）

《我走向马克思的道路》后记 ①

　　每一个人都可以看得很清楚，上面这篇短文 ② 是在一种很高昂的情绪中写成的。产生这种情绪，不仅是因为我在历经思想上的坎坷以后，在差不多 50 岁的时候，终于感到在自己脚下有了坚实的土壤，过去 15 年中所发生的事情也起了很大的作用。关于最初的革命年代我已经说过了，关于列宁逝世后的时期还没有说。我作为战友经历了斯大林为保卫列宁的真正遗产而反对托洛茨基、季诺维也夫等人的斗争，并且看到了列宁馈赠给我们的那些成就得到了拯救，被用于进一步的建设。上述对于 1924—1930 年时期的评价，并未随着时间的推移和经验的积累发生实质性的变化。此外，1929—1930 年的哲学讨论曾使我希望能够弄清黑格尔和马克思、费尔巴哈和马克思、马克思和列宁的关系，即从所谓普列汉诺夫的正统下解放出来，

---

　　① 这是卢卡奇在 1957 年为重新发表《我走向马克思的道路》一文写的后记，最初发表在意大利《新论据》杂志 1958 年第 33 期上。

　　② 指《我走向马克思的道路》一文。

并为哲学研究开拓出新的境界。此外，我一向反对的"拉普"被解散（1932年），为我和其他许多人揭示了一种广阔的前景：社会主义文学、马克思主义文学理论和文学批评的不受任何官僚主义阻碍的繁荣；虽然文学理论和文学批评的马列主义性质以及没有由官僚机关设置的框框这两个组成部分都应该同样强调。如果我再加上，我们正是在这些年代里了解了青年马克思的基本著作，首先是《经济学哲学手稿》，以及列宁的哲学遗稿，那么在30年代初引起那种高昂情绪和巨大希望的事实就都举出了。

乐观地说，在当时，每两种偏离旧框框的思想中就会有一种遭到人们或软或硬的抵制。这渐渐地使这些希望带有一种低沉的色调。起初我以为——而同我一起还有不少人这样以为——我们所遇到的只是还没有完全被克服的过去的残余（"拉普分子"、庸俗社会学家等）。后来我们明白了，所有这些阻碍理论进步的倾向都拥有牢固的官僚主义基础。然而，我们在长时间内都认为，这种对教条主义的保护体系归根结底是偶然的；我们中有许多人有时心里想着斯大林，叹息道："唉，要是大王知道就好了。"这种状况自然不能无限期地延续下去。人们一定会认识到，奋发向前的、丰富马克思主义文化的思潮和对任何独立思考

进行的教条主义的、官僚主义的暴君式压制之间的矛盾，其根源应该到斯大林体制本身中，因而也是到斯大林本人身上去寻找。

但是，那时如果要对此采取立场的话，每一个有思想的人都必须从世界历史的形势出发：这就是希特勒上台和准备对社会主义进行毁灭性战争的形势。我在这一点上总是很明确的，即一切——即使是对我个人来说最宝贵的东西，即使是我自己的终生事业——都必须无条件地服从于根据这种形势得出的每一个决定。我曾把在我熟悉的领域正确地运用马列主义世界观并且按照新情况的要求予以相应的发展看作我一生的中心任务。但是，因为在我活动的这个时期，从世界历史的角度看，为争取唯一的一个社会主义国家的生存，也就是为争取社会主义的生存而进行的斗争处于核心地位，我自然而然地把自己的一切立场，也包括对自己的终生事业的立场从属于在这个问题上应该采取的决定。然而，这绝不意味着对在这一斗争过程中产生出来，经过大肆宣传，然后又消失得无影无踪的那一切意识形态倾向投降。不过同时我也很清楚，在这个时候持反对立场不仅在肉体上不可能，还很容易成为对不共戴天的敌人、对一切文化的毁灭者在精神和道义上的支持。

　　所以，我不得不为我的学术思想进行一种游击斗争，就是说，用几条斯大林的语录等使我的著作有可能发表，并且在这些著作中以必要的谨慎把我的有分歧的观点按当时历史环境许可的程度公开表达出来。因此，有时需要保持沉默。例如，大家都知道，战争期间通过了一项决定，把黑格尔宣布为反对法国革命的封建反动派的思想家。因此，我自然不能在这个时候出版我那本论青年黑格尔的书，我当时想：要是不搞这种不科学的蠢事，也肯定能够打赢战争的。但是，既然反希特勒宣传突然想到要搞这种蠢事，那么赢得战争暂时比争论对黑格尔的正确看法更为重要。大家知道，这一错误理论在战后还维持了很长一段时间。但是大家也同样知道，现在我那本论黑格尔的书，我没有改一行字就出版了。

　　但是，这还关系到在这个时期越来越清楚地表现出斯大林方法的消极面的沉重得多的社会问题。自然我这里是指大审讯。我从一开始就对它们的合法性抱怀疑态度——同例如法国大革命中对吉伦特派成员、丹东派成员等的审讯没有多大差别；也就是说，我同意它们的历史必然性，而对它们的合法性问题没有过分看重。（今天我认为，赫鲁晓夫坚决强调它们在政治上是多此一举，是对的。）

卢卡奇 自传

只有在提出彻底铲除托洛茨基主义等的口号时，我的立场才发生根本变化。我从一开始就懂得，这必然导致对大多数完全无辜的人的大量判决。如果今天有人要问我，为什么我没有对此采取公开反对的立场，那么我不会首先提到肉体上的不可能——我当时是作为政治流亡者生活在苏联——而是首先提到道义上的不可能：苏联当时面临着与法西斯主义的决死战斗。一个忠诚的共产党人因此只能够说："无论是对还是错，都是我的党。"不管斯大林领导的党在这种形势下做什么——在这一点上许多人是和我同样想的——我们都必须在这场战斗中无条件地和它团结一致，而且把这种团结一致置于一切之上。战争胜利结束之后，整个形势发生了根本的变化。我在过了 26 年的流亡生活之后能够回到自己的祖国。我觉得，我们已经进入了一个新时期，在这个时期中，也像在战争中一样，世界上的民主力量，不论是社会主义的还是资产阶级的，结成反对反动派的联盟是可能的。我在 1946 年日内瓦"国际会见"中的演说清楚地表达了这种情绪。自然，如果我在丘吉尔的富尔顿演说之后没有看到资本主义世界的逆流是如何强大，西方的有影响的集团是如何极力设法消除战时的同盟并在政治上和意识形态上与战争中的敌人亲近，那么我就是瞎子。让 –R. 德·萨利和丹尼斯·德·鲁日蒙在日内瓦就已提出了肯定要把俄国从欧洲文化中排除出去的想法。但是，如果我看不到社会主义阵营中对此的反应带有那种意识形态的许多特征，我也同样是瞎子。我，还有许多人同我一起，都期望这种意识形态能在和平中，在社会主义通过中欧产生人民民主国家而变得更加巩固之后被完全忘却。正因为我坚持了这种我在过去和现在都认为是新的世界形势所迫切要求的努力，我在弗罗茨瓦夫的大会（1948 年）上热情地加入了和平运动，并且直到今天还是一个忠诚的拥护者。值得注意的是，我在弗罗茨瓦夫大会上演说的主题是"昨天和今天的敌人——帝国主义反动派——的辩证的统一和差别"。

1948 年也许是 1917 年以来最大的转折点：无产阶级革命在中国获胜。正是由于它，斯大林的理论和实践的决定性矛盾清楚地显露出来。因为在客观上，这一胜利意味着，"一国建成社会主义"的时期——斯大林在为它辩护这一点上，与托洛茨基比起来是完全正确的——已彻底属于过去：人民民主国家在中欧的产生是一个过渡。在主观上，事实表明，斯大林及其追随者既不愿意也不能够从彻底变化了的世界形势中得出理论的以及实践的结论。斯大

林是一个很聪明的人，他本人在实践中显然抓住了新形势的一些征候和因素，然而对根本的东西，他从未真正掌握。因为他完全没有想到，这种根本的东西只能意味着与"一国建成社会主义"时期的方法决裂——这种方法在客观上是由于工业上落后的俄国经常受到危害而产生出来的，然而正是斯大林使之远远超出了这种必要性。于是，本来迫切要求有一种新的战略策略的新世界形势就以一个标志着旧的战略策略发展到灾难性顶峰的行动，即苏联与南斯拉夫的破裂开始了。接下来，必然是重新回到大审讯时期的方法。

由于1949—1950年在匈牙利围绕着我的《文学和民主》一书爆发的论争，我个人很容易地认识到了这种在新基础和旧意识形态之间的矛盾。自从我在1944年回国，我虽然在组织意义上从未担任领导职务，但是我经常关心从新的形势中得出相应的教训，经常关心以一种新的、渐进的、基于说服的方式来实现向社会主义的过渡。刚才提到的这本书中所收的文章和演说就是这种关心的产物。虽然我今天认为它们在一些方面有缺陷，目的不够明确，逻辑性不够强，然而它们的方向是正确的。这次论争表明，完全没有希望和教条主义的意识形态家进行富有成效的讨论。

　　这次论争和我在其中实行的策略性退却——那是拉伊克审讯时期——给我带来的头一个大好处，是我有可能摆脱繁多的公务活动，完全集中精力进行理论工作。这次论争和当时发生的重大事件的经验，帮助我针对斯大林及其追随者的方法，对马克思列宁主义的问题进行了深入的重新思考。我关于斯大林没有理解世界形势中的决定性的新东西的认识不断增强，现在由于对过去进行了更全面的研究，这一认识就更加拓宽了内容，并且上升为概念了。我了解到，在 20 年代后半期，当反对法西斯主义的斗争已成为中心问题时，他也是在过了几乎十年以后才对它的意义有所理解，他关于社会民主主义是法西斯主义的"孪生兄弟"的理论，在形成工人，甚至所有民主力量的统一战线已成为人类文化的存亡问题的历史关头，使得这种统一战线成为不可能。由此可见，他顽固地坚持了一种在1917 年革命风暴中和在它之后不久是正确的战略和策略，但是在革命风暴减弱之后，在最反动的垄断资本展开大规模进攻之后，这种战略和策略在客观上已完全过时了。因此，我开始把 1948 年以后发生的事情看作 20 年代的根本错误在世界历史上的重演。

卢卡奇 自传

在上述背景中，我的观点的内在发展成了实际的主题。然而，要对以这些错误观点为基础的思想体系即使概略地加以叙述也是不可能的。所以，我只谈我如何越来越清楚地看出了斯大林思想中的悲剧性的矛盾。

列宁在帝国主义时期开始时超越了经典作家的学说，阐发了主观因素的意义。斯大林由此编造了一个主观主义教条的体系。悲剧性的矛盾在于，他的巨大的天赋、他的丰富的经验和他的敏锐的洞察力常常使他突破这种主观主义的魔圈，甚至清楚地看出主观主义的缺陷。例如，他的最后一部著作①对经济上的主观主义提出了正确的批评，可是他连想也没有想到，他自己就是这种主观主义的精神之父和坚定支持者。另一方面，在这种思想体系中完全相互矛盾的观点能够和平共处。例如，关于阶级对立必然不断尖锐化的理论同关于共产主义和社会主义高级阶段即将到来的理论并存。从这些相互排斥的论点的结合中产生出了他的关于共产主义社会的梦魇般的幻景，即"各尽所能，按需分配"的自由原则是在一个专制的警察国家中实现，等等。斯大林曾反对托洛茨基，胜利地捍卫了列宁关

---

① 指1952年出版的《苏联社会主义经济问题》。

于"一国建成社会主义"的理论，从而在社会主义发生内部危机时拯救了社会主义，这一功劳是很大的，然而，正如托洛茨基当年在理论上不能理解苏联发展的必然性一样，斯大林也没能在理论上理解1948年以来的时代。斯大林的这种落后和不理解使得帝国主义敌人们能够比较容易地进行冷战，这一点今天已为许多人所看到。

我再重说一遍：这里只应该叙述我的观点的发展，而且首先是在马克思主义的理论问题方面。至今关于斯大林所说的一切，只是为正确地提出问题提供背景情况。如果人们想到相当一部分知识分子在伟大的斯大林主义革命的头几年的兴奋心情，那么它产生的原因在很大程度上也包括列宁对马克思主义进行的天才的、双重的改革工作。一方面，列宁清除了在几十年中形成的对马克思主义经典作家的一切偏见。这种清除工作表明，马克思和恩格斯的著作中包含许多直到那时还没有被发现的认识。另一方面，他也以他无情的现实感指出，对生活所提出的新问题，人们不能依赖"不会出错"的引经据典加以解决。例如，他在实行新经济政策时，经常很刻薄地挖苦这类马克思主义者："连马克思也没有想到要就这个问题写下片言只语，他没有留下任何明确的可供引用的文字和无可反驳的指示就

去世了。因此，现在我们必须自己来找出路。"①

正像这里所描述的，我在列宁逝世后的头几年曾对马克思主义按列宁方式的建设抱有希望。我也详细地描述了逐渐产生和日益严重的失望。最后，还要简略地概述一下科学理论方面在这种形势下的重要情况。这就是，随着斯大林的精神统治得到巩固并凝固成个人迷信，马克思主义的研究在很大程度上退化成了对"终极真理"的注解、运用和传播。对生活中和科学中一切问题的答案，都是按经典作家的著作，尤其是斯大林的著作中的学说写出的。而且，起初马克思和恩格斯被列宁，后来列宁又被斯大林越来越有力地挤到次要的地方。例如，我准确地记得一个哲学家由于按照列宁的《哲学笔记》论述辩证法的定义而遭到抨击，人们责备他说，斯大林在《联共党史》第四章中所列举的辩证法的特征要少得多，那已是最后定论。所以那时论述问题，重要的只是找出合适的斯大林语录。"什么是思想？"有一个德国同志有一次说，"思想就是语录之间的联系。"怀疑马克思列宁主义继续发展的门已完全被关死，自然是错误的。但是，只有斯大林有特权为这个

---

① 《列宁全集》中文第 2 版增订版第 43 卷第 87 页。

永恒真理的宝库增加新的内容，或者把一条到那时为止被认为无可辩驳的真理停止使用。

在这种体制下的学术生活很难过，不需要详细描写。只想提出，对马克思主义在理论上的继续发展最重要的学科，即政治经济学和哲学几乎完全瘫痪了。自然科学的发展因此受到的阻碍可以少得多。虽然这里有时也产生冲突甚至危机，但是它们的实际发展是这样一种生死攸关的问题，以至于它的进展不可能受到阻碍，在纯实践方面甚至还受到强有力的促进。无成效的"语录学"的危险后果在这里更多地表现在边缘上，即在方法论、世界观基础等的问题上。

我远不是对这种僵化精神不断进行游击斗争的唯一的一人。但是从斯大林逝世以来，特别是从二十大以来，这个问题进入了一个质量上崭新的阶段：这一切问题终于被公开讨论了，学术界的公开意见开始比较清楚地表达出来；甚至概括地描述一下讨论的情况和在其中表现出的各种倾向，也不可能是这个简略的思想自传的任务。我必须只限于概括地谈谈我自己的观点：我认为，今天对马克思主义来说最大的意识形态危险在于修正主义倾向。因为在几十年中，斯大林所说的一切被宣布为与马克思主义完全

一致，甚至是它的最高成就，资产阶级意识形态家就极力利用斯大林的许多论点及其方法论重要部分的明显错误来要求对被描写为与它完全一致的马克思主义经典作家的成果也同样进行修正。一些共产党人由于所受的是机械的教条主义的教育，在思想上毫无抵抗能力，这种思潮正在他们当中流传开来，所以这里必须谈到一种严重的危险。但是，只要教条主义者坚持斯大林和马克思主义经典作家完全一致，他们对这种思潮就会同轻信的修正主义者一样毫无抵抗能力。为了捍卫和发展马克思列宁主义，必须找到一种"第三种选择"，作为摆脱这种绝境的出路。就是说，为了能够有效地反对修正主义，必须彻底铲除教条主义。

正像上面已经说过的，列宁已经清楚地说明了这里必须采取的立场的阿基米德支点。只要我们意识到，马克思主义为我们留下了一种可靠的方法，大量正确无误的真理，许多对它的继续发展富有成效的提示；我们如果不深入地掌握它和运用它，在科学上就不能前进一步；但是，在马克思主义基础上发展各种学科并不是已经得到解决的任务——只有对这一切有清楚的理解，马克思主义的研究才可能出现新的飞跃。恩格斯在逝世前指出了马克思主义者的这个未来的任务，列宁重复了他的劝告。我认为，现在已到了实现这些要求的时候了。如果我们说，我们还根本没有马克思主义的逻辑学、美学、伦理学、心理学，等等，那么我们绝不是说丧气话。相反，我们是在怀着充满希望的激情，谈论那种够几代人富有成效地工作的伟大的振奋人心的科学任务。

自然，在这篇短文中即使只是具体谈谈这种工作的前景也是不可能的。由于篇幅限制，我甚至没法展开探讨我自己的工作。我只能说，对马克思主义经典作家的研究使我生平第一次有可能做到我一直力求做到的事情，即对精神生活的现象，按它们真正的、本来的面目，按它们的历史和系统的状况进行的观察、忠实的描写和符合实际的表述。反对教条主义的斗争在这方面也是一种自卫。因为资产阶级意识形态家无疑对这些现象进行了歪曲，我是在他们的影响下开始我的活动的，对此非常清楚。但是，教条主义由于其主观的绝对性，反对对事物的任何深入，反对从事物出发的任何概括。谁若容忍在自己的精神面庞上带上这种遮眼罩，他就只能翻来覆去说一些现成的教条，而与现实失去任何联系。我的反对教条主义的游击斗争不仅保护了，还促进了我对生活、对生活题材的生动的关系。如果说我今天能够撰写一部美学的书，并且敢于幻想

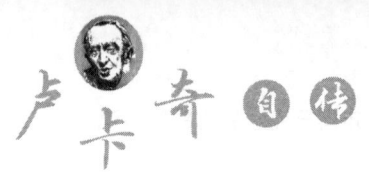

完成一部伦理学的书，那么我要归功于这种斗争。

因此，这篇短文我也是怀着高昂的期待的心情写成的。我知道，争取新道路的斗争还远远没有结束，我们有几次重犯教条主义，从而使修正主义抬头，我们现在也正在经历着这样的形势。对我个人说起来——我在这里首先是谈我自己——这是肯定的：在一种全面的马克思主义学科方面的严肃努力，能够给我一种坚定的生活内容。（至于我自己的贡献将有什么客观价值，将由历史去判断，我无权过问。）今天也还有形形色色的障碍。革命工人运动自从它诞生以来，曾有过形形色色的意识形态错误需要克服。到目前为止，工人运动总能达成这一目标，我深信它在未来也能如此。因此，请让我把左拉的一句话稍加改变，用来结束这篇短文："真理的步子迈得很慢，但是到末了，什么也不能挡住它。"

（根据弗朗克·本斯勒尔编《革命思想：卢卡奇·捷尔吉——生平和著作介绍》达姆施塔特和新维德卢赫特汗特出版社 1984 年版译出）

我向马克思的发展（1918—1930）^①

在过去一份提纲性的自传中（1933 年），我将我的早期发展称为《我走向马克思的道路》。收集在这一卷中的著作^②带有我的马克思主义学徒期的特征。在重印这一时期（1918—1930 年）最重要的文献时，我想要强调它们的试验性质，而绝不要使人认为它们对当前关于马克思主义真正本质的争论具有什么重要性。由于今天对应该如何理解马克思主义的本质内容和方法正确性还极不确定，理

---

① 这是卢卡奇 1967 年为他的《卢卡奇全集》第 2 卷新维德卢赫特汗特出版社 1968 年版写的序言，曾以这个标题收入 1971 年布达佩斯出版的卢卡奇自传体文集《我走向马克思的道路》。

② 《卢卡奇全集》第 2 卷收有《历史与阶级意识》和以下著作：《策略和伦理》《在青年工人代表大会上的演说》《法制和强权》《道德在共产主义生产中的作用》《论议会制问题》《共产党的道义使命》《机会主义和盲动主义》《工团主义在意大利的危机》《论教育工作问题》《群众的自发性——党的主动性》《革命倡议的组织问题》《再论幻想政治》《列宁——对他的思想的联系的研究》《伯恩施坦的胜利》《布哈林：历史唯物主义理论》《拉萨尔书信集（新版）》《K.A.魏特夫：资产阶级社会的科学》《莫泽斯·赫斯和唯心主义辩证法问题》《O.斯班：范畴学说》《C.施密特：政治的浪漫》《勃鲁姆提纲》。

智的诚实要求我明确说明这一点。另一方面，如果批判性地仔细考察这些著作以及当前的情况，我们就会发现，这些早年探究马克思主义本质的尝试在今天的争论中仍将具有某种史料价值。因此，这些著作并不仅仅说明我个人的思想发展阶段，它们同时也表明一般精神发展的道路阶段。并且，只要以批判的眼光加以对待，它们对于了解今天的情况和这些思想基础上的发展不会没有意义。

当然，不简短地提及我的早期思想发展，我就不可能描述 1918 年前后我对马克思主义的态度。正像我刚才提到的那份提纲性的自传中强调的那样，在文理中学学习时，我就已经阅读了马克思的一些著作。以后，在 1908 年前后，为了给我的关于现代戏剧的专著① 奠定一个社会学基础，我研究了《资本论》。当时，引起我兴趣的是作为"社会学家"的马克思，我通过在很大程度上由西美尔和马克斯·韦伯决定的方法论眼镜去观察他。第一次世界大战期间，我再次着手研究马克思，不过这次已经是为我的一般哲学兴趣所驱使：主要不再是受当时的精神科学学者，而是受黑格尔的影响。当然，黑格尔的这种影响也同

---

① 《现代戏剧发展史》，共两卷，1911 年在布达佩斯用匈牙利文出版。

样是很矛盾的。因为，一方面，克尔凯郭尔对我的早期发展起了相当大的作用，就在战前几年我在海德堡的时候，我甚至打算写一篇文章，论述他对黑格尔的批判；另一方面，我社会政治观中的矛盾使我在思想上与工团主义，尤其是 G. 索列尔的哲学建立关系。我力图超出资产阶级激进主义，但是社会民主党的理论（特别是考茨基的解释）又使我厌恶。匈牙利社会民主党内左翼反对派的精神领袖萨博·埃尔温使我注意到索列尔。大战期间，我又了解了罗莎·卢森堡的著作。所有这些造成了一种高度矛盾的理论混合物，它在大战期间和战后的头几年对我的思想起着决定性的作用。

我认为，如果要以"人文学科"的方式将这一时期高度矛盾的思想归于一点，人为地构造一种有机的内在精神发展，那就背离了事实。如果浮士德的胸中能够容纳下两个灵魂，为什么一个常人，当他发现自己正在一个世界性危机中从一个阶级转向另一个阶级时，不可以在他的内心泛起各种彼此冲突的思想潮流呢？至少，就我对那些年的记忆而言，我的思想世界中同时存在着两种倾向：一方面是吸收马克思主义和政治行动主义，另一方面则是纯粹唯心主义的伦理成见不断增强。

当我读到我在那个时期写的论文时，我觉得这一点得到了证实。当我回想起当时写的数量不很多并且不很重要的文学性质的文章时，我感到其中那种激进的、自相矛盾的唯心主义成分往往比我更早时期的作品还要多。然而同时，吸收马克思主义的过程也在飞快继续着。如果现在我把这种不和谐的两重性视为我那个时期的思想特征的话，那么它绝不包括对立分明的极端，绝没有黑白分明的画面，仿佛这种矛盾状况仅仅局限于革命的善和邪恶的资产阶级思想残余之间的斗争。从一个阶级向另一个直接与其敌对的阶级的转变比这复杂得多。现在，当回首往事的时候，我看到了，我当时对黑格尔的态度以及充满浪漫的反资本主义要素的伦理唯心主义对我在这场危机中形成的世界观仍然有不少积极的作用。当然，这是在它们失去了（在我的思想上的）主导地位，经过根本性的改造后变成了一种新的、连贯的世界观的一部分的前提下说的。事实上，或许应该在这里指出，甚至我对资本主义世界的熟悉，在某种程度上也成了新的综合中的积极因素。我从来没有犯过那种我经常在工人和小资产阶级知识分子中看到的错误——这些人无论如何也不能完全摆脱对资本主义世界的敬畏。我从童年时代就开始的对于在资本主义制度下生活的仇恨和蔑视，使我不至于走到这一步。

思想的混乱并非总意味着一片混沌。暂时地，它可能加剧内在的矛盾，但长远地看，它将导致这些矛盾的解决。这样，我的伦理观要求转向实践、行动，从而转向政治。这反过来又使我转向经济学，使理论得以深化，最后使我转向马克思主义哲学。当然，所有这些发展都是缓慢的、不平稳的。然而，我所选定的方向甚至在俄国革命爆发后的战争期间就已开始明朗起来。《小说理论》正如我在它的新版序言中描述的[①]，是我还处于一种普遍绝望的状态时写的。因此，毫不奇怪，现状在其中表现为费希特所说的那种绝对罪孽的状况，任何希望和出路都带有纯粹海市蜃楼的空想性质。只有俄国革命才真正打开了通向未来的窗口；沙皇的倒台使我们初见未来的端倪，而随着资本主义的崩溃，未来便完全呈现在我们面前。当时，我们关于这些事变本身以及它们的基本原理的知识还十分贫乏，而且非常不可靠。尽管如此，我们——终于！终于！——看到了人类摆脱战争和资本主义的出路。当然，即使在谈到这种激情的时候，我们也不要将过去美化。我本人——

[①] 《小说理论》新维德卢赫特汗特出版社 1963 年德文第 2 版第 5 页，1965 年第 3 版第 5 页。

我在这里只能谈我自己——就经历了一个短暂的过渡时期：直到做出我的最终的、不可更改的选择之前，我还在犹豫不决，妄图用抽象和庸俗的论证来进行自我辩解。但是，最后的决定是不可避免的。短文《策略和伦理》揭示了作出这种决定的内在人性的动机。

我没有必要浪费许多笔墨去论述写于匈牙利苏维埃共和国及其建立时期的那少数几篇论文。在思想上，我们没有做好准备（我可能比其他人更缺乏准备）去完成我们面临的重大任务。我们的热情成了知识和经验的临时代用品。我只需提到一件，而在这里是很重要的事实：我们对于列宁的革命理论以及他在马克思主义的这一领域内所取得的极其重要的进展几乎一无所知。当时，只有少量论文和小册子被翻译过来并能读到，而那些参加过俄国革命的人们，有的（如萨穆埃里）没有什么理论才干，有的（如库恩·贝拉）则受到俄国左翼反对派的强烈影响。我直到维也纳流亡期间才得以详尽研究列宁的理论。因此，在我当时的思想中也包含着矛盾的二重性。一部分是我无法针对当时政治中致命的机会主义根本错误采取符合原则的立场，例如关于农业问题的纯粹社会民主党式的解决方案；一部分是在文化政治领域中，我在思想上对抽象的乌托邦主义有一种偏爱。今天，在近半个世纪以后，我发现我们当时在这个领域获得的成果相对来说不算少，对此我感到不胜惊奇。（在理论领域中，我愿意指出，《什么是正统马克思主义？》和《历史唯物主义的变化功能》这两篇论文的第一稿在这一时期就已写出。在收入《历史与阶级意识》时做了修改，但基本方向仍旧是一样的。）

流亡维也纳是一个学习时期的开始。首先，这意味着熟读列宁的著作。不言而喻，这种学习一刻也没有脱离革命活动。当务之急是要使匈牙利的革命工人运动获得新的生命，并使其继续下去。必须提出新的口号和政策，以使这种运动在白色恐怖期间能够生存和发展。必须驳倒对无产阶级专政的诽谤——无论它来自纯粹的反动派，还是来自社会民主党人。同时，必须开始对无产阶级专政进行马克思主义的自我批评。此外，在维也纳，我们被卷进了国际革命运动的潮流之中。当时，匈牙利流亡者可能是人数最多、分裂最严重的侨民，但他们绝不是唯一的侨民。还有许多来自波兰和巴尔干的侨民，或者临时或者长期地住在这里。加之维也纳是一个国际中转站，我们与德国、法国、意大利以及其他国家的共产主义者经常接触。在这种情况下，《共产主义》杂志应运而生，是

毫不稀奇的。一段时期内，这家杂志成了第三国际中各种极"左"思潮的主要机关报。波兰、匈牙利的侨民和奥地利共产主义者们构成了刊物的内部核心和经常撰稿人。此外，还有来自其他国家的同情者，如意大利的极左分子波尔迪加、特拉契尼，荷兰共产党人潘涅库克、罗兰－霍尔斯特，等等。

在这种环境中，上面谈到的我的发展倾向的二重性不仅达到了顶点，还凝聚成一种奇特的新的实践和理论形式。作为《共产主义》杂志的核心成员，我积极参与制定了一条"左的"政治和理论路线。它基于一种当时普遍流行的信念，即伟大的革命浪潮将推动整个世界，至少是欧洲迅速进入社会主义，它绝没有因为芬兰、匈牙利和慕尼黑起义的失败而中断。像卡普暴动、意大利占领工厂、波苏战争，甚至三月行动这样的事件，都加强了我们关于世界革命即将到来、整个文明世界必将被彻底改造的信念。当然，在讨论20年代前期的这种宗派主义时，我们绝不能认为它与在斯大林主义实践中所看到的宗派主义有任何相似之处。后者首先是要保护既定的权力关系，使之不受任何改革的侵犯；它的目的是保守的，它的方法是官僚主义的。而20年代的宗派主义则有以救世主自居的、乌托邦主义的抱负，它的方法是与官僚主义尖锐对立的。这两股潮流只是名称相同，骨子里却分别代表着两个彼此敌对的极端。（当然，甚至在第三国际中，季诺维也夫和他的门徒们就已经采用了官僚主义的方法。同样，列宁在其重病缠身的晚年就一直渴望解决如何能在无产阶级民主的基础上克服苏维埃共和国日益增长的、自发产生的官僚主义化的问题。但即使在这里，我们也能看到过去和现在的宗派主义的区别。我关于匈牙利党的组织问题的文章就是针对季诺维也夫的门徒库恩·贝拉的理论和实践的。）

我们的杂志竭力通过在一切问题上都提出最激进的方法，在任何领域都宣布同属于资产阶级世界的任何机构和生活方式等实行彻底决裂，来宣传以救世主自居的宗派主义。在我们看来，这将有助于在先锋队，在共产党和共产主义青年组织中培养起一种未被歪曲的阶级意识。我反对参加资产阶级议会的论战文章就是这种倾向的一个典型例子。它的遭遇——受到列宁的批评——使我能够迈出脱离宗派主义的第一步。列宁指出了一项决定性的差别甚至是矛盾，即从世界史的角度看，一种机构可能过时了——例如，苏维埃已经判定议会过时了——但这并不妨碍我们出于某种策略的原因而参加它。我立刻接受了这一批评，它

迫使我对自己的历史观点做出修正，使其更加灵活，更少僵化，以适应日常策略上的迫切需要。在这一意义上，它是我的观点变化的开始。然而，这种变化是发生在一种还基本上是宗派主义的世界观之中。这在一年以后就表现出来了，当时，尽管我也批评了三月行动的一些策略上的失误，然而对整个三月行动却毫无批判地、以宗派主义的精神表示了赞同。

正是在这里，我的政治和哲学观点中的客观内在矛盾公开化了。在国际舞台上，我可以无所顾忌地将自己的思想热情倾注于革命的救世主义之中。但在匈牙利，有组织的共产主义运动使我需要面对（组织的）决议。我必须时刻关注领会这些决议在普遍意义上和个人角度上，在长远上和短期内的结果，并以之作为我进一步决定的基础。在匈牙利苏维埃共和国中，我就已经处于这种境地。当时，无论是在教育人民委员部中还是在我负责政治领导的那个师中，我都不得不经常撇开救世主义观点，做出合乎实际的决定。这时，面对现实、对探寻列宁所说的"下一个环节"的需要，变得比我一生中以往任何时候都无可比拟地更加迫切和强烈。正是因为这些决定的现实本质似乎带有纯粹经验性质，它对我们的理论立场产生了深远的影响。

因为这种理论立场现在必须适应客观的情况和趋势。如果我希望做出一个原则上正确的决定，那就绝不能仅仅满足于对直接事态的思考。我将不得不找出那些造成这种事态的、经常隐蔽着的中介因素，尤其是，我将不得不对那些可能由它们造成并将影响未来实践的因素做出预判。因此在这里，生活本身迫使我采取了一种往往与我的革命救世主义的唯心主义和乌托邦主义尖锐对立的思想立场。

由于当时在匈牙利党的实际领导中，站在对立方面的是一个现代官僚主义式的宗派主义集团，即季诺维也夫的门徒库恩·贝拉的集团，我的左右为难的处境变得更加尖锐。在纯粹理论上，我本来可以把他的观点当作假左派的东西加以抛弃。但在实践上，他的建议却只能用极其普通的日常生活的内容来加以批判，这些生活事先联系着世界革命的伟大前景，但又与这种前景有着相当的距离。像我一生中常常遇到的情况那样，这时我又交了好运：反对库恩·贝拉的斗争由兰德列尔·耶诺领导。这个人不仅具有渊博的、首先是实际的知识，而且对理论问题具有很高的理解力，只要这些理论问题与革命实践有联系，不论这种联系是多么间接。他深信不疑的观点是由他与群众生活的密切联系决定的。他在反对库恩·贝拉的官僚主义和冒险

主义计划时提出的主张立刻使我信服，因此，在宗派斗争
开始以后，我总是站在他那一边。这里，我们不可能对党
内斗争的那些哪怕是最重要的细节加以论述，尽管其中有
些饶有理论趣味的事情。就我而言，这些争论意味着我思
想方法上的裂痕现在已经发展成理论与实践之间的分裂：
在重大的国际革命问题上，我继续支持极左思潮，而作
为匈牙利党的领导成员，我成了库恩·贝拉宗派主义的
最激烈的敌人。1921 年初，这一点变得特别明显。在匈
牙利方面，我追随兰德列尔，主张一种坚决的反宗派主
义的路线，而同时在国际方面，我却从理论上支持了三
月行动。因此，我思想中对立倾向的冲突达到了顶点。
随着匈牙利党的分歧日益深化，随着匈牙利工人运动开
始增长，我的观点也越来越受到由此产生的理论思潮的
影响。然而，尽管列宁的批评动摇了我对于三月行动分
析的根基，但是在这一阶段，这些思潮仍旧未能在我的
思想中占得上风。

《历史与阶级意识》诞生于这个充满危机的过渡时期
之中。它写作于 1922 年。它一部分是经过修改的早期文
章，除已提到的那两篇外，还有 1920 年的论文《阶级意
识》。两篇关于罗莎·卢森堡的论文以及《合法与非法》

在新集子中未做重大改动。只有两篇文章，也是最重要的两篇，是全新的，它们是《物化与无产阶级意识》和《关于组织问题的方法论》。（后者是在《革命运动的组织问题》一文的基础上写成的，此文曾于1921年三月行动后不久发表在《国际》杂志上。）这样，《历史与阶级意识》就是我从大战最后两年开始的发展时期的最后结算。自然，这种结算至少在某种程度上已包含向更清晰状况转变的趋向，尽管这些趋向不可能真正成熟起来。

对立的思想派别之间的冲突并未结束，我们也不容易将胜利者或失败者的标签贴在它们头上，因此，直到今天，我们也仍旧难于对这本书作出首尾一贯的恰当评价。但是，至少必须简略地强调一下占主导地位的论点。这本书最突出的特点在于，与作者的主观意图相反，它在客观上代表了一种马克思主义史上的倾向。这种倾向在哲学根基和政治结果上体现出重大的区别，但总是有意无意地反对马克思主义本体论的根基。我指的是将马克思主义仅仅看作一种关于社会的理论、社会的哲学，因而忽视或者否认其中关于自然的态度的倾向。甚至还在第一次世界大战以前，像麦克斯·阿德勒和卢那察尔斯基那样迥然不同的马克思主义者曾共同维护过这类观点。在今天，我发

现，可能在某种程度上由于《历史与阶级意识》的影响，这类观点再次出现，特别是在法国存在主义和它的思想圈子之中。我的书在这一问题上持有很明确的立场。书中许多地方主张自然是一个社会范畴，而全书的要旨就是要表明，只有关于社会以及生活于其中的人的知识才与哲学有关。这种倾向的众多代表人物的名字说明，它绝不是一个真正的流派。我本人当时只得悉卢那察尔斯基其名，并且总是将麦克斯·阿德勒当作康德主义者和社会民主党人加以反对。尽管如此，细加考察就可以看出他们有某些共同的特征。一方面，可以证明，正是关于自然的唯物主义观点造成资产阶级世界观和社会主义世界观之间的真正彻底区别。回避这一点，就会模糊哲学上的争论，例如，就会妨碍对于马克思主义的实践概念做出清晰的阐述。另一方面，这样在方法论上对社会诸范畴做明显的抬高，会歪曲它们真正的认识论功能。它们特有的马克思主义特征被削弱了，它们真正高于资产阶级思想的东西常常被无意识地取消了。

这里，我自然只局限于对《历史与阶级意识》一书提出批评。但是，这并不是说对马克思主义的这种背离，在有着相似观点的其他作者中就少一点。在这部书中，这种背离对我在那里提供的经济学观点产生了直接的影响，并导致一系列根本性的混乱，因为无可置疑，在这里经济必须是核心。的确，我曾试图用经济基础来对所有意识形态现象作出解释。尽管如此，我对经济还是做了过于狭隘的理解，因为它的马克思主义基本范畴，作为社会与自然之间物质变换的中介的"劳动"被我遗忘了。我在方法论上的基本态度既然如此，产生这种结果也是很自然的。它意味着，马克思主义世界观的最重要的现实支柱不见了，从而这种以最激进的方式推断马克思主义根本革命内涵的尝试失去了真正的经济基础。不言而喻，这意味着，作为这种变化过程基础的自然的本体论客观性必须消失。这也意味着，以真正的唯物主义观点来理解的劳动与劳动者的发展之间的相互作用必须消失。这样，马克思的这一伟大思想，"为生产而生产无非就是发展人类的生产力，也就是发展人类天性的财富这种目的本身"[1]，就在《历史与阶级意识》所能理解的范围之外。资本主义剥削就失去了它的这种客观革命作用，下述这种情况也没有被理解："人类的才能的这种发展，虽然在开始时要靠牺牲多数的个

---

[1] 《马克思恩格斯全集》中文第 2 版第 34 卷第 127 页。

人，甚至靠牺牲整个阶级，但最终会克服这种对抗，而同每个人的发展相一致。因此，个性的比较高度的发展，只有以牺牲个人的历史过程为代价。"[①] 结果，我关于资本主义矛盾和无产阶级革命化的论述都不自觉地带上了浓重的主观主义色彩。

上述错误也影响了我对书中的核心概念——实践的理解，它遭到歪曲，并变得狭隘了。在这一问题上，我同样想把马克思作为出发点，企图把他的概念从后来所有的资产阶级歪曲中解放出来，并使它们适应当前伟大革命高潮的需要。当时我首先确信的是，必须彻底克服资产阶级思想的纯粹直观性质。因此，在这本书中，革命的实践概念被赋予一种夸张的高调，与其说它符合真正的马克思主义学说，莫若讲它更接近当时流行于共产主义左派之中的以救世主自居的乌托邦主义。在对工人运动中的资产阶级和机会主义观点进行抨击时（这些观点推崇一种貌似客观实则完全脱离任何实践的认识方法）；我以在当时的背景下正确的方式反对过度夸张和过高估价直观的作用。马克思对费尔巴哈的批判更加强了我的信心。然而，我没有认识

---

① 《马克思恩格斯全集》中文第 2 版第 34 卷第 127 页。

334

到，如果不以真正的实践为基础，不以作为其原始形式和模型的劳动为基础，过度夸张实践概念可以走向其反面——重新陷入唯心主义的直观之中。当时，我想要勾画出正确的、真实的无产阶级的阶级意识，将它与经验主义的"民意测验"（这个术语当时自然尚未流行）区别开来，并赋予它一种无可争辩的实际客观性。然而，我未能越出"被赋予的"（zugerechnet）阶级意识这样一种观念。这里我是指列宁在《怎么办？》中提到的同一内容。他认为，社会主义的阶级意识与自发产生的工团意识不同，它是"从外面"，也就是"从经济斗争外面，从工人同厂主的关系范围外面"灌输到工人群众中去的。[①] 这样，我主观上所想达到的东西，以及列宁对实际运动进行真正的马克思主义分析所获得的东西，在我的说明中，却成了纯粹思想的产物，从而成了某种直观的东西。所以，如果这种"被赋予的"意识能在我的表述中变为革命的实践，那可真是一种奇迹了。

　　我那种本身是正确的愿望之所以会走向它的反面，仍是由于刚才提到的那种抽象的、唯心主义的实践概念。这

---

① 《列宁选集》中文第 3 版修订版第 1 卷第 363 页。

一点从我对恩格斯所作的——又是并非完全错误的——批评中可以看得很清楚。恩格斯认为实践是检验理论的标准，而把实验和工业看作证明这一点的典型事例。从那时起，我逐渐认识到，恩格斯的论点在理论上是不完全的，因为忽视了这样一个事实：实践的领域（在不改变其基本结构的情况下），在发展过程中已变得比单纯的劳动更加广泛，更加复杂，并以更多的过程为其中介。由于这个缘故，单纯的生产活动能成为直接地正确实现理论的基础，因此可以作为检验理论的正确与否的标准。然而，恩格斯想用直接实践来反驳康德的"不可捉摸的自在之物"的任务却远未解决。因为劳动本身很可能仍旧是一种纯粹操作的过程，自发或有意地回避了"自在之物"的问题，并且全部或部分地忽略了它。历史为我们提供了这样一些实例：在某些时候，正确的行动却是在错误理论的指导下进行的。在恩格斯的意义上，这些实例意味着未能把握自在之物。的确，康德的理论丝毫也不否认这类实验是客观的，并且能够提供有价值的知识。他只是将它们归之于纯粹的现象领域，在那里，自在之物本身仍旧是未知的。现代新实证主义打算将所有关于实在（自在之物）的问题统统剔除于科学的范围之外，它将所有关于自在之物的问题当作"非科学的"东西而加以排斥，同时，又承认技术和自然科学的所有结论的有效性。恩格斯想用实践来驳倒康德的"自在之物"，这是正确的。但是，要做到这一点，实践必须超越上述那种直接性，并且在继续实践的同时，发展成为一种内容广泛的实践。

因此，我当时对恩格斯的解决办法的反对，并不是没有根据的，但我的推导是更加错误的。认为"实验是最为纯粹的直观"，这是完全错误的。我自己的说明就驳斥了这一点。因为创造一种环境，使自然力能够在观察下"纯粹地"，即没有外来干扰和主观错误地发挥作用，这一点完全与劳动的情况相同，劳动同样意味着创造一种有目的的系统，自然是一种特殊的系统。所以，在本质上，实验是纯粹的实践。否认工业是一种实践，认为它"在历史的和辩证的意义上，仅仅是社会的自然规律的客体而不是其主体"，同样是错误的。包含在这句话中的部分真理——充其量也只是部分真理——仅仅适用于资本主义生产的经济总体。但是，它与这样一个事实并不矛盾：在工业生产中，每一单个的活动不仅代表着一种有目的的劳动行为的综合，而且它本身就是这种综合中的一种有目的的，即实

践的行为。由于这种哲学错误,《历史与阶级意识》在分析经济现象时,不是以劳动,而只是以发达商品经济的复杂结构作为出发点。这意味着,从哲学上解决诸如理论与实践、主体与客体的关系这种决定性问题的前景,从一开始就落空了。

在这些以及与此类似的成问题的前提中,我们看到了未能对黑格尔遗产进行彻底唯物主义改造,从而予以扬弃的影响。我想再提出一个重要的原则问题。毫无疑义,《历史与阶级意识》的伟大成就之一,在于使那曾被社会民主党的机会主义者们的"科学主义"打入冷宫的总体性范畴,重新恢复了它在马克思全部著作中所占的方法论上的核心地位。当时,我不知道列宁正沿着同一方向前进。(《历史与阶级意识》问世几年后,《哲学笔记》方才出版。)然而,列宁在这个问题上真正恢复了马克思的方法,我的努力却导致了一种黑格尔主义的歪曲,因为我将总体性在方法论上的核心地位与经济的优先性对立起来。"使马克思主义决定性地区别于资产阶级科学的,不是经济动机在历史解释中的首要性,而是总体性观点。"这种方法论上的谬误由于下述情况而得到进一步的加强:总体性被视为科学中的革命原则的思想体现。"总体性范畴的首要性是科学中的革命原则的支撑者。"①

毋庸置疑，在《历史与阶级意识》对以后思想界的影响中，这种方法论上的谬误起了并非不重要的，而且在许多方面甚至是进步的作用。因为，黑格尔辩证法的复活狠狠打击了修正主义的传统。伯恩施坦就曾希望以"科学性"的名义消灭黑格尔辩证法的一切遗迹。而他的哲学上的对手，首先是考茨基，也不过是要维护这种修正主义传统。对任何想要回到马克思主义的革命传统的人来说，恢复黑格尔主义传统是一项不难理解的义务。《历史与阶级意识》代表了当时想要通过更新和发展黑格尔的辩证法和方法论来使马克思理论的革命本质重新与时俱进的也许是最激进的尝试。由于当时资产阶级哲学对黑格尔正表现出越来越大的兴趣，这一任务甚至变得更加紧迫。当然，资产阶级哲学家们从未能使黑格尔与康德在哲学上的决裂成为他们分析的基础。另一方面，他们在狄尔泰的影响下，企图在理论上把黑格尔的辩证法与现代非理性主义联结起来。《历史与阶级意识》问世不久，克勒讷便将黑格尔描绘成一切时代中最大的非理性主义者；而在勒维特稍后的

---

① 《历史与阶级意识》新维德卢赫特汗特出版社1968年版第94页。

研究中，马克思和克尔凯郭尔又成了从黑格尔主义解体中出现的两种平行的现象。只有与所有这些发展相对照，我们才能看到《历史与阶级意识》所提出的问题是多么迫切。从激进工人运动的意识形态的角度看也是如此，因为普列汉诺夫等人过高估计了费尔巴哈作为黑格尔与马克思之间的中介的作用，而这种观点在这里则被抛到了一边。当然，只有在稍后的时候，在关于莫泽斯·赫斯的论文中（比列宁后期哲学著作的发表早几年），我才明确提出了马克思直接衔接着黑格尔这一问题。然而事实上，这一立场已经隐含在《历史与阶级意识》的许多论述之中。

在这个必须简短的总结中，不可能对这本书所提出的全部问题做出具体的评判，并指出它对黑格尔的解释在多大程度上成了混乱的根源，又在多大程度上说明着我以后的活动。有能力进行批评的当代读者肯定能够找到说明两种类型的例子。在评估这本书在当时的影响以及今天的意义时，我们必须考虑一个比任何细节问题都更为重要的问题。这就是异化问题。在这本书中，它从马克思以来第一次被当作对资本主义进行革命批判的中心问题，而且它在黑格尔辩证法中有着自己理论和方法论的根基。当然，这个问题当时正在酝酿中。几年以后，随着海德格尔《存在与时间》（1927 年）的问世，它成了哲学争论的中心。甚至在今天，主要是由于萨特及其追随者和反对者的影响，它仍旧没有失去这种地位。吕西安·戈尔德曼把海德格尔的著作解释成在某种程度上是直接对我的回答（但没有明确地这样提），由他首先提出的语文学问题在此可以暂且放在一边。说异化问题在当时正在酝酿中，这在今天是完全恰当的，特别是如果我们能够详细地分析二战后的法国表现得尤为突出的马克思主义与存在主义观念的混合这一现象的事实基础和对未来的影响的话。当然，我们不可能在这里进行这种分析。在这里，谁起头、谁影响谁的问题并不特别重要。重要的是，人的异化是我们时代的关键问题，并且无论资产阶级还是无产阶级的思想家，无论右派还是左派的评论家都看到和承认这一点。因此，《历史与阶级意识》对青年知识分子产生了深刻的影响。我知道，有一大批优秀的共产党人正是被这一事实吸引到共产主义运动中来的。毫无疑问，这一马克思主义和黑格尔主义的问题是由一位共产党人重新提出的事实，是这本书的影响远远超出了党派界限的原因之一。

至于对这一问题的实际讨论方式，那么今天不难看出，它是用纯粹黑格尔的精神进行的。尤其是，它的最终

哲学基础是在历史过程中自我实现的同一的主体—客体。当然，在黑格尔那里，它是以一种纯粹逻辑的和哲学的方式提出的：通过消除异化，自我意识向自身的返回，并由此实现同一的主体—客体，绝对精神在哲学中达到了它的最高阶段。然而，在《历史与阶级意识》中，这个过程表现为一种社会—历史的过程，当无产阶级在它的阶级意识中达到了这一阶段，并因而成为历史的同一的主体—客体时，上述过程也就达到了顶点。这看起来的确已经"使黑格尔以脚立地了"，似乎《精神现象学》的逻辑——形而上学结构已经在无产阶级的存在和意识中得到了真正的实现。这一点好像又反过来为无产阶级通过革命建立一个无阶级社会，并结束人类"史前史"的历史转向提供了哲学基础。然而，这里的同一的主体—客体是不是比纯粹形而上学的构造更真实呢？真正同一的主体—客体能为自我认识（无论怎样充分，怎样真正基于对社会的全面认识，也就是无论怎样完美）所创造吗？只要我们精确地提出问题，便会看出，对此必须作出否定的回答。因为即使当认识的内容被归结为认识的主体时，这也不意味着认识活动因此便摆脱了它的异在的本性。在《精神现象学》中，黑格尔正确地拒绝了在实现同一的主体—客体问题上的神秘主义和非理性主义观念，拒绝了谢林的"理智直观"，而要求采取一种哲学的、理性主义的解决方式。他的健全的现实感使他就此止步；他的包罗万象的体系的确在这种实现的前景中达到了顶点。但是，他从未以具体的方式表明要怎样达成这一要求。因此，将无产阶级看作真正人类历史的同一的主体—客体并不是一种克服唯心主义体系的唯物主义实现，而是一种想比黑格尔更加黑格尔的尝试，是大胆地凌驾于一切现实之上，在客观上试图超越大师本身。

黑格尔之所以在这一点上表现得谨慎，是由于他的基本概念存在着夸大。因为在黑格尔那里，异化问题第一次被看作生存于世界并面对着世界的人的地位的根本问题。然而，他在异化这一术语中却包括了任何一种形式的对象化。这样，在逻辑上，异化便最终与对象化合为一体。因此，当同一的主体—客体超越异化时，它也必须同时超越对象化。但是，按照黑格尔的看法，客体，即物，仅仅作为自我意识的异化物而存在，使其返回主体将意味着客观实在即一切实在的终结。《历史与阶级意识》跟在黑格尔后面，也将异化等同于对象化〔Vergegenständlichung〕（用马克思在《经济学哲学手稿》中所使用的术语）。这个根

本的和严重的错误对《历史与阶级意识》的成功肯定起了极大的作用。如上所说，在哲学上对异化的揭示当时正在酝酿之中，很快它就成了那种旨在探讨人在当代资本主义中的状况的文化批判的中心问题。对资产阶级的哲学、文化批判来说（我们只要看一下海德格尔就可以了），将一种社会批判升华为纯粹的哲学问题，即将本质上属于社会的异化转变为一种永恒的"人类状况"（这是一个后来才产生出来的术语），是十分自然的事情。很明显，《历史与阶级意识》迎合了这种观点，虽然它的意图与这种观点不同，甚至可以说是对立的。因为当我将异化等同于对象化时，我是将它看作一种社会范畴——社会主义将最终消除异化——尽管如此，由于它在阶级社会中的不能消除的存在，特别是由于它的哲学基础，它就同"人类状况"的说法相去不远了。

造成这种情况，是由于经常把两个对立的根本范畴错误地等同起来的缘故。因为对象化这种现象事实上是不可能从人类社会生活中消除的。如果我们记住，在实践中（因此也在劳动中）客观事物的任何外化都是一种对象化，每一种人类表达方式包括说话都使人类的思想和情感对象化，那么很清楚，我们这里指的是人与人之间的一种普遍的交往方式。既然如此，对象化就是一种中性现象；真和假、自由与奴役都同样是一种对象化。只有当社会中的对象化形式使人的本质与其存在相冲突的时候，只有当人的本性受到压抑、扭曲和残害的时候，我们才能谈到一种异化的客观社会关系，并且作为其必然的结果，谈到内在异化的所有主观表现。但是，《历史与阶级意识》并未认识到这种两重性。因此，本书基本的历史哲学观点是错误和歪曲的。（顺便提一下，物化现象与异化现象有着紧密联系，但无论在社会中还是在概念上，两者都不尽相同，而在《历史与阶级意识》中，这两个词却是在同一意义上使用的。）

这种对基本概念的批判不可能是面面俱到的。但是，即使在这个如此简短的说明中，也必须提到我对认识是反映这种观点的拒绝。这有两个根源。首先是我对机械宿命论的极端厌恶，在机械唯物主义中，宿命论总是同反映论休戚与共。我思想中当时以救世主自居的乌托邦主义、关于实践优先性的观点都对这种机械唯物主义提出了强烈的抗议——这种抗议又不是完全错误的。其次，我知道劳动怎样成了实践的起源和根基。最原始的劳动，例如原始人挖掘石头，就包含着人对他所处理的实在的正确反映。因

为，如果没有对他所处理的客观实在的映像，无论这种映像有多么粗糙，任何有目的的活动都是无法进行的。实践之所以能使理论得以实现并成为理论的检验标准，是因为在本体论上它是建立在对实在的正确反映之上的，它是一切真实目的设定的真实前提。至于在这个问题上发生的论战的细节，至于拒绝在流行的反映理论中把认识类同于摄像的看法是如何有道理，不值得在这里详细记述。

这里，我专门谈了《历史与阶级意识》的消极方面，同时，我也强调，不管怎样，这本书在当时并非不重要。我相信，这两者并不矛盾。所有列举在此的错误，其根源与其说是作者本人的个人品质，不如说是那时流行的、往往是错误的思潮。单是这一事实就赋予这本书以某种代表性。当时，一场重大的、世界历史性的转变正在努力寻找一种理论表述。即使一种理论未能说明这场巨大危机的客观本质，它仍旧可以提出一种典型的观点，并因而获得某种历史上的意义。我今天认为，《历史与阶级意识》一书的情况正是如此。

以上的叙述并不意味着，书中的所有观点无一例外都是错误的。例如，在第一篇论文的引言中，我为正统马克思主义下了一个定义，现在我认为，这个定义不仅在客观上是正确的，而且在处于马克思主义复兴前夜的今天也能够产生相当重要的影响。我指的是这样一段话："让我们假定，现代研究已经一劳永逸地证明，马克思的每一个别命题都是错误的。即便如此，每一位严肃的'正统'马克思主义者仍旧可以无保留地接受所有这些现代结论，并因此抛弃马克思的任何一个单独命题。而且，在从事这一工作时，他完全不必丢掉自己的正统性。因此，正统马克思主义绝不意味着无批判地接受马克思的研究成果。它不是对这个或那个命题的'信仰'，不是对'圣书'的注释。在这里，所谓正统性仅仅涉及方法。正统即意指，在科学上确信辩证的马克思主义发现了正确的研究方法，只有沿着它的奠基人指出的路线，它的这些方法才可以得到发展、扩充和深化。正统同样意味着，任何超越或'改良'马克思主义的企图，已经或必将导致简单化、肤浅化和折中主义。"[1]

我相信，还有许多同样正确的思想可以在这本书中找到，我这样说并不觉得自己过分不谦虚。我只需指出这样一个事实，我将马克思的早期著作放到他的世界观的完整

---

① 《历史与阶级意识》1968 年版第 58 页。

画面之中，而在我这样做时，大多数马克思主义者只愿意把它们看作一些仅仅对马克思个人的发展具有重要性的历史文献。至于在几十年后，这种关系发生了颠倒，早期著作被看成真正马克思主义哲学的作品，而晚期著作则受到忽视，那么，这不能责怪《历史与阶级意识》，因为在那里，不管正确与否，我始终把马克思的著作看作一个不可分割的整体。

我同样不想否认，在书中许多地方，我试图对辩证范畴的真正本质和运动作出描绘，这会导致一种真正马克思主义的社会存在的本体论。例如，对中介范畴就是这样描述的："中介范畴是一个借以克服经验世界的直接性的杠杆，因此它不是什么从外部塞入客体的（主观的）东西；它根本不是价值判断，或者说，不是实在相对立的所谓'应然'。毋宁说，它是客体真实的客观结构的显现。"[①] 与此紧密相关的是对辩证范畴的起源与客观历史的关系的探讨："起源和历史应该一致，或者更确切地说，它们应该是同一过程的不同方面，而这一点只有在如下两个条件获得满足时，才能发生。首先，整个人类存在被构成

① 《历史与阶级意识》1968 年版第 286 页。

于这些范畴之中，这些范畴不仅描绘出了人类存在，而且，它们也必然决定着这些存在本身。其次，这些范畴的次序、连贯性、相互联系等，必然表现为历史过程本身的诸方面，表现为现实存在的结构特征。因此，范畴的次序及其内在连贯性既非纯粹逻辑的，也不是与恰好给定的历史事实相一致的。"[①]这条思路合乎逻辑地与马克思在 50 年代进行的著名方法论考察中的一段话完全吻合。像这种预示着对马克思思想作出真正唯物辩证的重新解释的段落，在书中并不少见。

如果我在这里把注意力集中于批判我的错误，这主要是由于实际的原因。《历史与阶级意识》过去对许多读者产生了强有力的影响，甚至今天还继续产生这种影响，这是事实。如果产生这种影响的是正确的思路，那么一切都很好，我作为作者的反应就完全无关紧要和毫无意义。令人遗憾的是，据我所知，事实是这样的：由于社会的发展以及这种发展所产生的各种政治理论的作用，这本书中那些我今天认为在理论上错误的部分往往影响最大。由于这个原因，在四十多年后重印这本书时，我认为自己有

---

① 《历史与阶级意识》1968 年版第 282 页。

卢卡奇 自传

责任首先指出这本书的这些消极倾向，并告诫读者注意书中的错误，这些错误在当时可能是难以避免的，但是今天早已不是这种情况了。

我已经说过，在相当确切的意义上，《历史与阶级意识》是对始于 1918—1919 年的发展时期的概括和总结。以后的岁月越来越清楚地表明了这一点。首先，这个时期的以救世主自居的乌托邦主义越来越失去现实的（甚至是看起来现实的）基础。列宁于 1924 年逝世。在他逝世之后的党内斗争越来越集中在关于社会主义能否在一国生存的问题上。对此，列宁自然很久以前便从理论上作过肯定的断言。但是，似乎近在咫尺的世界革命的前景，曾使得这种断言的理论的和抽象的性质显得特别突出。这时对现实的、具体的可能性进行讨论，证明在这些年代里几乎看不到世界革命的迫切性。（只是随着 1929 年的萧条，世界革命的可能性才暂时重新浮现。）而且，1924 年以后，第三国际已经将资本主义世界的现状正确地认定为"相对稳定"。这些事实意味着，我必须重新考虑我的理论立场。在俄国党的争论中，我站到斯大林一边，赞成关于社会主义必然在一国建成的理论，这很清楚地表明在我思想发展中已开始发生决定性的转变。

然而，决定这一转变的更直接和主要的东西，首先是匈牙利党工作的经验。兰德列尔集团的正确政策开始结出了果实。在严格的非法条件下活动的党，逐步扩大了它对社会民主党左翼的影响，结果是，在 1924—1925 年间，这一翼从社会民主党中分裂出来，并成立了一个激进然而依旧合法的工人党，这个党是由共产主义者非法领导的，它所选择的战略目标是在匈牙利建立民主制，它的最高纲领是要建立一个共和国。而非法的共产党本身则继续坚持建立无产阶级专政的旧战略口号。我当时在策略上理解这种做法，然而，关于如何在理论上论证这种立场的大量问题没有得到解决，我越来越为此感到痛苦。

这些思考开始动摇我在 1917—1924 年间所形成的思想基础。加之，世界革命发展速度的明显降低，必然导致各式各样左翼运动合作起来抗击日益增强的反动潮流。在霍尔蒂王朝统治下的匈牙利，这种合作的必要性对于合法的和左翼激进的工人政党说来是不言而喻的。但是，甚至在国际运动中，也存在着相同的趋向。1922 年发生了进军罗马事件，在以后的几年中，国家社会主义在德国也得到了增强，它成了所有反动势力日渐增大的集合中心。这就将统一战线和人民阵线的问题提上了议事日程，这些问

题不仅必须在战略和策略上，还必须在理论上加以讨论。
而且，我们已经不能指望第三国际来提供什么指示性的意
见，它正越来越强烈地受到斯大林主义政策的影响。在策
略上，它摇摆于左派和右派之间。斯大林本人在理论上灾
难性地介入了这种摇摆之中。1928年前后，他将社会民主
党人描绘成法西斯分子的"孪生兄弟"。这就完全关死了
建立左派联合阵线的大门。虽然在俄国党争论的中心问题
上，我站在斯大林一边，但在这一问题上，我却深深厌恶
他的观点。但无论如何，由于当时欧洲各国党内的大多数
左翼集团都信奉托洛茨基主义（我对它始终持反对态度），
这丝毫没有妨碍我从自己早期革命年代的极左倾向中逐步
解脱出来。当然，如果我反对路特·费舍尔和马斯洛夫对
德国问题的态度（对这些问题我始终极其关心），这并不
意味着，我同意布兰德勒和塔尔海默的观点。为了廓清我
自己的思想，也为了获得一种政治和理论上的自我理解，
当时我极力寻找一种"真正的"左翼纲领，它应该提供一
种不同于德国对立两派观点的第三种选择。然而，这种从
政治和理论上解决转变时期矛盾问题的想法注定只是一
场空想。我从未得到一种令自己满意的解决方法。因此，
在这一时期，我没有在国际范围内发表任何理论的或政

治的作品。

在匈牙利的运动中，情况是另一种样子。兰德列尔于1928 年逝世。1929 年，党准备召开第二次代表大会。我接受了为会议起草政治纲领的任务。这使我面对面地碰上了匈牙利问题中的那个使我困惑的老难题：一个党能否同时提出两个不同的战略目标（合法地是共和国，非法地是苏维埃共和国）？或者从另一个角度看：党对政府形式的态度能否是一种纯粹策略上的权宜之计（即非法共产主义运动的前景是真正目的，而合法党的前景只是策略上的手段）？对匈牙利社会和经济情况的透彻分析，使我越来越确信，兰德列尔当年提出共和国的战略口号，已经本能地接触到了匈牙利正确的革命前景的核心：即使霍尔蒂王朝已经遭受了如此深刻的危机，以至于为一种彻底的革命创造了客观条件，匈牙利仍旧不能直接转变为一个苏维埃共和国。因此，争取共和国的合法口号必须按列宁的精神具体化为他在 1905 年所说的工农民主专政。今天大多数人难以想象，这一点在当时听起来是多么荒唐。虽然第三国际的第六次代表大会的确提到这是一种可能性，人们仍旧普遍认为，由于匈牙利早在 1919 年就存在过一个苏维埃共和国，所以，从历史上讲，采取这种后退的步骤是没有

可能性的。

　　这里不是讨论所有这些不同观点的地方。特别是因为这份提纲的内容，尽管对我个人来说起了改变我以后全部发展方向的作用，但作为一份理论文献，今天已经很难被认为具有什么重大价值了。加之，我的分析无论在原则上还是在具体细节上都是不充分的。这部分地是由于为了使提纲的主要内容更易于接受，我对问题做了过于一般的处理，没有对具体细节着力加以发挥。但即便如此，它仍旧在匈牙利党内引起了轩然大波。库恩·贝拉集团把提纲看作最纯粹的机会主义；我自己集团的支持则是很不坚决的。当我从可靠的来源获悉，库恩·贝拉正打算把我作为"取消主义者"驱逐出党时，由于十分清楚库恩在国际中的威信，我放弃了进一步的斗争，并发表了"自我批评"。尽管我当时坚定地相信自己的观点是正确的，然而我也知道——例如从卡尔·科尔施的命运中知道——被驱逐出党意味着不能再积极地参加反法西斯主义的斗争。我把这一自我批评理解为参加这种活动的"入场券"，因为在这种情况下，我既不可能也不愿意在匈牙利的运动中继续工作下去了。

　　对这一自我批评是如何不能认真看待，下述事实可以说明：这份提纲所依据的基本态度的转变（尽管在提纲中没有以令人满意的方式加以表达）主导了我日后的理论和实践工作。毋庸赘言，这里不是对这些情况作出哪怕十分简短说明的地方。为了证明我的说法不是作者的主观设想，而是客观事实，我可以引证党的主要意识形态专家列瓦伊·尤若夫在1950年对勃鲁姆提纲所作的有关评论。他认为，我那时的文学观点直接渊源于勃鲁姆提纲。"每个熟悉匈牙利共运历史的人都知道，卢卡奇同志在1945—1949年间持有的文学观点是与他更早得多的时期的政治观点紧密相连的，这些政治观点是他在20年代末期匈牙利的政治发展和共产党的战略决策的背景上形成的。"[1]

这一问题还有另外一个方面，而且对我来说是更重要的方面，它为记录在此的转变划出了更加明确的轮廓。正如这些论文的读者所了解的，我之所以决定积极投身于共产主义运动，在很大程度上是出于伦理的考虑。在作出这一决定时，我完全没有意识到，在以后的十年中，我将成为一个政治家。无论如何，环境是这样决定的。1919年

---

[1] 列瓦伊·尤若夫《文学研究》柏林狄茨出版社1956年版第235页。

2 月间，中央委员会的成员被逮捕了，我再次认为我有责任接受在为取代它而建立的半合法的委员会中的职务。从此，一系列无法推诿的工作便接踵而至：苏维埃共和国的教育人民委员，红军的政治委员，在布达佩斯的非法活动，在维也纳的党内争论等等。只是此时，我才重新真正面临着两种抉择。我就勃鲁姆提纲进行的内在的、私下的自我批评，使我得出这样的结论：如果我像我坚信的那样，很明显是正确的一方，但又仍然无法避免如此轰动的失败，那么，我一定是严重地缺乏实际的政治才干。因此，我感到可以问心无愧地退出现实政治的舞台，再次集中精力于理论活动。我从未对这一决定有所后悔。（1956年，我再次担任了部长职务，这一事实与我的决定也没有任何不一致的地方。在接受此职之前，我就做过声明，自己只是在这个过渡时期，在这个极度危急的关头接受了任命，一旦形势趋于稳定，我将立即辞职。）

至于对《历史与阶级意识》之后的我的狭义理论活动的分析，我在叙述中已经跳过了整整五个年头，现在才能回过头来稍微详细地谈谈这些著作。这种与正确的年代顺序相背离的叙述方法之所以有道理，是因为我毫不怀疑，正是勃鲁姆提纲的理论内容构成了我的发展的隐秘的目标。只是当我直接面对着一个特殊的、交织着最复杂问题的重要课题时，我才真正开始克服那种自大战后期以来一直构成我的思想特征的矛盾的二重性。也只是在此时，我的马克思主义学徒期才可以被认为是结束了。现在，我可以指出那些标志着这一历史时期的理论著作，并以此勾画出自己直到写作勃鲁姆提纲为止的整个发展线索。我想，预先确定这条线索的终端，可以使叙述变得更容易些。特别是如果考虑到以下的情况，这一点就更加清楚了，即在这一时期，我的精力首先是放在匈牙利运动的实际问题上，因此，我的理论贡献主要只是一些即兴之作。

这些作品中的第一篇，也是最长的一篇，是企图为列宁画出一幅思想肖像，这是一篇名副其实的即兴之作。列宁刚一逝世，我的出版人就要我写一部关于他的简短专著，我答应了，并在几星期之内完成了这篇短小的东西。比之《历史与阶级意识》，它有了某种进步，因为在写作过程中，我必须全神贯注于我要描绘的伟大人物，这促使我在实践概念与理论之间建立起一种更清晰、更正确、更自然、更辩证的关系。当然，我关于世界革命的观点是属于 20 年代的。然而，部分地由于我在这段短暂的间隔时间中的经历，部分地由于需要全神贯注于列宁的思想品

格，《历史与阶级意识》中的最明显的宗派特征开始消退，并为其他更加接近于现实的内容所替代。在我最近为这本小册子再版而写的跋①中，我试图对这本书的基本论点中我仍然认为健康和现实的部分做出比初版本身更为详尽的阐述。首先，我设法看到列宁既不是一个简单地、直接地踩着马克思、恩格斯的脚印走的人，也不是一个天才的、实用主义的"现实政治家"。我的目的是要阐明他的思想的真实本质。简单地说，列宁的这幅肖像可以描绘如下：他的理论力量在于，无论一个概念多么抽象，他总是考虑它在人类实践之中的现实含义；同时，他的每一个行动总是基于对有关情况的具体分析之上，他总是要使他的分析能够与马克思主义的原则有机地、辩证地结合在一起。因此，就理论家和实践家这两个词最严格的意义而言，他既不是前者，也不是后者。他是一位深刻的实践哲学家，一个热情地将理论变为实践的人，一个总是将注意力集中于理论变为实践、实践变为理论的关节点上的人。当然，我过去的研究仍旧带有 20 年代的痕迹，它使我在勾勒列宁的思想面貌时出现了一些偏差。特别是，比之他的传记作

---

① 卢卡奇《列宁》新维德卢赫特汗特出版社 1967 年版第 87 页以后。

家，我在对列宁的评论中更深地探究了他的后期阶段。然而，由于列宁的理论和实践客观上与 1917 年革命的准备工作及其必然后果密不可分，我的著作的主要部分本质上依旧是正确的。在 20 年代聚光灯的照耀下，我为说明这位伟大人物的独特品质而进行的努力，使他显得稍微有点陌生，但并不是完全不可辨认。

我以后几年写的一切，不仅外表是即兴之作（大部分是书评），而且内容也是。因为我正在自发地寻找一个新的方向，并且试图使自己的观点与其他人区别开来，以此廓清未来的道路。就其本质而言，关于布哈林的评论可能是这些作品中最有分量的一篇。（我愿意为今天的读者顺便提一下，在 1925 年，布哈林是俄国党领导层中仅次于斯大林的重要人物；他们之间的冲突是在三年以后才发生的。）这篇评论最积极的部分在于，我关于经济的观点变得具体化了。这首先表现在我对当时广泛流行于庸俗唯物主义的共产党人和资产阶级实证主义者中间的观点的激烈抨击。这种观点认为，技术在生产力发展中起着决定性的客观推动作用。这种观点明显地导向历史宿命论，导向对人和社会活动的取消；它导致这样一种观念：技术就像服从着"自然规律"的社会"自然力"一样起作用。比之

《历史与阶级意识》的大部分有关内容，我的批判不仅在更加具体的历史层面上取得了进展，而且在同上述机械宿命论的抗衡中，我也很少使用唯意志论的思想砝码。我试图表明，经济力量决定着社会的过程，从而也决定着技术的进步。同样的观点也出现在我对魏特夫的著作的评论中。两处分析有着共同的理论缺陷，即都将机械的庸俗唯物主义和实证主义不加区分地视为同一种思潮。尽管前者的确从后者吸收了许多内容，但毕竟不能将它们混为一谈。

我对新版拉萨尔书信以及莫泽斯·赫斯著作的更为详尽的讨论，有着更加重要的意义。这两篇评论都具有这样一种倾向：与《历史与阶级意识》相比，它们更为具体地将社会批判连同对于社会进化的理解根植于经济状况之中。同时，我试图利用对唯心主义的批判，对黑格尔辩证法的继承，去扩充我们已经获得的理论知识。这就是说，我再次拣起了青年马克思在《神圣家族》中对那些宣称已经驳倒了黑格尔的唯心主义思想家所进行的批判。马克思的批判在于，这些思想家主观上相信，他们已经超过了黑格尔，但在客观上，他们不过是复活了费希特的主观唯心主义。例如，黑格尔思想的保守方面在于，他的历史哲学只是为现存事物的必然性提供了证明。这样，从主观方面看，费希特的历史哲学后面的动力就肯定有某种革命的因素，因为这种哲学将现在规定为插在过去和它声称可在哲学上认识的未来之间的"绝对罪孽的时代"。在关于拉萨尔的评论中，我已经指出，费希特哲学的这种激进性纯粹是想象的，只要一涉及对历史的真实运动的认识，黑格尔哲学就立即显示出比费希特哲学高出一筹。这是因为在黑格尔体系中，各种客观的社会的和历史的中介因素的运动造成现存的一切，比费希特仅仅寄希望于未来的做法要更真实，更少抽象性的思想构造物。拉萨尔对费希特主义的思想倾向充满同情，是与他的纯粹唯心主义的世界观密切相关的。他并不关心那种基于经济之上的历史观以及由此而来的世俗观点。为了着力表明马克思与拉萨尔的差别，我在评论中引用了拉萨尔的一段话。他在与马克思的一次交谈中曾经说道："如果你不相信范畴的永恒性，那么你必须相信上帝。"我对拉萨尔的这种思想倒退所做的尖锐揭示，同时也从一个侧面抨击了社会民主党思潮。因为，与马克思对拉萨尔的批判相反，在社会民主党人中间流传着这样一种看法，它将拉萨尔与马克思相提并论，把他们看作社会主义世界观的共同奠基人。我没有明确提及这些

人，但把这种倾向作为一种资产阶级偏见加以反对。这使我在许多问题上能够比在《历史与阶级意识》中更加接近真正的马克思。

关于莫泽斯·赫斯的讨论没有如此直接的政治现实性。然而，通过再次涉及青年马克思的思想，我强烈地感到，有必要与他的同时代人划清界限。这些人就是在黑格尔哲学解体时期出现的左翼，以及常常与之紧密相连的"真正社会主义者"。这也促使我着力将对经济及其社会发展问题进行哲学具体化的倾向放到突出的地位。当然，我仍旧未能摆脱对黑格尔所持有的非批判观点。像《历史与阶级意识》一样，我对赫斯的批判也没有将对象化与异化这两个概念区别开来。与早期观点相比，我此时的理论进步似乎采取了一种自相矛盾的形式。一方面，我利用了黑格尔哲学中那些强调经济范畴是社会实在的倾向，作为打击拉萨尔和激进的青年黑格尔分子的棍子；另一方面，我因为费尔巴哈对于黑格尔的非辩证的批判态度，而对他作了尖锐的抨击。这后一方面引导出过去已经提及的那个观点：马克思的理论工作直接衔接着黑格尔遗留下来的理论线索。同时，前一方面又使我想要对经济学和辩证法的关系作出更加准确的说明。

举一个有关《精神现象学》的例子，在这里，我强调了黑格尔的经济和社会辩证法的世俗基础，这种辩证法与各种类型的主观唯心主义的先验论正相反对。同样地，异化既不是被看作"一种思想的构造物，也不是被视为一种应受到指责的实在"，而是被规定为"直接给定的形式，在其中，现存事物以在历史过程中克服其自身的方式而存在"。这一思想连接起了从《历史与阶级意识》发展而来的客观线索，它涉及社会进化中的间接性和直接性问题。上述思想最重要的意义在于，它最大限度地表现出了这样一种要求：要从事一种新的批判，从而寻找一个明确的方向，使之与马克思的《政治经济学批判》沟通起来。一旦我对《历史与阶级意识》整个内容的错误之处获得了一种清晰的、根本的认识，这种寻找就变为一个具体的研究计划，即要对经济学与辩证法之间的哲学联系作出考察。早在 30 年代，我就第一次试图将这一计划付诸实现。在莫斯科和柏林，我写了关于青年黑格尔的著作的初稿（直到 1937 年秋，才最后完成）。① 只是在 30 年后的今天，我才试图在关于社会存在的本体论中

---

① 《青年黑格尔》一书收入《卢卡奇全集》第 8 卷，新维德卢赫特汗特出版社 1967 年版。

找到真正解决这一问题的根本方法。目前，我正在从事这一工作。

在写作关于赫斯的论文与勃鲁姆提纲之间的三年中，由于没有任何文献，我不能确切地说这种倾向有何种进展。我只是认为，在为党所做的实际工作中，我需要经常进行具体的经济分析，这不会不对我的经济理论观点产生影响。无论如何，在 1929 年，我的体现在勃鲁姆提纲中的重大观点变化发生了。正是带着这些新的观点，我于 1930 年开始了在莫斯科马克思恩格斯研究院的研究工作。在这里，我交了两个意想不到的好运：《经济学哲学手稿》的手稿正好全部被辨认出来，我可以阅读它；同时，我结识了米哈伊尔·里夫希茨，而且这是一种终生友谊的开端。在阅读马克思手稿的过程中，《历史与阶级意识》中的所有唯心主义偏见都被一扫而空。毫无疑义，我本来可以从以前读过的马克思著作中发现那些与今天使我在理论上如此震惊的思想相类似的东西。然而，事实是这种情况并没有发生，这显然是因为我一直是根据我自己的黑格尔主义的解释来阅读马克思的。因此，只有一篇全新的著作才能产生这种振聋发聩的效果。（当然，另一个原因是我已经通过勃鲁姆提纲，动摇了那种唯心主义的社会政治基础。）无论如何，时至今日，我仍旧记得马克思关于客观性是一切事物和关系的基本物质属性的论述对我产生的惊人印象。接着是这里已经提到的思想，即对象化是一种人们借以征服世界的自然手段，因此既可以是一个肯定的，也可以是一个否定的事实。相反，异化则是一种在特定的社会条件下起作用的特殊活动形式。这就完全动摇了那种构成《历史与阶级意识》特点的东西的理论基础。正如我早年的著作在 1918—1919 年间所遭到的命运一样，这本书现在对于我也变得完全陌生了。我突然清楚地意识到，如果我要使现在浮现在眼前的这些理论观点成为现实，就必须再一次完全从头开始。

当时，我曾打算发表一篇论述我的新观点的文章。我的计划失败了（这份手稿已经丢失）。由于当时我正陶醉于这种新起点的前景，对此并未十分介意。然而，我也意识到，在能够从思想内部纠正《历史与阶级意识》的错误，并对那里提出的问题作出科学的马克思主义的说明以前，我必须从事广泛的探索，走许多曲折的道路。我已经提到过这样一条曲折的线索：它从黑格尔研究开始，经过对经济学和辩证法的关系的考察，而达到我今天建立一种关于社会存在的本体论的尝试。

　　与此同时，我还产生了一种愿望，想利用我关于文学、艺术以及文艺理论的知识，去建造一个马克思主义的美学体系。这是我同米哈伊尔·里夫希茨合作的开始。在多次讨论的过程中，我们逐渐看清了，甚至像普列汉诺夫和梅林这样最优秀、最有才干的马克思主义者，也未能足够深刻地把握住马克思主义作为世界观的普遍性质。因此，他们没能意识到，马克思也给我们提出了在辩证唯物主义的基础上建立起一种系统美学理论的任务。这里不是描述里夫希茨在哲学和语文学领域的伟大成就的地方。就我自己而言，我写作了一篇关于马克思、恩格斯同拉萨尔就济金根问题争论的论文。[①] 这篇论文虽然还是局限在一个特定的问题上，但是这种体系的轮廓已经变得清晰可见了。这种观点起初受到顽强的抵抗，特别是来自庸俗社会学家方面的抵抗，后来为马克思主义学术界所广泛接受。然而，这里无须对这一问题做进一步的讨论。我只想指出，这里描述的我的世界观中的根本哲学转变，在我1931—1933 年间在柏林作为批评家的活动中表现得很明显。不仅是模仿问题成了我注意的中心，而且那时我首先

---

　　① 载莫斯科出版的《国际文学》杂志 1933 年第 3 卷第 2 期第 95—126 页。

批判了自然主义倾向，并且还把辩证法运用于反映论。因为一切自然主义都是建立在对现实的"摄影式"反映的观点之上的。无论是资产阶级还是无产阶级庸俗马克思主义的理论，都未曾强调过现实主义同自然主义之间的重要区别。然而，对于辩证的反映论，从而对于一种符合马克思主义精神的美学理论来说，强调两者之间的区别正是问题的核心所在。

虽然这些意见严格说来并不属于这里讨论的范围，然而为了说明我由于意识到《历史与阶级意识》是建立在错误的假定之上而实现的那种转变的方向和内涵，是必须提到它们的。正是这些内涵使我有权利说：这是我的马克思主义学徒期，从而我的全部青年时期的发展最终结束的时刻。

现在还需要做的，是对我那篇关于《历史与阶级意识》的遭到许多非议的自我批评[1]作出一些说明。我必须在一开始就承认，我若一旦抛弃我的某部著作，我就终生对它不感兴趣。例如，在《心灵和形式》发表后一年，我曾给玛加蕾特·苏斯曼写信，感谢她为这本书写了评论

---

[1] 即本书第 292-303 页《对〈历史和阶级意识〉一书的自我批评》一文。

文章。我在信中说道："这本书和它的形式对我来说已变得完全陌生了。"对《小说理论》也是如此，现在对《历史与阶级意识》也同样是如此。当我在 1933 年重新来到苏联时，当那里展现出从事富于成果的活动的前景时——1934—1939 年间《文学评论》在文学理论问题上所充当的反对派角色是众所周知的——从策略上讲，我必须公开同《历史与阶级意识》保持一段距离，因为只有如此，我对官方和半官方的文学理论的真正游击战才不会遭遇挫败。在我看来，无论我的对手们思想如何狭隘，实行反击总是他们的正当权利。当然，为了发表一份自我批评，我必须采用流行的官方行话。然而，这是我当时所作声明中唯一的违心成分。它也是对后来从事游击战的"入场券"；这次声明同我早些时候关于勃鲁姆提纲的自我批评的区别在于，这一次我真诚相信《历史与阶级意识》是错误的，并且直到今天我还这样认为。以后，当这本书中的错误被改造成时髦的观点时，我抵制了那些想将时髦观点与我的本来看法等同起来的企图，今天我同样仍然认为这样做是对的。自从《历史与阶级意识》问世以来，四十年过去了，在争取真正马克思主义方法的斗争中，情况已发生了变化，我自己在这一时期也写出了新的作品，这一切也许都许可我现在采取一种不那么明显片面的观点。当然，确定《历史与阶级意识》中的某些构思正确的倾向对我以后的活动，甚至对其他人的活动在多大程度上真的带来了富于成效的结果，这当然不是我的任务。这里有一系列复杂的问题，对于这些问题的解答，我可以平静地留给历史去做出判断。

（根据卢卡奇《历史与阶级意识》1976年卢赫特汗特德文版和1972年麻省英文版译出）

附　录

答南斯拉夫《七日》周刊记者问 ①

我们想先提一个需要主观回答的问题。您是怎样看待您的一生和您生活所在的时代的？您对您所做的事情，哪些满意，哪些不满意？在过去从事革命斗争和学术研究的五十年当中，您既得到过荣誉，也蒙受过羞辱。我们知道，在1937年——在库恩·贝拉被捕以后——甚至您的生命曾岌岌可危。如果您要写自传或个人回忆的话，您会从这一切当中引出什么样的最终教训呢？做了五十年的马克思主义战士意味着什么呢？

简略地回答你们，我应该说，我最大的幸运是经历了一番充满活力、充满重大转折的生活。尤其幸运的是得以经历1917—1919年的时期。由于我出身资产阶级家庭，

---

① 《七日》周刊是在南斯拉夫用匈牙利文出版的一家刊物，该刊记者在萨冬勒布大学为了表彰卢卡奇在发展马克思主义哲学和一般人文科学方面的功绩而授予他荣誉博士学位之后，于1969年12月对卢卡奇进行了专访。卢卡奇在这篇答记者问中，除了畅叙了他关于马克思主义、社会主义和民主等重大问题的观点以外，还就他自己整个一生发表了总结性的看法。这篇谈话最初用匈牙利文发表在《七日》周刊和匈牙利国内1970年1月1日出版的一期《自由论坛》杂志上。

卢卡奇自传

父亲是布达佩斯一家银行的行长，我自己虽然在《西方》杂志社中采取一种特殊的反对派立场，但在实质上毕竟还是属于资产阶级的反对派。老实说，我现在不能说第一次世界大战的纯粹消极影响是否足以使我成为一个社会主义者。但可以肯定的是，俄国革命和继之而来的匈牙利革命运动使我成了一个社会主义者，并且我从此为社会主义奋斗终生。我认为这是我一生中最积极的方面之一。至于说我的一生，整个来说有起有落，有向各个方面的摆动，那是另外的问题，但是即使如此，还是可以说它在某种程度上是连贯的。我记得，这个自我表达和为1917年以后的社会主义运动服务的问题——像我一向理解的那样——有两个相互结合的倾向。在那方面，我从未有过任何冲突。事后回想起来，我可以相当满意地说，在每个时期，我都曾设法尽我所能发表我的看法。后来往往发现——甚至我自己也发现——我的看法不正确。但是，这种情况我也能够坦然承认。我认为我把现在认为不正确的旧观点予以抛弃是正确的。归根到底，我能够问心无愧地说，我在任何时候都曾设法尽我所能地说出我所要说的话。至于我的思想的价值和形式，这不该由我来判断。历史将以某种方式作出判断。至于我自己，我能够以此为满足，从这个观点看，我是一个感到满足的人。当然，毋庸置疑，我对我的实际作品并不满足。甚至在还留给我的短时期内，我将尽力把我的某些思想表达得更清楚、更科学和更接近马克思主义。

人有对事物感到满足的时候吗？真有这种状态存在吗？

坦白地说，作家可能感受到这种状态。我写作时，就觉得我设法表达出了我所要表达的东西。但是，三天后作者是否还这么认为，就又是另一个问题了。我说的只是，的确存在这种状态。

卢卡奇先生，您不仅是本世纪历史的见证人，还是一个积极的参加者。如果您要对您青年时代的梦想做个总结——这首先是指社会主义从匈牙利苏维埃共和国到现今的发展——那会包括什么内容？

在这个问题上，必须把主观因素和客观因素加以区分。从主观上说，和我们从1917年起追随俄国革命所怀抱的那些过高的希望相反，我们所相信的世界革命浪潮并没有到来。革命只是停留在苏联的国境以内，这不是某一个人的理论的结果，而是世界历史的事实造成的。人们的主观愿望在这种意义上当然没有被实现。另一方面，我们如果自认为是马克思主义者并且研究历史的话，就必须知

道，没有任何一个大的社会形态是一夜之间就改变了的。原始共产主义过了几千年才彻底成为历史，演进至阶级社会。或者，从有历史的时代举一个例子，我们如果看看奴隶社会解体的历史，就能够看到，奴隶社会经历了八百年、将近一千年的危机才进入了封建社会。因此，所有马克思主义者都应该知道，像从资本主义过渡到社会主义这样决定性的变化不是在几个星期、几个月甚至几年之内就能完成的，我们所生活的时期只是这一过渡的开始。谁知道还要几十年甚至几百年，世界才能进入真正社会主义的时代？若要做马克思主义者，就必须把自己的期望与对事件的评价分开来。主观上大家都想看到真正社会主义的时代，这是很自然的，但是马克思主义者应该根据自己的生活经验知道，这种变化不是一夜之间就能发生的。

今天的马克思主义已经提出了许多只是现在才能予以恰当回答的问题。这包括对现代资产阶级哲学作出更冷静、更客观的评价。马克思主义哲学对现代哲学的巨大财富应该采取什么态度？资产阶级哲学中有什么东西可以作为一种价值吸收过来，或者作为有成果的促进因素予以进一步的发展呢？

请原谅我不直接回答这个问题。我对现代资产阶级哲学的评价并不高。当社会主义国家的人们对斯大林主义歪曲马克思主义感到失望的时候，他们转向西方哲学，这是可以理解的，这很像一个遭到自己丈夫欺骗的女人投入其他人的怀抱，道理完全一样。我并不特别赞赏今天的资产阶级哲学，我必须甚至承认，我认为黑格尔是最后一个伟大的资产阶级思想家。如果说今天美国的，或者德国的、法国的报刊宣布 X 或 Y 是伟大的思想家，而对斯大林主义失望的人们以为他们能够譬如说用结构主义来补救马克思主义，那么——请原谅我直说——我认为这是幻想。我不赞同将在斯大林时期官方马克思主义与苏联以外的发展成果完全隔绝起来的做法。这是错误的和非马克思主义的。因为马克思、恩格斯和列宁总是极其留心他们当代的哲学和科学的发展。但是我要补充说，这种留心是高度批判性的。如果你们考察马克思的思想历程，你们会看到，不仅仅是像达尔文和摩尔根这样的杰出人物影响他的思想。例如，他对李比希的农业化学实验、毛勒的历史研究等都极感兴趣。但是我们必须补充说，马克思对他的所谓伟大同时代人的看法——我这时想到孔德和斯宾塞——是颇为批判轻蔑的。从心理上说，我能够理解为什么今天的马克思主义者总是到西方去为他们的改革寻求支持，但是

从客观上说，我认为这是不正确的。我认为，我们应该正确地理解马克思主义，我们应该回到它的真正方法上来，我们应该设法借助这种方法弄懂在马克思逝世后的时代的历史。因为从理论上来说，从马克思主义的视角来看，这项工作尚未完成。马克思主义的最大疏忽之一，是在列宁那本1914年写的关于帝国主义的书之后，既没有作出对资本主义的任何真正的经济分析，也没有作出对社会主义发展的真正历史分析。我给马克思主义者提出的任务是：应该对我们能够从西方哲学中学到的东西进行批判的考察。毫无疑问，在自然科学的许多领域中他们取得了巨大的成就，我们肯定能够从那里学到东西。但是，对社会科学领域和真正哲学方面的书刊我们必须进行批判的研究。若是以为甚至能够从尼采那里学到什么，那将是幻想，虽然很遗憾，我们知道，对斯大林主义的马克思主义失望的人们常常想这样做。我们从尼采那里能够得到的至多是这样一个教训，即不应该如何搞哲学和什么东西对哲学来说危险和糟糕。因此我必须明确地说，我对这个向西方学习的问题的看法是高度批判性的。我希望马克思主义者对这个问题采取更加批判的态度，并且通过恢复马克思的真正方法对西方思潮进行真正的批判。

您用了"官方马克思主义"的概念来与资产阶级哲学思潮相对立，而且还说在经典著作之后有许多工作应该做。您所说的官方马克思主义是什么意思？

我说的官方马克思主义，是指斯大林在意识形态、政治和组织方面取得对托洛茨基、布哈林等人的胜利之后在苏联出现的那种马克思主义。这是在一个特定过程中发生的。我不想详细谈，但是有一点是肯定的，即我们不能说到某一天为止是列宁主义，第二天斯大林就提出了斯大林主义。更正确地说，在长达十多年的时期中，不断被解释的马克思主义是斯大林统治的产物。这件事的基本点我已经写过好几次。如果可以重复的话，这件事大致是这样的：对马克思来说，他的整个辩证方法展现出一种伟大的世界历史前景。这种前景是马克思的活动的终极动力。他用它去分析一切领域和一切形势中的战略地位，并在战略地位的范围内分析策略行动。斯大林把这一切颠倒过来。对斯大林来说，某一特定时候的策略形势是至高无上的，战略和一般理论则居于从属地位。我要说，虽然二十大批评了斯大林关于阶级斗争在社会主义社会中不断激化的理论，遗憾的是，它未能说出全部真相，这个真相就是，斯大林提出这个理论，是为了准备对布哈林等人进行大清

洗。斯大林感到他有进行这种清洗的策略需要。他进行了这种清洗，然后为这种清洗制造了一种理论，说是阶级斗争在社会主义制度下愈来愈激化。我可以举一件甚至更意味深长的事情来说明这一点，在这件事上，斯大林在策略上甚至是正确的。当斯大林在1939年与希特勒签署条约时，他采取了策略上正确的一步。这带来了战争的转折，英国和美国开始同苏联结成联盟抗击希特勒的战争阶段，苏联成功地挡住了纳粹主义的危险。我常想，要是没有斯大林最初那个策略行动，苏联能否抵抗纳粹就很成问题。可是，当斯大林在1939年宣称第二次世界大战在本质上与第一次世界大战没有任何差别，因此各国共产党的任务仍然是像李卜克内西说的那样首先在自己国内打击敌人的时候，他就是从一个策略上正确的步骤出发，以共产国际的名义给法国党和英国党出了灾难性的错误主意。我认为，斯大林的方法所产生出的荒唐的结果从这个例子中可以看得非常清楚。我要说，斯大林主义的概念到今天还没有完全消除。因此，我们关于世界政治的许多概念纯粹是策略性的，它们可能随时变动，可能过一天就显得不正确，老实说，它们与社会现实中发生的真实过程没有什么关系。

答南斯拉夫《七日》周刊记者问

萨格勒布大学在校庆三百周年前夕授予您荣誉博士学位。您的工作在南斯拉夫受到高度评价。在过去几年中，在塞尔维亚和克罗地亚出版了十四部您的著作。您的著作在南斯拉夫各大学中不仅是必读参考书，而且是经常进行科学研究的题目。您怎么看待您的著作在南斯拉夫所受到的欢迎？

我必须承认，我认为我没有权利来评论南斯拉夫意识形态发展的问题。简单来说，我所能说的只是，甚至在第二次世界大战期间，南斯拉夫就激起了我们所有人的热情。在小国当中，它是唯一对希特勒进行大规模独立抗战的国家。从这一点看，南斯拉夫人民的行为是对所有其他人的榜样，包括我们匈牙利人在内，我们对希特勒的抗击远没有他们那样自觉、坚决或成功。其次，我们所有人——我在这里指的是一些思想家——都对斯大林主义的发展不大满意。如果你们读我在 20 年代和 30 年代写的文章，就会看到，甚至在那个时候我对斯大林和日丹诺夫的基本方针也是不同意的。例如，我写的那本论黑格尔的书是与日丹诺夫的立场针锋相对的。然而，尽管如此，匈牙利的政治生活是按苏联的意识形态精神发展的，对我们所有能够独立思考的人来说，铁托以实际批判的精神开始

反对斯大林主义的方法，的确是一件大事。社会主义的历史永远不会忘记铁托的这一伟大功绩。正因为如此，在南斯拉夫开始出版更自由得多的马克思主义书刊。我注意到了这一点，但是这也意味着我有时候对此进行了尖锐的批评。我必须重申一下，这种发展在历史中不像跳下一列火车，爬上另一列火车那样简单。在一个新阶段的意识形态形成以前，需要有大规模的意识形态战斗。这个过程已经开始这一点应该归功于南斯拉夫的同志们，这是人们永远不会忘记的事情。正因为如此，我认为被南斯拉夫同志们授予博士头衔是一件非常光荣的事情。但是，这个斗争过程不仅适用于南斯拉夫，还适用于整个运动。我们在这里提出了对斯大林主义思维方式的批判，我们表示了革新马克思主义的愿望，而且每个人都是用他自己拥有的思想工具尽其所能地去实现这一点。然而很明显，还没有形成完全清晰的观点和统一的占支配地位的方向，如果我说我在主观上希望我所支持的方向将成为占支配地位的方向。请你们不要见怪。我知道，每一个人都以为并且希望历史将最终赞同他自己的观点。无论如何，对什么是正确的道路，历史还没有客观地做出判决。现在无论在社会主义还是在资本主义国家中，人们到处都在争取革新马克思主义，使它再次占统治地位，而且是使用自己的手段，采取自己的方式，彼此间进行争论，希望能找到某种道路使马克思主义摆脱由于斯大林的影响而陷入的不愉快处境。

有意思的是，一谈到南斯拉夫，人们通常就想到1948年，换句话说，就想到否定的因素。同时，克服这点的条件在国作则不大为人所了解。例如，工人自治制度被认为是南斯拉夫特有的发明，而不是社会主义发展的特征。您的看法如何？

很难直截了当地回答这个问题。我想要说，工人自治是社会主义的最重要问题之一。我认为，许多人用普遍民主，更确切地说即资产阶级民主来反对斯大林主义，是不正确的。马克思在上世纪四十年代描述了资产阶级民主的基本结构。它是建立在唯心主义的公民和唯物主义的资产者的对立之上的，资本主义发展的必然结果是资本主义的资产者成为头面人物，而唯心主义的公民成为他的仆人。相反，社会主义发展（由巴黎公社开始，由两次俄国革命继续下来）的本质我们称为工人委员会，在于发展日常生活中的民主。民主自治向日常生活最基本的层次发展，直至全体人民对所有重大的公共问题作出决定。我们今天正处在这种发展的最开头。但是，不可能有任何疑问，在南

斯拉夫发生的那些创新以及它们成为严肃讨论主题的事实，在今天的新情况下将有助于工人委员会再次成为任何社会主义发展的基本原则。

您在1947年出版的《文学和民主》一书中写过一个非常出色的思想。完整的人是公众生活中的人。您给我们详细谈谈，好吗？

我相信，这是马克思主义的一个基本论题，马克思早年在写关于费尔巴哈的提纲时就讨论过的一个问题。当马克思批评费尔巴哈的时候，他说的是，费尔巴哈对唯物主义的理解仅止于自然界。在有机的自然界中的确产生出某些类，但是这些类——正像马克思在他驳斥费尔巴哈的论据中所说的——是无声的类。一只狮子，既是它个体，也属于它的类。但是，单个的狮子对此并不知情。当它猎取食物时或者当它生小狮子时，它完全只是满足自己的生物需要，同时在无意识的情况下服务于自己的类，代表自己的类。这就是马克思在谈论人类社会时说这不是一种无声的类的时候所要表达的意思。正像狮子是动物界的一分子，或者说草是植物界的一分子一样，人是人类的不可分割的一分子。然而不同的是，人甚至在最原始的水平上也是一个部落的有意识的成员。这一事实本身，即他是最原始的部落的成员这一点，使他超出于纯粹生物的无声之上。这样就产生了类对个体的要求、个体对类的责任和这两者对类和个体的相互影响之间的独特辩证关系。这构成人向人演变的基础。如果我们好好考察历史，我们就会看到这是全部历史的真正内容。这里还应该补充马克思在很久以前说过的一点，我们经过的从石斧到原子弹的全部发展，都只是马克思口中的人类的史前阶段。因为只有在共产主义中，突破阶级社会的一切束缚之后，人的历史才真正开始。这就是说，当我们在评价当代的人和他对类的关系时，我们应该知道我们仍然处于史前阶段。我想要对此做的解释是，在史前阶段，属于类同人的纯粹个人要求仍然基本上是对立的，只有在个别人那里这两者完全融合，他们是历史上的例外。例如，请想一想那个纪念塞尔莫庇里的三百名斯巴达人的碑文。① 然而，这一辩证关系在不断发展。这一辩证关系在人类社会的过程中将促使越来越多的人想到，只有当类的最高命令作为个体的义务被接受时，个人的实现才有可能。像苏格拉底或列宁这种人物之所以有极大的魅力，就是因为他们个性的自由发展和他们

---

① 碑文是："陌生人，捎话给斯巴达人，我们躺在这里履行着他们的诺言。"

对类的命令的自愿完成高度和谐一致。我现在想要说的是，共产主义制度下的马克思主义目标，应该正好是使人们能够随着他们认识到个人的实现就在于完成作为类的成员所固有的义务，而从囿于无声的类的境地中摆脱出来。

在这次谈话中，您已经两次特别亲切地提到列宁的名字。他在您的个人生活中对您意味着什么？

如果你们是指我和他在个人之间有多少关系，那么答复是非常之少。我们的个人接触仅在于列宁在 20 年代尖锐地批评了我的论议会制的文章很坏，甚至不是马克思主义的。我必须承认，这是曾使我学到许多东西的批评之一。因为列宁——实际上不是在这一批评中，而是在他的探讨同一问题的《共产主义运动中的"左派"幼稚病》中——着重指出了一种制度在世界历史前景中的衰落与它在实际政治中被废弃之间所存在的差异。我在我的文章中把这两者混淆起来了。我从列宁对这种差异的强调中学到了许多东西。后来，我能够更加容易地理解这种问题。事实上，我同列宁的个人接触仅此而已。我在共产国际第三次代表大会上的确见到了列宁，但是不要忘记当时我只是一个小小的非法党的中央委员，当有人在走廊上把我介绍给列宁时，他有更紧迫的问题要考虑，哪能同一个二流的匈牙利人进行讨论。尽管如此，列宁在第三次代表大会上的举止给我留下了深刻的印象。它进一步证实了我对列宁著作研究的结论，进一步证实了他是一种崭新类型的真正革命者。我这样说，并不是要贬低老的革命者。但是可以说，在城邦瓦解之后，在希求恢复市民道德的斯多噶派中产生了一种实验，试图建立一种能够与人民的不公正行动比起来较公正地行动的新贵族。这种态度的残余及其在 17 世纪、18 世纪的资产阶级革命中的复兴，意味着在伟大的革命家身上可以发现某种禁欲主义。例如，你们如果考虑一下罗伯斯庇尔，那么这种禁欲主义是很明显的。这对我们的时期也有影响。如果我们看看我们自己的革命时代，看看像匈牙利的科尔文·奥托或慕尼黑的尤根·列维纳这样的杰出人物，你们就会懂得我说的意思。尤根·列维纳说，共产党人总是视死如归。这事实上是最高度的禁欲主义。相反，恩格斯，特别是列宁代表一种非禁欲主义类型的革命者。他们的革命性表现在他们的个人的人的特性在他们的生活中不起任何作用，即使他们做出违反自己个人爱好的决定，这些决定也不是以禁欲主义的方式做出的。当我们读高尔基回忆列宁的文章，特别是那些关于列宁谈论贝多芬的《热情奏鸣曲》的精彩段落时，可以看得非常

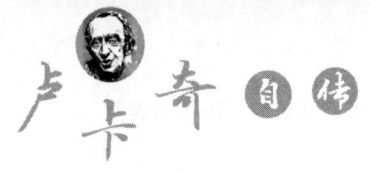

清楚，列宁与罗伯斯庇尔和列维纳这种类型相反，代表一种新型的革命者，这种新型的革命者与旧型的革命者一样献身公众的事务，并且牺牲自己的私人命运，但是这种自我牺牲没有任何禁欲主义的味道。在我看来，列宁的榜样在未来的发展中将起巨大的作用。

按您的看法，在禁欲主义和"共产主义运动中的'左派'幼稚病"之间有直接联系吗？

自然有。那个时候的激进革命者大多数是禁欲主义类型的。他们当中的许许多多人是异常正直和忠诚的革命者，我确信列宁对此知道得非常清楚。列宁从来没有怀疑荷兰共产党人潘涅库克或罗兰－霍尔斯特是真正的革命者，尽管他谴责了他们的宗派主义。这无疑是作为政治问题提到列宁面前的，不过背后也有道义的问题。然而，列宁不仅是杰出的理论家，还是伟大的实践家，他非常清楚，这个道义的问题只有在更高的发展阶段上才可能在社会上出现。在20年代的辩论中，他希望自己在具体问题（宗派式非宗派）上的实际决定性立场能胜出。发展也当然遵循这一方向。

从"幼稚病"的角度，您对今天国际工人运动有什么看法？

　　这是一个很复杂的问题。"幼稚病"当然还是一个重要话题。但是，如何把经典著作中对历史问题的论断运用于今天的现实，对此我们必须非常小心。谁若以为他能够把列宁1920年写的一本书直接运用于1969年的美国青年，或者能把列宁对罗兰－霍尔斯特的批评运用于杜契克^①，那他就大错特错了。另一方面，这里有一个现实的问题，在这个问题上，我们能够向列宁学习。就是说，我们现在正处在资本主义社会的一场危机的最开头。如果你们回过头去想想1945年和战胜希特勒，那么当时许多人都相信，新的被操纵的资本主义——美国生活方式——标志着人类发展中的一个新纪元。他们说，这不再是资本主义，而是某种更高级的社会等等。从那时以来已过去了25年，今天这整个制度正处于一场异常深刻的危机的最初阶段。我必须既强调最初阶段又强调危机。最初阶段意味着反抗的主体是大学生和知识分子，但是这还必须产生出一个有充分根据的纲领才行。已经提出的各种纲领一般来说是极其幼稚的。例如，青年人喜欢说，克服操纵的途径

---

　　① 鲁迪·杜契克（Rudi Dutschke, 1940—1979）是联邦德国1968年大学生运动的著名领袖，社会主义德国大学生同盟主席。他提出"反极权主义"、反"共产主义官僚主义"等一系列极"左"口号。

是把劳动变为游戏，他们实际上只是在重复傅立叶在十九世纪初说过的话，这些东西在上世纪四十年代曾遭到马克思相当尖刻的嘲讽。因此，我们现在所看到的是一个在意识形态方面很不成熟的运动，之所以应该给它以肯定的评价，是因为它反对现在在被操纵的资本主义社会中所产生的那些矛盾。我这里指的是越南战争、美国的种族危机、英国无力找到自己在帝国以后的作用，以及法、德、意等国的危机。换句话说，用世界历史的观点来看，我们正处在一场世界性危机的门槛上。这个门槛当然可以意味着五十年，这一点我们必须清楚。

然而今天，我看到了革新马克思主义的巨大经验可能性，因为正像列宁在《怎么办？》中正确指出的，没有革命的理论就不可能有任何革命。回到我在前面已经说过的话上来，无论是在西方还是在我们这一方面都必须恢复马克思主义的方法，对资本主义制度下已获得的东西进行经济的和社会的分析。这种分析我们马克思主义者还没有做，可是没有这种分析，我们就不能找出需要解决的具体问题。只有到那时，我们才能谈到能采取巨大决策的真正强大的革命运动。正因为如此，我认为革新马克思主义是极其重要的问题。在社会主义国家中也有这个问题，因为没有必要的理论更新就不可能有任何革命的实践。有人相信资本主义能被偶然事件所推翻，这自然是很幼稚的。

马克思主义理论的革新为社会主义国家的实践提出了什么具体问题？您觉得哪些可以挑出来谈谈？

这里有许多问题。让我从经济开始。列宁知道得很清楚，俄国革命并不是像马克思预言的那样在最发达的资本主义国家中或以世界革命的形式爆发的，而是在一个相对落后的国家孤立地爆发的。这意味着苏联面临着把苏联生产提高到足以使真正社会主义在经济上成为可能的水平的独特任务，这个任务是马克思提出的公式所没有包括的，因为马克思曾想象社会主义革命发生在最发达的国家中。今天我觉得，斯大林击败了他的许多对手，不是因为他是他们当中唯一熟练的理论家，而是因为他首先最坚决地强调了这种在一国范围内建成社会主义的思想并且克服了经济上的落后。苏联的生产在斯大林时期的确赶上来了，虽然还没有完全赶上。然而，这种生产还应当成为正常的生产，尤其是能够使向真正社会主义过渡成为可能的生产。在这种情况下，今天在苏联和每一个社会主义国家中都产生了"怎么办？"的问题。这个问题不能用斯大林主义的

方法解决。当我就匈牙利实行新的经济和社会机制接受
《团结报》采访时（1966 年 8 月 22 日），我曾说这个问题
只能用实行社会主义民主来解决。新的经济发展和从非民
主的斯大林主义制度向社会主义民主过渡的问题是一揽子
的问题。一个不解决，另一个也不可能解决。但是，由于
这一点在大多数国家中甚至还没有得到承认，或者虽然有
个别人承认，但仍然远远没有付诸实现，我们在某种意义
上处于一种危机的形势中，这种情况必须既在理论上又在
实践中加以克服。

这一点对我们来说具有决定性的重要意义，因为若不
这样，我们就不能在我们的生产中达到世界标准。其次，
这种民主发展会使由于斯大林主义制度而产生的一个巨大
缺陷得到补救。我已说过不止一次，这是异常典型的，在
列宁的时候，即使苏联面临着军事的、政治的和经济的危
机，当苏联发生饥荒时，我记得在维也纳时曾参加许多流
亡者的集会，为苏联挨饿的人们募捐。不仅那里的大多数
知识分子，而且尤其是工人们感到，在苏联发生的事情对
他们的生活也具有决定性的意义。用拉丁文来表达就是，
如果俄国人要建设社会主义，这是 nostra causa agitur（完
成我们的事业）。斯大林主义的发展在国际上造成的灾难

性后果就是，这种 nostra causa agitur 的感情在欧洲社会主义运动中不再存在了。一个法国的或意大利的社会主义者之所以是社会主义者，并不是因为他想要像苏联工人一样生活。他并不想要那样生活。如果他是一个真正的社会主义者，他想要的是一种社会主义的生活，但他并不认为苏联工人或集体农民所过的生活是一种社会主义的生活。这里可以看到这两种危机的一种相互依存的状况。除非我们能够创立一种基于马克思主义的社会主义理论，除非我们能够使这种理论成为社会主义国家中的活的现实，不然社会主义的异常强大的吸引力——从 1917 年大约延续到大清洗的时候——和国际上对社会主义的同情就不可能被恢复。在这方面，改革的两大问题是直接相互依存的。这种相互依存的基础——对这一点无论如何强调都不算过分——只可能是马克思主义理论的革新。

在社会主义国家中有许多人谈论经济改革。卢卡奇同志，照您的看法，是否可能只改革经济？

对经济绝不能孤立地看。人们常常错误地认为，在大学里有一席之地的一个学科在现实中也能独立地存在。我能够在大学中讲授经济学而不提及社会或意识形态等等，尽管如此，现实的经济发展一向是整个社会发展的基础和

拱顶石。正因为如此，我现在说，不仅马克思主义的经济学需要革新，马克思主义本身也需要革新。因为马克思绝不像我们的大学教授们所说的那样是单纯的经济学家。如果你们通读《资本论》，那么在每一页上你们都会看到许许多多可以划归社会学或历史学的东西。但是，马克思是一个伟大的思想家，作为伟大的思想家，他丝毫不在乎那种分类，而是如实地对社会发展进行完整的考察。所以，正像我已经说过的，甚至在匈牙利，我主张这样一种观点，即若不开始恢复社会主义民主，新的经济体制就不可能实行起来。我确信，我们在新的经济机制中发现许多毛病和故障，正是由于我们实行了一种经济体制而没有首先考虑它的社会基础并加以改革。所以在这里，问题也是和革新马克思主义方法的基础结合在一起的。关于马克思有许多东西可以说，但是他绝不是像某些匈牙利或南斯拉夫的教授所认为的那样，只是一名"职业的经济学家"——我怀疑即使马克思的最坏的敌人也不能这样说他。在这一点上，我们不用设想自己是什么新的马克思，我们只需使我们的工作和理论回到马克思的方法上来。

您关于民族政策问题没有说多少话。这是否意味着您对这个问题没有什么特别要补充的东西？

我的观点是——请原谅我如此正统——马克思和列宁关于这个问题所说的是绝对正确的。马克思说压迫别的民族的民族不可能是自由的,列宁则要求每个民族有自治甚至分离的权利。他们这些话表明了一个多民族国家不如此便不能实现社会主义发展的相互关系。我认为,我们对马克思和列宁已经说过的这些话没有什么需要特别补充的东西。他们很准确地阐述了这种相互关系,我们的任务应该是在可能和必要的地方予以具体应用。

您是说应该吗?

对。我们还没有完全贯彻他们在民族问题上的主张。我们到目前为止一直在讨论意识形态问题。我不想谈论日常的政治问题。但是,作为一个遥远的观察者和匈牙利的观察者,总的来说我非常喜欢你们在南斯拉夫解决这个问题的方式。我认为已朝马克思列宁主义的解决方向迈出了一些步子。如果有一些消极方面的活,那么也许我们不应该在这次讨论中来提及它们。

我们之所以提这个问题,是因为所谓"官方"马克思主义——我们给官方这个词加了引号——散布一种观点,说是随着所有制关系的转变,社会主义国家中的民族问题将自然而然得到解决。

原来如此。列宁从来没有说过任何问题在任何时候会自行解决。我活了漫长的一辈子，无论是小的私人问题还是大的社会问题，我从来没有发现哪一个是自行解决了的。

我们给官方这个词加了引号的。

很好，让我来这样翻译一下这个引号。如果我想要抽烟，那么我就必须到商店里去买一盒科苏特牌香烟，因为如果不这样，我就抽不成。在我一生中我从来没有发现，我作为一个社会主义者，能够坐在这个套间里，香烟会自己跑到我的书桌上来。同样，我不相信重大的社会问题比这些日常生活的细小问题更容易解决。

如果我们按照马克思主义的最杰出代表人物的著作来看马克思主义哲学的现状，那么他们不仅彼此之间很不相同，而且在许多问题上相互反驳或者进行尖锐的批评。马克思主义的复调性质在我们的世纪里变得越来越强烈。我们可以同时或交替听到许多调子，甚至以不同的方式并且用不同的乐器发出来。您怎么看待马克思主义的这种越来越强烈的复调性质？

这是一个重大的转折，马克思主义哲学中的这种多态性可能是一种积极现象。我对此有保留看法。我的确认为，在每个国家中都有人说"我现在要来分析一下这个问题，对此采取一种立场"，这无疑是一种积极的现象。它造成的结果是，今天出现的马克思主义带有一种复调的和多态的——有人甚至说——多元的性质。让我在这里表达一种疑虑。因为马克思主义完全和任何别的东西一样，服从于只有一个真理的规律。历史或者是阶级斗争的历史，或者不是。在阶级斗争的历史内部，讨论某种阶级斗争是怎么一回事。这是完全不同的问题。但是我们必须知道，在客观上每个问题只可能有一个真理。所以，我不谴责现存的多态现象，但是我的确认为，我们在对目前危机的理论解决中只处于最初阶段。直到我们达到真正的真理以前，各种趋向将相互反对。但是我必须再次强调，只有一个真理。这种多态现象的确表明，我们正走在通向真理的道路上。然而，如果我们把多元化看作某种理想，认为马克思主义的优越性就在于，它既可以是唯心主义的又可以是唯物主义的，既可以是因果论的又可以是目的论的，既可以是这样的又可以是那样的，那就非常不好了。我们可以把这种理论留给操纵的资本主义。我们必须清楚地认识到，每个问题只有一个真理，我们马克思主义者必须为这一个真理的出现而奋斗。直到真理出现以前，这些趋向将

继续相互冲突。我还必须补充说，我反对设法用行政方法
加速这个过程。这些是意识形态问题，必须用意识形态方
式解决。同时，我的确认为必须远离西方的多元论，从一
开始就采取任何问题只有一个真理的原则。我可能和你们
在南斯拉夫对这个问题的看法不一致。但是我已经说过，
友爱不在于意见完全一致，而在于感觉到我们都在服务于
共同的伟大事业，即使我们卷入了极其尖锐的辩论，我们
也知道这些辩论是为同样的目标服务的。

（根据南斯拉夫《世界社会主义》杂志 1985 年第
50 期的英译文转译）

答英国《新左派评论》记者问 ①

欧洲最近的事态发展再一次提出了社会主义与民主的关系问题。在您看来,资产阶级民主与革命的社会主义民主之间的根本差别是什么?

资产阶级民主可以上溯到法国的 1793 年宪法,这部宪法是资产阶级民主的最高的和最彻底的表现。资产阶级民主的决定性原则是把人分成公众生活的公民和私人生活的资产者,前者有普遍的政治权利,后者是特殊的和不平等的经济利益的表现。这种划分对于作为特定历史现象的资产阶级民主说来,带有根本性的意义。资产阶级民主的哲学反映,可以在萨德的著作中看到。像阿多尔诺这样的作家都非常注意研究萨德的著作,因为他是 1793 年宪法在哲学上的翻版。这两者的主导思想都是,人对人来说是对象,即合理的利己主义是人类社会的本质。现在很明

---

① 英国《新左派评论》杂志记者对卢卡奇的专访大概是在 1970 年下半年进行的,这可能是卢卡奇最后一次接见报刊记者。这篇谈话在卢卡奇逝世后才在《新左派评论》第 68 期 (1971 年 7—8 月) 上发表出来,标题是《卢卡奇谈自己的生活和工作》。

显，在社会主义制度下若要企图重新建立这种在历史上已成过去的民主形式，就是开倒车和无政府主义。但是，这并不意味着应该用行政方法来对待对社会主义民主的渴望。社会主义民主的问题是一个很现实的问题，它还没有得到解决。因为它必须是唯物主义的民主，而不是唯心主义的民主。让我举一个例子来说明我的意思。像格瓦拉这样的人是雅各宾理想的崇高代表——他的思想融入了他的生活，并且完全决定了他的生活道路。在革命运动中这样做的，他并不是第一个。德国的列维纳或我们匈牙利的科尔文·奥托都是一模一样的。对这类崇高品质必须表示高度的尊敬。但是，他们的理想主义不是属于日常生活的社会主义的，社会主义只能有**物质的**基础，而这物质的基础是建立在新经济的建设之上的。但是我必须补充说明一点，经济发展本身绝不会产生出社会主义。赫鲁晓夫说苏联的生活水平赶上美国的生活水平时，社会主义将在世界范围内获胜，这是绝对错误的。必须以完全不同的方式提出问题。社会主义是历史上第一个不自发地生产出适合它的"经济人"的经济形态。这是因为它是一种过渡的形态——从资本主义向共产主义过渡中的一个插曲。由于社会主义经济并不像典型的资本主义社会那样自发地生产和再生产出适合它的人，社会主义民主的职能正是**教育**社会主义社会的成员适应社会主义。这种职能完全是前无先例的，资产阶级民主中根本没有与它类似的东西。很显然，今天所需要的是复活苏维埃（委员会）这种工人阶级民主制度，这是每次发生无产阶级革命时就产生的民主制度，在1871年的巴黎公社、1905年的俄国革命和1917年的十月革命中都产生了这种民主制度。但是，这不是一夜之间就可达到的。问题是工人们态度冷淡：他们最初不会相信任何东西。

历史的不连续性

这方面的一个问题涉及从历史角度对必要变化的说明。在这里最近的哲学论争中，对历史中的连续性和非连续性问题进行过相当多的辩论。我坚决支持非连续性论点。你必定知道托克维尔和泰纳的那个经典的保守论点，即法国革命根本不是法国历史上的根本性变化，因为它只是继承了法兰西国家的集中制传统，这种传统国家在路易十四时在旧制度下非常强大，被拿破仑接过来变得更加强大，以后又被第二帝国接过来。列宁在革命

运动中坚决抛弃了这种观点。他从来不把基本变化和新的方针说成只是以前的倾向的继续和改进。例如，当他宣布新经济政策时，他一刻也没有说这是战时共产主义的"发展"或"完成"。他非常坦率地说，战时共产主义是在当时的情况下可以理解的一个错误，新经济政策是改正那个错误和完全改变方针。这一列宁主义的方法被斯大林主义抛弃了，斯大林主义总是力图把政策变化——甚至极大的变化——说成是以前路线的逻辑结果和改进。斯大林主义把全部社会主义历史描述成一种连续不断的、正确的发展：它绝不会承认非连续性。今天，这个问题比以往任何时候都更加性命攸关，正是表现在如何对待斯大林主义残余的问题上。应该从改进的角度强调与过去的连续性呢？还是相反，前进的道路应该是与斯大林主义的彻底决裂？我相信，完全决裂是必要的。正因为如此，历史中的非连续性问题对我们来说极为重要。

您会把这个也应用于您自己的哲学发展吗？您今天如何判断您在20年代的著作呢？它们与您今天的著作的关系是怎样的呢？

在 20 年代，科尔施、葛兰西和我曾企图以不同的方式解决第二国际留传下来的社会必然性和对它的机械解释的问题。我们继承了这个问题，但是我们谁也没有解决它。葛兰西也许是我们三人中最好的一个，但是他也未能解决。我们都错了，今天如果试图搬出那个时期的著作，说它们在今天正确，那会是完全错误的。在西方，有一种将它们列为"异端经典"的倾向，但是我们今天没有这种需要。20 年代是一个过去的时代，我们应该关心的是 60 年代的哲学问题。我现在正在写社会存在的本体论，我希望它将解决在我先前的著作中，特别是在《历史与阶级意识》中错误提出的问题。我的新著作将集中探讨必然和自由之间，或者像我表述的那样，目的论和因果性之间的关系问题。从传统来看，哲学家们总是把体系建立在这两个极端之中的一个上面：他们不是否定必然性，就是否定人的自由。我的目的是表明两者在本体论上的内在关系，拒绝传统哲学采取的二者择一的立场。**劳动**概念是我分析的关键。因为劳动不是按生物的方式决定的。如果一头狮子袭击一头羚羊，它的行动是由生物的需要而且只是由这种需要决定的。但是，如

果原始人遇到一堆石头，他必定要根据哪一块最适合做他的工具的考虑来进行挑选。他是在"备选"中做出选择的。在几种可能性中作出选择的概念对人的劳动来说具有根本性的意义，因此人的劳动总是**目的论的**——它定下目的，而这个目的是选择的结果。因此，人的劳动表达人的自由。但是这种自由的存在，只表现在使服从物质世界因果规律的客观自然力量运转起来。因此，劳动的目的论总是同自然因果关系协调一致的。的确，任何个人劳动的结果对任何其他个人的目的论安排来说都是自然因果关系的一个环节。对自然界的目的论的信奉是神学，而对历史的内在目的论的信奉则是毫无根据的。但是，在一切人的劳动中有目的论，它和自然世界的因果关系密不可分地结合在一起。这种立场克服了必然和自由之间的传统对立，我正是从这种立场来撰写我现在的著作的。但是我应该强调指出，我并不是在设法构造一个包罗万象的体系。我的著作已经写完，但是我正在重新校阅头几章。我这部著作的名称是《关于社会存在的本体论》，而不是《社会存在的本体论》。你们会意识到这个差别的。我从事的这项工作要得到适当的发展，需要许多思想家的集体努力。但是，我希望它会表明我所说的那种日常生活的社会主义的本体论基础。

激进的英国文化

英国是唯一没有本国马克思主义哲学传统的欧洲大国。您关于它的文化史的一个因素——瓦尔特·司各脱的著作——写过大量东西，但您是怎么看待英国政治和思想史的更广阔发展及其与启蒙运动以来的欧洲文化的关系的呢？

英国的历史是马克思所谓的不平衡发展规律的受害者。克伦威尔革命和后来 1688 年革命的激进主义以及他们在保证城乡资本主义关系方面的成功，成了英国后来落后的原因。我认为，你们的评论强调英国资本主义农业的历史重要性及其对后来英国发展的矛盾结果，是完全正确的。这在英国的文化发展中可以很清楚地看出来。经验主义作为资产阶级的意识形态占主导地位，只是在 1688 年以后才开始的，但是它从那时起获得了很大的势力，并且完全歪曲了英国哲学和艺术的全部以往的历史。以培根为例。他是一个非常伟大的思想家，比资产阶级后来那么

重视的洛克要伟大得多。但是，他的重要性被英国经验主义完全掩盖了，今天如果要研究培根是怎样理解经验主义的，必须先懂得经验主义是怎样理解培根的——这是完全不同的事情。要知道，马克思对培根是非常赞赏的。另一个英国大思想家孟德维尔也发生了这种情况。他是霍布斯的伟大继承者，但是英国资产阶级完全忘记了他。然而，你们会发现马克思在《剩余价值理论》中多处引用他的话。过去的这种激进的英国文化被掩盖和忽略了。相反，艾略特及其他一些人赋予玄学派诗人堂恩等以完全过分夸大的重要性，而他们在人类文化的整个发展史上是次要得多的人物。另一个很能说明问题的事实是司各脱的命运。我已经在我那本论《历史小说》的书中写到司各脱的重要性——要知道，他是第一个看到人们被历史改变的小说家。这是一个极大的发现，它立即被伟大的欧洲作家，如俄国的普希金、意大利的曼佐尼和法国的巴尔扎克所接受了。他们都看到了司各脱的重要性并且向他学习。然而令人奇怪的是，在英国本国司各脱却没有后继者。他也是被误解和被遗忘了。因此，在英国文化的整个发展中有断裂，这在像萧伯纳这样后来的激进作家中可以清楚地看出。萧伯纳在英国文化历史中没有根子，因为19世纪的英国文化那时是和它的激进的前史切断了的。很明显，这是萧伯纳的一个很大的弱点。

今天，英国的知识分子不应该只是从外面输入马克思主义，他们必须重新建立他们自己文化的新历史，这是他们责无旁贷的工作，这个工作只有他们能够完成。我已经写了司各脱，赫勒尔·阿格尼斯写了莎士比亚，但是实在说来必须由英国人来重新发现英国。和你们在英国一样，在我们匈牙利，我们也曾对自己的"民族性格"有过不少疑惑。你们文化的真实历史将会解开这些令人迷惑不解的东西。在这一点上，英国的经济和政治危机的深刻程度，即我说过的那种不平衡发展规律的作用，对你们也许有所帮助。威尔逊无疑是今天最精明、最狡猾的资产阶级政治家之一，然而他的政府遭到了最彻底、最惨重的失败。这也是英国危机深刻和无可救药的征候。

您现在对您的早期文学批评著作，特别是《小说理论》是怎么看的？它的历史意义是什么？

《小说理论》是我在第一次世界大战期间绝望的表现。当大战开始时，我说，德国和奥匈帝国很可能会打败俄国，摧毁沙皇制度：那很好。法国和英国很可能会打败德国和奥匈帝国，摧毁霍亨索伦王朝和哈布斯堡王朝：那

很好。可是，那时谁会保卫我们不受英国和法国文化的侵犯呢？我在这个问题上的绝望没有找到任何答案，这就是《小说理论》的背景。当然，十月革命提供了这个答案。俄国革命对我的困境提供了具有世界历史意义的解决方案：它防止了我所惧怕的英法资产阶级的胜利。但是我应该说，《小说理论》尽管有各种各样的错误，但是它的确曾号召推翻那个曾产生出它所分析的那种文化的世界。它曾理解需要进行革命性的变革。

关于韦伯

当时您是马克斯·韦伯的朋友。您现在是怎么评价他的？他的同事桑巴特最后成了一个纳粹分子——您是否认为，假如韦伯活着，也可能与国社党妥协？

不，绝不这样认为。你们必须懂得，韦伯是一个绝对诚实的人。例如，他对德皇极其鄙视。他常私下对我们说，德国人很不幸的就是，不像斯图亚特王朝或波旁王朝那样，霍亨索伦王朝没有人曾被砍过头。你们可以想象，在1912年能说这种话的绝不是一个普通的德国教授。韦伯完全不像桑巴特，例如，他从来没有对反犹太主义作过任何让步。我来说一件很能说明问题的事情。

有一家德国大学曾请他推荐教授人选，他们打算新聘请一位教授。韦伯在回信中给他们按学术水平列举了三个名字。然后他补充说，这三人中的任何一人都是绝对适合的人选，他们都很出色，但是你们不会选中他们中任何一人，因为他们都是犹太人。所以，我再另外提三个名字，他们中任何一个都比不上我前面推荐的那三个人，你们无疑会接受他们当中的一个，因为他们不是犹太人。然而尽管如此，你们必须记住，韦伯对帝国主义深信不疑，他倡导自由主义，因为他相信必须有一种有效率的帝国主义，而只有自由主义能够保证这种效率。他是十月革命和十一月革命的不共戴天的敌人。他既是一个杰出的学者，又是一个彻头彻尾的反动分子。从晚年谢林和叔本华开始的非理性主义，在他那里找到了它的最重要的表现之一。

他对您皈依十月革命有过什么样的反应？

据说他曾说，对卢卡奇来说，这个变化一定是信念和思想的一次深刻转变，而在托勒那里，这只不过是一种感情的混乱。但是，我从那时起与他再没有任何关系。

战后您作为教育人民委员参加了匈牙利公社。在过了五十年以后的今天，可以对公社的经验作什么样的评价？

产生公社的基本原因是维克斯照会和协约国对匈牙利的政策。在这方面，匈牙利公社和俄国革命相似，结束战争问题对十月革命的发生起了根本性的作用。既然发出了维克斯照会，就必然产生公社。社会民主党人后来攻击我们建立公社，但是战后那个时候，没有可能停留在资产阶级政治制度的框框内，必须把它炸开。

布尔什维克的领导人

在公社失败后，您是出席莫斯科共产国际第三次代表大会的代表。您在那里见过布尔什维克领导人吗？您当时对他们有什么印象？

你们必须记住，我当时是一个小代表团的小成员——我在那时无论如何不是一个重要人物，所以我自然没有和俄国党的领导人作过长时间的谈话。然而，我曾由卢那察尔斯基介绍给了列宁。他是使我完全倾倒的人物。当然，我也能够在代表大会的几个委员会中看到他在工作。其他的布尔什维克领导人，我必须说我觉得有点令人反感。托洛茨基我当时就很不喜欢，我觉得他有点装腔作势。你们知道，在高尔基关于列宁的回忆中有一次曾说，列宁在革命后承认托洛茨基在内战期间在组织工作方面取得的成就

时，说他身上有拉萨尔的某些特征。季诺维也夫只是一个
政客，他在共产国际中的作用我后来才清楚。我对布哈林
的评价可以在我 1925 年写的一篇批评他的马克思主义的
文章中看到，当时他是仅次于斯大林的俄国在理论问题上
的权威。斯大林本人，我完全不记得他在代表大会上的情
况——像其他许多外国共产党人一样，我当时根本不知道
他在俄国党内的重要性。我的确和拉狄克谈过一些话。他
告诉我，他认为我关于德国三月行动所写的几篇文章是关
于这个问题写得最好的文章，他完全同意它们。当然，后
来党谴责三月事件时，他改变了自己的看法，他当时公
开抨击了三月事件。同所有这一切比较，列宁对我产生
的印象是很深的。

**当列宁抨击您关于议会制度问题的文章时，您当时有
什么反应？**

我的文章是完全错误的，我毫不犹豫地放弃了它的论
点。但是我应该补充一点，即在列宁批评我的文章以前，
我已经读过他的《共产主义运动中的"左派"幼稚病》一
书，我已经被他在那里阐述的关于参加议会问题的论证完
全说服了，所以他对我的文章的批评对我的触动不是很
大。我已经知道我的文章是错误的。你们记得列宁在《共

产主义运动中的"左派"幼稚病》中说的话——随着革命的无产阶级革命政权机关苏维埃的诞生，资产阶级议会在世界历史意义上被完全取代了，但是这绝对不是意味着它们在直接政治意义上被取代了，特别是西方的群众并不相信它们。所以，共产党人除了在议会外工作，还必须去议会内工作。

在1928—1929年，您在为匈牙利共产党第二次代表大会草拟的著名勃鲁姆提纲中提出了工农民主专政是当时匈共战略目标的概念。这个提纲作为机会主义纲领被拒绝，您由于这个提纲被赶出了中央委员会。您今天是怎样看待这个提纲的？

勃鲁姆提纲是我反对第三时期的宗派主义的后卫战斗，这种宗派主义坚持认为社会民主主义和法西斯主义是孪生兄弟。你们知道，这条灾难性的路线伴随着阶级反对阶级的口号和立即建立无产阶级专政的号召。我企图通过恢复和采用列宁1905年的口号——工农民主专政——在第六次共产国际代表大会的路线中找到一个缺口，借以使匈牙利党采取更现实的政策。我没有成功。勃鲁姆提纲遭到党的谴责，库恩·贝拉及其宗派把我赶出了中央委员会。我当时在党内完全是孤立的；你们必须理解，连那些直到那时为止在党内反对库恩宗派主义的斗争中赞同我的观点的人，我也未能说服。所以，我对提纲做了自我批评。这完全是口是心非的，是当时的环境强加于我的。事实上我并没有改变观点，我确信我当时是绝对正确的。事实上，后来的历史进程也完全证实了勃鲁姆提纲。因为匈牙利在1945—1948年的时期具体实现了我在1929年所主张的工农民主专政。当然，在1948年以后，斯大林主义创造了某种完全不同的东西，但那是另一回事了。

与布莱希特的关系

您在30年代与布莱希特的关系是怎样的，在战后又是怎样的？您现在对他如何评价？

布莱希特是一个很伟大的诗人，他后期的戏剧——《大胆妈妈》《四川好人》等——是很出色的。当然，他的戏剧理论和美学理论是非常混乱和错误的。我已在《当代现实主义的意义》中说明了这一点。但是，这些理论并没有损害他后期作品的质量。在1931—1933年期间，我在柏林做作家联合会的工作。大约在那个时候——确切地说，在1930年年中——布莱希特写了一篇文章反对我，

捍卫表现主义。但是，后来我在莫斯科时，布莱希特在他从斯堪的纳维亚去美国的途中（他那次旅行穿过苏联）曾来看我，并且对我说："有些人在极力影响我反对你，有些人在极力影响你反对我。让我们达成一项协议，不要让人挑拨来发生争吵。"这样，我们的关系总是很好，战后每当我去柏林时——那是很频繁的——我总要去看布莱希特，我们在一起进行长时间的讨论。我们的立场到末了时总是很接近的。你们知道，我曾受他的夫人邀请成为在他的葬礼上致辞的人之一。我现在感到遗憾的一件事，是我没有在40年代写一篇论布莱希特的文章。这是一个失误，是由我在当时忙于别的工作造成的。我一向对布莱希特怀着很大的尊敬。他非常聪明，有强烈的现实感。在这一点上，他与科尔施完全不同，他对科尔施当然是很了解的。当科尔施离开德国党时，他与社会主义断绝了关系。我知道这一点，因为当时在柏林反法西斯的斗争中，他是不可能在作家联合会工作下去的——党不会允许。布莱希特则完全不同。他知道不能做任何违反苏联意志的事情，他终生都是忠实于苏联的。

您认识瓦尔特·本亚明吗？您是否认为，如果他活着的话，他会向信奉革命的马克思主义发展？

不认识，由于一些原因，我从未与本亚明见过面，虽然我在 1930 年去苏联之前路过法兰克福时曾见到过阿多尔诺。本亚明天赋过人，洞察了许多很新的问题。他以各种不同的方式对这些问题进行了考察，但是从来没有找到解决的办法。我认为，如果他活着的话，尽管他和布莱希特很友好，他如何发展还是很难说的。你们必须记住时代曾是多么困难——30 年代是清党，然后是冷战。在这种气候下，阿多尔诺开始倡导一种"违心的顺应态度"。

在法西斯主义在德国获胜以后，您曾在俄国的马克思列宁研究院同梁赞诺夫一起工作。您在那里做了些什么？

当我 1930 年在莫斯科时，梁赞诺夫给我看了马克思 1844 年在巴黎写的手稿。你们可以想象我的兴奋心情：读这些手稿，使我与马克思主义的整个关系发生了变化，使我改变了我的哲学观点。一位苏联的德语学者在对手稿进行工作，使之能够发表。手稿曾被耗子啃了，其中有许多地方缺少了字母或整个的词。由于我在哲学方面的知识，我和他一起工作，确定缺少的字母或词是什么：常常遇到词有头有尾（譬如说开头是"g"，结尾是

"s"），要你猜中间是什么字母。我认为最后出版的那个
版本是很好的一个版本——我知道，因为我参与了它的
编辑工作。梁赞诺夫负责这一工作，他是一个很好的语
言学家：不是理论家，而是很好的语言学家。他被撤职
以后，研究院的工作质量完全下降了。我记得他曾告诉
过我，有十卷从来没有发表过的马克思的《资本论》手
稿——恩格斯在他为第二卷和第三卷写的导言中说，这两
卷是从马克思为《资本论》写的手稿中挑选出来的。梁
赞诺夫计划发表所有这些材料。但是，它们直至今天还
没有问世。

在30年代早期，在苏联当然有哲学争论，但是我并
没有参加。当时有一场争论，对德波林的著作进行了批
评。就我个人来说，我认为批评中有许多是正确的，但是
它的目的只是为了树立斯大林作为哲学家的权威。

但是，您的确参加了30年代苏联的文学争论，是吗？

我和《文学评论》杂志合作了六七年，我们始终执行
一条反对那些年的教条主义的政策。法捷耶夫等人曾经同
拉普做斗争，并且在俄国打败了拉普，但这只是因为拉普
中的阿维尔巴赫等人是托洛茨基分子。他们胜利之后，又
开始发挥他们自己的拉普式的主张。《文学评论》总是抵制

这些倾向。我在其中写过许多文章，它们都包含两三条斯大林的语录（当时在俄国这是绝对必要的），而且它们都是反对斯大林的文学理论的。它们的内容总是反对斯大林的教条主义的。

卢卡奇的政治生涯

您在政治上活跃了十年，从 1919 年至 1929 年，然后您不得不完全放弃直接的政治活动。这对任何忠诚的马克思主义者来说都是一个很大的变化。您在 1930 年是否感到受到您生涯中的这一突然变化的约束（或者反而感到得到自由）？您生命中的这一阶段与您的童年时代和青年时代是什么关系？当时受的影响是什么？

对我的政治生涯的结束，我不曾有任何遗憾。要知道，我确信我在 1928—1929 年的党内争论中是完全正确的——没有任何东西曾使我改变对这点的看法；然而，我完全未能使党相信我的观点。所以我当时想：如果说我如此正确，而又完全被击败，那只能意味着我没有任何真正的政治才能。所以，我毫不犹豫地放弃了实际政治工作——我已认定我没有这种天分。我被赶出匈牙利党中央委员会丝毫没有改变我的这一信念，即尽管有第三时期的

灾难性的宗派政策，也只有在共产主义运动的队伍中才能对法西斯主义进行有效的斗争。我在这一点上没有变化。我总是认为，生活在最坏的社会主义里也比生活在最好的资本主义里强。

后来，我在 1956 年参加纳吉政府，与我放弃政治活动并不矛盾。我并不赞同纳吉的一般政治立场，当年轻人在十月以前的日子里力图把我们二人扯到一起的时候，我总是回答说："我向纳吉·伊姆雷跨出的一步绝不比纳吉·伊姆雷向我跨出的一步更大。"当我在 1956 年 10 月被要求担任文化部部长时，这对我来说是一个道义问题，而不是一个政治问题，我不能拒绝。当我们被逮捕并被拘留在罗马尼亚时，罗马尼亚党和匈牙利党的同志们知道我不同意纳吉的政策，来问我对这些政策的看法。我对他们说："当我是布达佩斯大街上的一个自由人，他也是一个自由人的时候，我将很高兴来坦率地和详细地讲述我对他的看法。但是，只要他被监禁着，我与他的唯一关系就是团结一致。"

你们问我，当我放弃我的政治生涯时，我个人有什么感觉。我必须说，我也许不是一个很跟得上时代的人。我能够说，我一生当中从来没有感觉到失意或任何情结。

418

我知道，从 20 世纪的书刊着眼，在读过弗洛伊德的人看来，这些意味着什么。但是，我自己没有这些感觉。当我看到自己犯了错误，或者方向不对头，我总是愿意承认它们——我这样做，然后改走别的路子，对我来说并不费事。当我十五六岁时，我按易卜生和豪普特曼的方式写过现代剧本。我在 18 岁时重读了这些剧本，发现它们糟透了。我当即决定我决不要当作家，并且把这些剧本统统烧了。我丝毫没有感到遗憾。这一早期的经验后来对我很有用，因为作为一个批评家，每当我发现我能对一篇作品做出"我也会这么写"的评价时，我就知道这准确无误表明它很糟糕：这是一个很可靠的标准。这是我最初的文学经验。我最早受的政治影响，是在中学时读马克思的著作，然后（这是最重要的）是读伟大的匈牙利诗人奥第的作品。我在童年时代，在同龄人中很孤立，奥第对我产生了很大的影响。他是一位革命者，很崇敬黑格尔，不过他从来没有接受黑格尔与现实妥协的那一方面，黑格尔的这一方面也是我自己从一开始就拒绝了的。不了解黑格尔是英国文化的一大弱点。直到今天，我没有失去对黑格尔的崇敬，我认为，马克思所开始的工作——把黑格尔哲学唯物主义化——在马克思以后也必须继续下去。我已试图在我

即将出版的《本体论》的某些部分这样做。不管怎么说，在西方只有三个别人无法比拟的真正伟大的思想家：亚里士多德、黑格尔和马克思。

（根据英国《新左派评论》杂志 1971 年 7—8 月第 68 期译出）

人名索引

A

阿德勒，弗里德里奇（Adler，Friedrich，1879—1960），奥地利社会民主党的领导人之一，"奥地利马克思主义"的理论家之一。

阿德勒，麦克斯（Adler，Max，1873—1937），奥地利哲学家，"奥地利马克思主义"的代表人物，曾积极参加奥地利社会民主党的活动。

阿多尔诺，特奥多尔·维曾贡德（Adorno，Theodor Wiesengrund，1903—1969），德国哲学家，社会学家，法兰克福学派具有代表性的思想家。

阿拉帕里·久洛（Alpári，Gyula，1882—1944），匈牙利共产党新闻工作者和政治家。在萨克森豪森被杀害。

阿姆布鲁什·佐尔坦（Ambrus，Zoltán，1861—1932），匈牙利作家、戏剧评论家和匈牙利国立剧院院长。

阿维尔巴赫，列奥波尔德（Averbakh，Leopold，1903—1937），苏联评论家，俄罗斯无产阶级作家协会（简称"拉

普"）的领导人。

阿策尔·捷尔吉（Aczél，György，1917—1991），匈牙利无产阶级革命家、政治家、马克思列宁主义思想家，曾任副总理。

埃尔德伊·费伦茨（Erdei，Ferenc，1910—1971），属于与工人运动保持联系的民粹派左翼。20世纪30年代，民粹派搞了大量被称作乡村调查的社会学文学，强调极客观地表现现实。他本人没有写任何富于想象力的文学作品。1945年成为内务部长，1948年为国务部长，1946—1953年为农业部部长，1953—1954年为司法部部长，1955—1956年为副总理，1964—1969年为全国人民阵线总书记，1970—1971年为匈牙利科学院总书记。

艾克哈特，约翰内斯（Eckhart，Johannes，号称艾克哈特大师，约1260—1328），德意志的多米尼各派神学家，神秘主义哲学家。

安德拉西·久洛伯爵（Andrássy，Count Gyula，1823—1890），匈牙利的保守派政治家。

安塔尔，弗列德里克（Antal，Frederick，1887—1954），匈牙利裔的艺术家。和德沃夏克一起在维也纳学习，获得博士学位。在匈牙利苏维埃共和国期间在艺术博物馆工作，共和国失败后侨居柏林，1933年去了英国，在伦敦大学任教。

奥艾尔巴赫，贝尔托尔德（Auerbach，Berthold，1812—1882），德籍犹太作家，他的长篇小说《斯宾诺莎》于1837年问世。主要以他后来写的描述乡村生活的短篇小说闻名。

奥德里·阿尔帕德（Ódry，Árpád，1876—1937），匈牙利演员。国立剧院终身成员、影视剧院总经理和布达佩斯演员学校校长。

奥第·安德烈（Ady，Endre，1877—1919），他那个时代最伟大的匈牙利抒情诗人。

奥尔图特·久洛（Ortutay，Gyula，1910—1978），匈牙利人种志学者、政治家和农民党左翼成员。1945—1947 年为布达佩斯电台台长，1947—1950 年为宗教和教育部部长，1950—1953 年为匈牙利博物馆和文物负责人，1957—1963 年为布达佩斯大学校长，1957—1964 年为全国阵线总书记。逝世以前一直是匈牙利科学院人种志研究组的负责人。

奥斯开·拉兹洛（Ocskai，Lászlo，约 1680—1710），在匈牙利反对哈布斯堡王朝的解放斗争中叛变投敌的一个高级军官。1710 年被俘并被处决。

奥什瓦特·埃尔诺（Osvát，Ernö，1877—1929），匈牙利文学评论家，《西方》杂志的编辑。

B

巴比茨·米哈伊（Babits，Mihaly，1883—1941），匈牙利抒情诗人，《西方》杂志上的主要人物，后来成为它的主编。虽然他被认为是"为艺术而艺术"的主要倡导者，然而在 20 世纪

30 年代末，他开始坚决反对文学中的政治冷淡主义。

巴拉日·贝洛（Balázs, Béla，鲍威尔·赫伯特的笔名，1884—1949），匈牙利作家，电影评论家和剧本作者。他曾拥护匈牙利苏维埃共和国，于 1919 年被迫流亡国外，先后在维也纳、柏林和苏联居住，于 1945 年重返祖国，曾为巴尔托克撰写脚本。

巴尔塔·山多尔（Bartha, Sándor, 1898—1939），匈牙利作家，属于以卡萨克为中心的先锋派。1919 年流亡国外。在苏联死于肃反扩大化。

巴尔托克·贝洛（Bartók, Béla, 1881—1945），匈牙利作曲家和钢琴家。1940 年侨居美国。

巴诺奇·拉兹洛（Bánóczi, László, 1880—1926），塔利亚剧团团长。

班，赫尔曼（Bang, Herman, 1857—1912），小说家，丹麦最重要的印象派作家之一。

鲍威尔·埃尔温（Bauer, Ervin，巴拉日·贝洛之弟，1890—1942），匈牙利医生和生物学家，与作家卡夫卡·玛吉特结婚。1919 年流亡国外，在苏联死于肃反扩大化。

鲍威尔，奥托（Bauer, Otto, 1882—1938），奥地利社会民主党和第二国际的首领之一，"奥地利马克思主义"的重要代表人物。他企图把马克思主义和康德主义结合起来。

贝奥蒂·若尔特（Beōthy, Zsolt, 1848—1922），重要的

匈牙利文学史家，属于实证主义学派。开始时是小说家和评论家，后来成为布达佩斯大学的美学教授。他利用斯宾塞的进化学说和泰纳的种族概念，企图在文体上保持民粹主义趋向。他认为，文学总是民族的，只有当它表现民族的性格、"人民的灵魂"时，才能是真正的文学。他认为匈牙利的民族性格最完美地体现在贵族身上。从19世纪90年代起，他成了一切进步思想的死敌。

贝尔切尼·米克洛什伯爵（Bercsényi, Miklós Count, 1665—1725），匈牙利的巨富和陆军元帅。和拉科齐一起领导了反对哈布斯堡王朝的农民起义。

贝凯特，萨缪埃尔（Beckett, Samuel, 1906年生），爱尔兰血统的法国籍剧作家和小说家，20世纪五六十年代盛行于欧美的荒诞派戏剧（亦称"反戏剧派"和"先锋派"戏剧）的主要代表人物之一，曾获得诺贝尔文学奖。

贝奈德克·埃列克（Beaedek, Elek, 1859—1929），匈牙利作家和剧作家，以他的民歌集闻名。

贝奈德克，马塞尔（Benedek, Marcell, 贝奈德克·埃列克之子，1885—1970），匈牙利作家、文学史家、评论家和翻译家。

贝歇尔，约翰内斯·罗伯特（Becher, Johannes Robert, 1891—1958），德国诗人和作家。开始时是表现主义者，1919年加入德共，参加创建德国无产阶级革命作家联盟，1928—1932年是这个组织的领袖。1933年流亡苏联。

卢卡奇自传

本亚明·拉兹洛（Benjámin, László, 1915—1986），匈牙利社会主义现实主义流派最重要的诗人之一，所谓"工人诗人"之一。他的诗一向以其社会内容闻名，在革命后他为共产党写宣传品，为具体政策服务。

本亚明，瓦尔特（Benjamin, Walter, 1892—1940），法兰克福学派的代表人物之一，两次世界大战期间德国最著名的文艺批评家之一。

彼特尔菲·耶诺（Péterfy, Jeno, 1815—1899），19世纪80年代最有影响力的匈牙利文学评论家之一。文化素养很深，对哲学、音乐和艺术很有见地，曾在各种不同的中等学校任教。自杀。

彼特什·伊姆雷（Pethes, Imre, 1864—1924），匈牙利演员。

彪姆·维尔莫什（Böhm, Vilmos, 1880—1949），在19世纪末20世纪初和维尔特纳一起是匈牙利社会民主党的右翼成员。在卡罗利的联合政府任国防部长。在匈牙利苏维埃共和国期间是军事人民委员和匈牙利红军总司令。

勃鲁姆（Blum），卢卡奇在非法共产党中的化名。

波尔加尔·埃列克（Bolgar, Elek, 1883—1955），匈牙利共产党律师、经济学家和历史学家。

波加尼·卡尔曼（Pogány, Kálmán, 1882—1951），匈牙利艺术史家。

波加尼·尤若夫（Pogány，József，1886—1938），匈牙利马克思主义新闻工作者和文学评论家，为社会民主党的机关报《人民之声》工作。1919 年加入共产党，在匈牙利苏维埃共和国期间任国防和教育人民委员。共和国失败后去苏联，在共产国际工作。死于肃反扩大化。

波尔什梯贝·盖尔特鲁德（Bortstieber，Gertrud，1882—1963），卢卡奇的第二任妻子，她的第一任丈夫是数学家雅诺西·伊姆雷。

波兰伊，卡尔（Polányi，Karl，1886—1964），社会哲学家和经济史家。1908 年伽利略集团主席。1918 年资产阶级革命后流亡国外，定居英国，第二次世界大战后去加拿大，后在纽约哥伦比亚大学任教多年。和伊洛娜·杜森什卡结婚。

波培尔·达维德（Popper，Dávid，1864—1913），大提琴家，曾在布拉格音乐学院学习，在维也纳宫廷歌剧院任大提琴独奏演员。从 1880 年起为布达佩斯音乐学院大提琴教授。

波培尔·列奥（Popper，Leo，1886—1911），匈牙利用德语写作的艺术评论家和美学家。波培尔·达维德之子。

波德莱尔，沙尔（Baudelaire，Charles，1821—1867），法国现代派诗歌的创始人，散文家，文艺评论家。

博尔迪加，亚马多（Bordiga，Amadeo，1889—1970），意大利社会活动家，1910 年加入意大利社会党，从 1912 年起领导该党中接近无政府主义的派别。1919 年起提出抵制资产阶

级议会的纲领，领导所谓"共产主义者抵制派"。他是共产国际第二次代表大会的代表；1921年参加创建意大利共产党，1926年前为该党领导机关成员。他执行左倾宗派主义路线，反对共产国际关于建立反法西斯统一战线的策略。1930年因进行托派活动被开除出党。

博依姆勒，阿尔弗勒德（Bäumler，Alfred，1887—1968），德国哲学家，德国法西斯主义意识形态家之一。1933—1945年期间在柏林大学任政治教育学教授。他的观点是在生命哲学（尼采、狄尔泰、西美尔）和施本格勒的"历史形态学"的影响下形成的。

布哈林，尼古拉·伊凡诺维奇（Бухарин，Иаанович，1888—1938），苏联共产党政治家，理论家，长期任《真理报》主编。作为俄共（布）代表参加共产国际执行委员会。在莫斯科大学兼任教授数年。1938年3月15日以叛国罪同李可夫等人一起被判处死刑。著有《共产主义ABC》《过渡时期的经济》《历史唯物主义理论》《国际形势和共产国际的任务》等书。

布莱希特，贝尔托特（Brecht，Bertolt，1898-1956），德国戏剧家，诗人。20世纪20年代末参加德国工人运动，到过欧洲许多国家，后途经苏联去美国，创办并领导柏林剧团。他提出的"史诗剧"理论和以"间离效果"为核心的表演体系，自30年代以来引起世界戏剧界广泛注目。

布莱德尔，威利（Bredel，Willi，1901—1964），德国小

说家，1917 年参加斯巴达克同盟，后加入德共。1933 年被纳粹关进集中营，次年逃往苏联，写长篇小说《考验》揭露集中营里的法西斯暴行。

布兰德勒，亨利希（Brandler, Heinrich, 1881—1967），1919 年加入德国共产党，1919—1923 年为德共中央委员，1921 年采取"左派"立场，1922—1923 年犯一系列右倾机会主义错误，1929 年被开除出党。

布柳格尔，彼特（Breughel, Pieter, 1525—1569），16 世纪最伟大的弗拉芒画家。他的作品常常风趣地揭露人的缺点，描写农村生活和风景的画幅特别著名。他的儿子小彼特·布柳格尔（1564—1638）也是著名画家。

布洛赫，恩斯特（Bloch, Ernst, 1885—1977），德国哲学家。1933 年从纳粹德国逃亡到瑞士，1938 年到美国，1948 年回到民主德国莱比锡大学任教，1955 年被提名为德国科学院正式院士，并获得民主德国"二级国家奖"，他把思索的深刻性、马克思主义理论和语言的文学性当作他理论上的三根支柱，提出所谓"希望的哲学"来补充马克思主义。1957 年他的哲学在民主德国受到批评，1961 年他移居联邦德国，在图宾根大学任教。

布罗迪·山多尔（Bródy, Sándor, 1863—1924），20 世纪初最重要的匈牙利小说家。他影响很大，对现代一切运动都感兴趣。他与自然主义和"新艺术"有极密切的联系。他出身

小城镇的犹太资产阶级，使他成名的是几篇标题为《穷困》的小说。他写这几篇小说，原来是想以实际例子说明自然主义的纲领，而它们却引起了极大的关注，也受到了激烈的批评。

D

达尔瓦什·尤若夫（Darvas，József，1913—1973），民粹派的杰出代表之一。出身贫苦农民家庭。《农家纪事》（1939）是描写乡村生活的最成功的文学作品之一。1944年成为共产党干部。

达朗伊·伊格纳茨（Darányi，Ignác，1848—1927），匈牙利的保守派政治家。

德阿克·费伦茨（Deák，Ferenc，1803—1876），对1867年与奥地利妥协，导致双君主制的奥匈帝国成立一事负主要责任的匈牙利政治家。

德波林（Деборин，约菲·阿勃拉姆·莫伊塞也维奇的笔名，1881—1962），苏联哲学家和《在马克思主义旗帜下》杂志1926—1930年期间的主编。

德沃夏克，麦克斯（Dvořak，Max，1874—1921），捷克艺术史家。和戈尔一起在布拉格学历史，然后去维也纳学艺术史，成为维也纳学派的主要代表之一。

德里·蒂博尔（Déry，Tibor，1894—1979），匈牙利作家。参加1956年事件的准备工作，1957年被判长期徒刑，1960年被赦免。

迪埃内什·瓦勒里亚（Dlenes，Valária，1879—1978），匈牙利数学家和哲学家，柏格森的学生。

狄尔泰，威廉（Dilthey，Wilhelm，1833—1911），德国唯心主义哲学家。最初属于新康德主义，后转向生命哲学，致力于"历史理性的批判"，主张"历史的相对主义"。

蒂汉伊·拉约什（Tihanyi，Lajos，1885—1938），匈牙利画家。1909 年"八人社"的创始成员，与《今日》杂志周围的先锋派集团有联系。匈牙利苏维埃共和国失败后，流亡到维也纳、柏林，并从 1923 年起定居巴黎。1933 年加入"抽象创造"集团。

蒂萨·伊什特万伯爵（Tisza，István Count，1864—1918），匈牙利资产阶级政治家。1903—1905 年和 1913—1917 年期间为首相。1918 年被暗杀。

多比·费伦茨（多巴切克）[Dobi，Ferenc（Dobacsek），1880—1916]，演员，匈牙利剧院和塔利亚剧团的成员。

多克托尔·亚诺什（Doktor，János，1881—1942），塔利亚剧团的创始人之一，他主要以演易卜生剧本中的角色闻名。

多纳特·费伦茨（Donáth，Ferenc，1913—1986），共产党政治家和农业专家。1945 年成为农业部的国务秘书。1951 年被逮捕并遭到监禁，1955 年恢复名誉。由于支持纳吉·伊姆雷，1957 年再次被逮捕并判刑，1960 年被赦免。

多南伊·恩斯特（Dohnányi，Ernst，1877—1960），匈牙利作曲家和钢琴家。1919—1920年为布达佩斯音乐学院院长，后为交响乐团指挥家，一直到1944年。1948年移居阿根廷，1949年起在佛罗里达州立大学任教。作为钢琴家，他擅长现代音乐，特别是巴尔托克的钢琴作品，而作为作曲家，他保持了晚期浪漫主义传统。

堂恩·约物（Donne，John，约1572—1631），英国诗人，玄学派诗歌的主要代表。早期写抒情诗和讽刺诗，后转向宗教题材。诗作内容晦涩，比喻怪诞，文字雕琢。

杜森什卡，伊洛娜（Duczynska，Ilona，1896—1980），匈牙利新闻工作者和翻译家，伽利略集团的创建人之一，曾参加齐美瓦尔德代表会议。后来战争期间在匈牙利进行反战宣传而被监禁。1918—1919年革命后流亡国外，和经济史家卡尔·波兰伊结婚，定居多伦多。

迪伦马特，弗里德利希（Dürrenmatt，Friedrich，1921—1990），瑞士德语作家、戏剧家。《老妇还乡》是他闻名世界的第一个剧本。

E

恩斯特，保尔（Ernst，Paul，1866—1933），德国作家、戏剧家和散文家。

F

法捷耶夫，亚历山大·亚历山德罗维奇（Фадеев，Александр Александрович，1901—1956），苏联作家。从 20 世纪 30 年代起是苏联文化正统的主要代表者之一。1947 年被任命为苏联作家协会总书记。

法朗士，阿纳托尔（France，Anatole，1844—1924），19 世纪和 20 世纪之交法国最著名的小说家、文学评论家，进步的社会活动家。

凡·高，文森特（Van Gogh，Vincent，1853—1890），荷兰画家，后期印象画派代表人物之一。其画风后来曾为野兽派及表现派所取法。因精神病自杀。

费赫尔·费伦茨（Fehér，Ferenc，1933—1994），卢卡奇的学生，1970—1973 年为匈牙利科学院研究员。1973 年，为了表示支持被开除的同事而辞职。1977 年以后主要生活在西方。

费莱普·拉约什（Fülep，Lajos，1885—1970），匈牙利艺术史家，对 19 世纪和 20 世纪之交匈牙利艺术史学派的产生影响很大。在匈牙利苏维埃共和国期间为布达佩斯大学教授。

菲列基·格萨（Feleky，Geza，1890—1956），匈牙利新闻工作者和美学家。

费伦济·本尼（Ferenczy，Béni，1890—1967），匈牙利雕塑家。苏维埃共和国失败后定居维也纳，1938 年返回祖国。

从 1930 年起从事青铜雕塑。1946—1950 年为布达佩斯大学的造型艺术教授。

费伦济·卡罗伊（Ferenczy, Károly, 1862—1917），匈牙利画家。1902 年帮助建成纳吉巴尼亚艺术学校。创造了一种新画风，他把它称作"在综合基础上的着色的自然主义"。费伦济·本尼和诺埃米之父。

费伦济·诺埃米（Ferenczy, Noemi, 1890—1957），匈牙利画家和挂毡制造师，曾获得 1937 年巴黎世界博览会的大奖。费伦济·本尼的孪生妹妹。

费舍尔，恩斯特（Fischer, Ernst, 1899—1972），奥地利马克思主义文学评论家。1934—1945 年流亡苏联。1969 年因其批判立场而被开除出奥地利共产党。

费舍尔，路特（Fischer, Ruth, 真名为埃尔弗里德·戈尔克，1895—1962），德国共产党以前的领导成员。1923—1929 年为德共中央委员。极左派的发言人。1926 年被开除出党。1933—1941 年住在巴黎，1941 年以后住在美国。

芬耶什·阿道夫（Fényes, Adolf, 1867—1945），匈牙利画家，成为杜尔诺克艺术家集团中的领袖人物之一。

芬尼厄·米克沙（Fenyö, Miksa, 1877—1972），自由主义的艺术赞助人和文学评论家。《西方》杂志的创建人之一。1948 年侨居国外，死于维也纳。

福加拉西·贝洛（Fogarasi, Béla, 1891—1956），匈牙利

马克思主义哲学家。匈牙利苏维埃共和国的一名主要文化官员。
1930—1945 年在苏联当教授。从 1945 年起为布达佩斯大学的
哲学教授。1953 年被任命为布达佩斯经济研究所所长。

福尔加奇·罗日（Forgács, Rózsi, 1866—1944），塔利亚
剧团的主要女演员。赫伯尔的玛而亚·玛达伦娜是她的主要角
色之一。她对易卜生、斯特林堡、高尔基和魏德金德的戏也演
得很出色。

弗里什·伊什特万（Friss, István, 1903—1978），匈牙利
共产党经济学家。

弗雨什特·米朗（Füst, Milan, 1888—1967），匈牙利诗
人和作家，《西方》杂志的撰稿人。1947 年成为布达佩斯的美
学教授。

G

格尔格里·蒂博尔（Gergely, Tibor, 1900—1978），匈牙
利画家和版画家。1919 年流亡国外，死在美国。

格尔格里·山多尔（Gergely, Sándor, 1896—1966），匈
牙利共产党作家，侨居莫斯科。

格拉本科，叶莲娜（Грабенко, Елена, 1889—?），卢卡奇
的第一任妻子，她是俄国画家和革命家，1905 年革命后流亡国外。

格勒尔特·奥斯卡（Gellért, Oszkár, 1882—1967），为
《西方》杂志撰稿的诗人。

卢卡奇 自传

　　格罗·埃尔诺（Gerö，Ernö，1890—1980），在拉科西被解除职务去苏联以后，从1956年7月至10月为匈牙利共产党第一书记。

　　格瓦拉，切（Guevara，Che，1928—1967），古巴革命领导人之一。1956年11月和卡斯特罗等人一起从墨西哥乘"格拉玛"号游艇在古巴奥连特省登陆，进行反巴蒂斯塔的武装斗争，失败后转入马埃斯特腊山区展开游击战争。古巴革命胜利后，在古巴党和政府中历任要职。1965年4月，他致函卡斯特罗辞去党内外一切职务，去南美继续从事革命游击斗争。1967年10月在玻利维亚受伤，被政府军杀害。著有《游击战》一书。

　　哥尔特，赫尔曼（Gorter，Herman，1864—1927），荷兰社会民主党人、诗人和政治家。1921年加入荷兰共产党并参加共产国际的工作；采取极左的宗派主义立场。1921年退党。

　　戈尔德曼，吕西安（Goldmann，Lucien，1913—1970），在罗马尼亚出生的犹太人，先在布加勒斯特学习法律，后在维也纳、利沃夫、巴黎学习哲学、德国语文学和经济学，纳粹占领期间移居瑞士，一度充当心理学家让·皮亚杰的助手，战后回巴黎，先后在全国科学研究中心和高等实用学校任教。他是卢卡奇思想在法国最积极的倡导者。

H

哈尔康伊·埃德（Harkányi, Ede, 1879—1909），匈牙利作家。

哈特瓦尼·拉约什男爵（Hatvany, Lajos Baron, 1880—1960），匈牙利作家，评论家和艺术赞助者。他是一个大工业资本家的儿子。双周刊《西方》杂志是靠他的资助创办起来的。他的书《不值得知道的东西的科学》1908 年在布达佩斯、1912年在柏林出版。

哈伊·久洛（Hay, Gyula, 1895—1944），匈牙利共产党新闻工作者。被匈牙利法西斯主义箭十字运动的成员处死。哈伊·尤里乌什之兄。

哈伊·尤里乌什（Hay, Julius, 1900—1975），匈牙利戏剧家，1919 年流亡到柏林，1933 年去莫斯科。1945年回到匈牙利，由于在 1956 年事件中的活动被判处长期监禁。三年后被赦免，死在瑞士。

海德格尔，马丁（Heidegger, Martin, 1889—1976），德国存在主义哲学流派的创始人之一，曾在马堡、弗顿堡大学任教授、校长等职，主要著作为《存在与时间》《林中迷途》等。

汉布格尔·耶诺（Hamburger, Jenö, 1883—1936），匈牙利共产党人，1619 年在匈牙利红军中当政治委员。从 1922 年起侨居苏联。

豪普特曼，盖尔哈特（Hauptmann，Gerhart，1862—1946），德国著名剧作家，1912年获诺贝尔文学奖。

豪塞，阿尔诺德（Hauser，Arnold，1892—1978），匈牙利裔的艺术史家。匈牙利苏维埃共和国期间为教育部工作。流亡到柏林，1939年去伦敦。从1951年起在里兹大学教艺术史。主要著作《艺术社会史》1651年在伦敦出版。1977年返回布达佩斯。

赫伯尔，克里斯落安·弗里德里希（Hebbel，Christian Friedrich，1813—1863），19世纪德国最伟大的悲剧作家之一。

赫尔泽格·费伦茨（Herczeg，Ferenc，1863—1964），匈牙利作家，以他按伟大的匈牙利浪漫主义传统写的历史小说和戏剧闻名。

赫格居什·安德拉什（Hegedüs，András，1922—1999），纳科兹运动的领导人之一。他在党内晋升很快，在纳吉·伊姆雷1955年第一次倒台后，赫格居什被拉科西任命为总理。匈牙利最知名的持不同政见者之一和最杰出的东欧社会学家之一。

赫勒尔·阿格尼斯（Heller，Ágnes，1929—2019），卢卡奇的学生和助手。著作很多。1973年被解除她在科学院的职务，从那时以来她主要生活在西方。

赫维西·山多尔（Hevesi，Sandor，1873—1939），匈牙利国立剧院院长、剧作家、评论家和导演。

霍加尔特，威廉（Hogarth，Wieliam，1697—1764），美

国第一个在国外引起重视的艺术家，以讽喻的雕刻和绘画作品出名，也是很好的肖像画家和艺术理论家。

霍尔蒂·米克洛什（Horthy，Miklós，1868—1957），匈牙利政治家，海军少将，1919 年靠协约国支持率领反革命军队进攻苏维埃共和国，把共和国淹没在血泊中。从 1920 年起为帝国摄政。他的统治在 1944 年箭十字政变后结束。西方盟国在巴伐利亚把他作为战犯逮捕，但是并未交给匈牙利政府。

霍尔瓦特·亚诺什（Horváth，János，1878—1961），匈牙利文学史家和布达佩斯大学教授。对年轻一代学者和教师有很大的影响。

霍尔瓦特·佐尔坦（Horváth，Zoltán，1900—1968），左翼社会民主党政治家和历史学家。1949—1956 年被监禁。

J

吉加尼·德热（Czigány，Dezsö，1883—1937），1919 年前后是进步画家集团"八人社"的成员。

季诺维也夫，格里哥里·叶夫谢也维奇（Зиновьев，Григорий Евсеевич，1883—1936），苏联共产党政治家，曾任共产国际执行委员会主席。1925 年是"新反对派"的组织者之一，1926 年是托洛茨基—季诺维也夫反党联盟的首领之一。1927 年和 1932 年两次因搞派别活动被开除出党，然后又恢复党籍。1934 年因进行反党反苏维埃活动第三次被开除出党，后

被判罪。

加阿尔·加博尔（Gaál, Gábor, 1891—1954），匈牙利共产党成员，红军政委。匈牙利苏维埃共和国失败后逃往维也纳，然后去柏林。1926年回到克卢日（罗马尼亚），在那里从1928年起编辑匈牙利文杂志《我们的时代》，从1946年起编辑匈牙利文杂志《我们的道路》。

加波尔·安多尔（Gábor, Andor, 1884—1953），匈牙利讽刺作家和新闻工作者。1919年以后流亡到维也纳，然后到柏林。《左曲线》杂志的编辑之一。从1933年起定居莫斯科。后来成为布达佩斯讽刺杂志《有罪过的小马吉》的主编。

K

卡达尔·亚诺什（Kádár, János, 1912—1989），匈牙利共产党1945年以后的领导人之一。1949年为内务部长。1951年被捕，1954年恢复名誉。1956年事件后成为政府首脑。曾任匈牙利社会主义工人党第一书记。

卡夫卡·玛吉特（Kaffka, Margit, 1880—1918），属于《西方》杂志集团的匈牙利作家。

卡拉伊·久洛（Kallai, Gyula, 1910年生），匈牙利政治家和新闻工作者，匈牙利社会主义工人党中央委员。

卡林蒂·弗里节什（Karinty, Frigyes, 1887—1938），匈牙利最著名的幽默作家。属于《西方》杂志集团。

卡罗利·米哈伊伯爵（Károlyi, Mihaly Count, 1875—1955），先是自由派政治家，后来成为社会主义政治家。1919年以前是匈牙利最大的土地所有者之一。第一次世界大战期间是独立党的领导人。他反对战争，支持亲英法的政策。资产阶级革命爆发后，他在1918年10月成为总理，在11月成为总统。1919—1946年流亡巴黎和伦敦。1947—1949年期间为匈牙利驻巴黎大使。在拉伊克审判案期间辞职，第二次流亡，晚年在法国南部度过。

卡萨克·拉约什（Kassák, Lajos, 1887—1967），匈牙利诗人、画家和小说家。匈牙利文学中先锋派倾向的主要倡导者。第一次世界大战期间编辑行动主义和未来主义杂志《行动》和《今天》。1919年革命期间参与处理艺术事务，但在党对文学界事务的影响问题上与库恩·贝拉发生冲突。在反革命期间被捕，但不久获释，逃往维也纳，在流亡者活动中起了重要作用。20年代开始搞图解式的艺术，搞没有形象的结构主义的"图画建筑"和拼贴画。

卡斯内尔，鲁道夫（Kassner, Rudolph, 1873—1959），奥地利散文家和文化哲学家。

凯尔，阿尔弗莱德（Kerr, Alfred, 1867—1948），德国反纳粹批评家和政论家，超温和派杂志《新德意志展望》及其他刊物的撰稿人。

凯勒，戈特弗里德（Keller, Gottfried, 1819—1890），瑞

士德语部分最有代表性的民族作家，以自传体小说《绿色的海里希》闻名。

科达伊·佐尔坦（Kodály, Zoltán, 1882—1967），和巴尔托克一起是匈牙利现代音乐的最重要代表。他研究民间音乐，收集了古老的匈牙利民歌，后来由匈牙利科学院分多卷出版。科达伊还是重要的教育家，他使音乐教育成了匈牙利中小学教育中的重要组成部分。从1907年直至退休是布达佩斯的音乐学院教授。

科尔施，卡尔（Korsch, Karl, 1886—1961），德国政治哲学家和马克思主义理论家。1917年参加德国独立派社会民主党，积极参加1918年11月的革命，1920年加入德国共产党，采取"左派"立场。1923年发表《马克思主义和哲学》，受到批判，不服，1926年4月被开除出德共，以后更加同苏联共产党和共产国际处于敌对地位，1933年以后流亡国外。

科尔文·奥托（Korvin, Ottó, 1894—1919），1918年是革命社会主义者的领导人，匈牙利共产党的创建人之一和中央委员。在匈牙利苏维埃共和国中负责内务人民委员部的政治工作。苏维埃共和国失败后，留在布达佩斯重新组织非法共产党，被逮捕和处死。

科朗伊·山多尔男爵（Korányi, Sándor Baron, 1866—1644），布达佩斯的医学教授。几本儿童神经病学著作的作者。

科斯托兰伊·德热（Kosztolányi, Dezsö, 1885—1936），

匈牙利诗人，小说家和新闻工作者。他的诗集和短篇小说集从 1907年开始出版。属于《西方》杂志集团。他的作品以富有文采著称。

科瓦奇·安德拉什（Kovács，András，1926—1997），"洪尼亚"制片厂脚本部主任（1951—1958）。在 20 世纪 50 年代重新改组匈牙利电影工业中起了主要作用。

克尔凯郭尔，索伦（Kierkegaard，Søren，1813—1855），丹麦唯心主义哲学家。他的思想成为现代资产阶级哲学流派存在主义的理论根据之一。

克恩什托克·卡罗伊（Kernstok，Károly，1873—1940），匈牙利画家，匈牙利先锋派的著名成员。"八人社"的创建人之一，在匈牙利苏维埃共和国中积极工作，以后侨居德国直至1925 年，受到德国表现主义者的影响。

克勒讷，里查德（Kroner，Richard，1884—1974），德国哲学家，历任德累斯顿、基尔、法兰克福等大学教授。属于新康德主义的巴登学派。

克雷孟梭，乔治（Clemenceau，Georges，1841—1929），法国前总理、第一次世界大战后，1919—1920 年任巴黎和会主席，是《凡尔赛和约》的起草人之一。曾宣称他的政策就是战争，并积极组织协约国的反苏武装干涉。1920 年竞选总统失败后退出政界。

克里斯托菲·尤若夫（Kristoffy，József，1857—1928），1941 年匈牙利驻莫斯科大使。苏联政府曾利用他通知匈牙利

人，他们对匈牙利没有任何要求，没有任何侵略意图。莫洛托夫通知了克里斯托菲，但是克里斯托菲的电报到达布达佩斯太迟，政府既没有把它呈交给议会，也没有呈交给摄政王。

克鲁迪·欠洛（Krúy，Gyula，1878—1933），他是当时最重要的匈牙利作家之一。起初是一名外省新闻工作者，1911年来到布达佩斯，在那里发表了短篇小说集《辛巴德》和长篇小说《红色驿车》。他性喜独立，不和任何文学集团有联系。

库恩·贝拉（Kun，BéIa，1886—1939），匈牙利共产党政治家，曾领导1919年匈牙利苏维埃共和国。共和国失败后，他流亡国外，先在维也纳，后去苏联，是共产国际中季诺维也夫领导下的主要人物之一。死于苏联肃反扩大化。

昆菲·日格蒙德（Kunfi，Zsigmond，1879—1929），社会民主党的领导成员，匈牙利苏维埃共和国的文化人民委员。流亡维也纳。自杀。

库珀，詹姆斯·菲尼莫尔（Cooper，James Fenimore，1789—1851），美国作家。他的创作与18世纪的启蒙精神有密切联系，属于美国浪漫主义的早期。他形象地描述了美国的社会矛盾和种族矛盾，采用了许多揭示印第安人风俗习惯的情节。

L

拉狄克，卡尔·伯恩哈多维奇（Радек，Карл Бернгардович，1885—1939），苏联共产党政治家，曾任共产国际执行委员会书记。1918 年为"左派共产主义者"，1923 年起为托洛茨基反对派骨干分子，1927 年因进行派别活动被开除出党。1927 年恢复党籍，1936 年再次被开除出党。

拉科齐·资伦茨二世（Rákoczi，Ferenc II，1675—1735），特兰西瓦尼亚国王，领导了反对哈布斯堡王朝的解放战争（1703—1711）。作为将军和作家流亡土耳其。

拉科什·费伦茨（Rákos，Ferenc，1893—1963），匈牙利律师、作家和文学翻译家。1910 年加入匈牙利社会民主党，1918 年成为非法共产党的成员，1919 年为革命法院院长。苏维埃共和国失败后，他流亡到维也纳，1925 年去苏联。1938—1946 年在劳动营，1956 年恢复名誉。1951—1956 年为新匈牙利出版社社长。1956—1960 年为检察署政治部主任。

拉科西·马加斯（Rákosi，Mátyás，1892—1971），匈牙利共产党政治家。在 1919 年苏维埃共和国中为副人民委员。1925 年因地下工作被捕和被监禁。1940 年出狱后去苏联。1945 年作为共产党领导人回到匈牙利，1945—1956 年期间任匈牙利共产党总书记和总理。1956 年被推翻，在苏联过退休生活直到去世。

拉斯克，埃米尔（Lask，EmiI，1875—1915），德国新康德主义哲学家。1910 年被任命为海德堡哲学教授。在前线被杀害。

拉特瑙，瓦尔特（Rathenau，Walther，1867—1922），德国大企业家和政治活动家。1921 年被任命为德国经济复兴部部

长，1922 年被任命为外交部部长。1922 年 6 月底被民族主义恐怖组织的一个成员刺死。

拉伊克·拉兹洛（Raik, LászIó, 1909—1949），1930 年加入匈牙利共产党。在西班牙内战期间是国际纵队匈牙利营的政委。1941 年从法国拘留营中逃出，成了匈牙利非法共产党的领导人。1945 年成为中央委员和政治局委员。从 1946—1949 年为内务部长，然后任外交部部长（1948—1949）。在公审中以"铁托主义"的罪名被判处死刑并被处决。1956 年恢复名誉。

兰德列尔·耶诺（Landler, Jenö, 1875—1928），匈牙利革命家。起初是左翼社会民主党人和铁路工人工会的领导人，1918 年 11 月成为全国委员会的成员。在匈牙利苏维埃共和国期间，他是内务人民委员和红军总司令。共和国失败后他流亡国外，参加匈牙利共产党。他从 1919 年起为中央委员，是流亡在维也纳的非法匈牙利共产党的领导人。

勒维（哈特施坦），保尔（Levi〔Hartstein〕, Paul, 1883—1930），原为德国社会民主党人，德共成立时被选入德共中央委员会。因采取极右立场，1921 年 2 月退出中央委员会，同年 4 月被开除出德共。

勒维持，卡尔（Löwith, Karl, 1897—1973），德国存在主义哲学家，海德格尔的学生。

李比希，尤斯图斯（Liebig, Justus, 1803—1873），杰出的德国科学家，农业化学的创始人之一。

里贝尔曼，麦克斯（Liebermann，Max，1847—1935），德国画家。

里夫希茨，米哈伊尔·亚历山德罗维奇（Лифшиц，МихаилАлександрович，1905—1983），苏联美学家和哲学家。《论马克思艺术观的发展》（1933）一书的作者。

李凯尔特，亨利希（Rickert，Heirich，1863—1936），德国唯心主义哲学家，新康德主义弗赖堡学派的主要代表之一。

里普尔-罗纳伊·尤若夫（Rippl-Rónai，Jzsef，1861—1927），匈牙利画家、版画家和工艺美术师。著名画家蒙卡奇·米哈伊的学生。由于他知识广博并和法国绘画有密切联系，里普尔-罗纳伊能够为给匈牙利介绍现代绘画作出重大贡献。

李卜克内西，卡尔（Liebknecht，Karl，1871—1919），德国社会民主党左翼领导人之一。1912年当选为帝国国会议员。第一次世界大战爆发后，坚决反对在掠夺战争中支持本国政府，1914年12月2日，在整个国会中只有他一人投票反对军事拨款。德国1918年十一月革命期间，与卢森堡一起领导德国工人的革命先锋队，参加创建德国共产党，领导1919年1月柏林工人起义。

里托奥克·埃玛（Ritoók，Emma，1868—1945），匈牙利作家、哲学家、翻译家。

梁赞诺夫，达维德·波里索埃奇（Рязанов，Давид

Борисович，1870—1938），从 1887 年起在敖德萨等地从事社会民主主义运动。多年侨居国外。曾受德国社会民主党委托，筹备出版《马克思恩格斯全集》（1916 年出两卷）。1917 年加入俄国社会民主工党（布）。1921—1931 年期间是马克思恩格斯研究院院长。《马克思恩格斯全集》《普列汉诺夫全集》《黑格尔全集》俄文第一版的编者。1931 年 2 月因与国外孟什维克中心有联系而被开除出联共（布）。

列兹纳伊·安娜（Lesznai, Anna，绰号马利，1885—1968），匈牙利诗人、作家和工艺美术师。她在早年的诗中，最先以一个获得解放的妇女的声音说话。她既受到"新艺术"和象征主义的影响，又倾向新古典主义。1919 年流亡国外，死在美国。

列瓦伊·尤若夫（Révai, József, 1898—1959），匈牙利政治家、文学评论家。在匈牙利苏维埃共和国期间从事新闻工作。流亡到维也纳，回到匈牙利后被捕，后来去莫斯科。1945 年回到匈牙利，属于党的核心领导层。党的机关报《人民自由报》的主编。1949—1953 年为文化部部长。

列维纳，尤根（Leviné, Eugen, 1883—1919），俄国社会革命家，后来是德国共产党人。1905 年革命后被监禁。他在 1919 年巴伐利亚苏维埃共和国期间起了很重要的作用，共和国失败后被反革命杀害。

罗兰-霍尔斯特，亨利埃特（Roland-Holst, Henriette,

1869—1952），荷兰社会党人，女作家。1918年加入荷兰共产党，曾参加共产国际工作。1927年退党。

卢那察尔斯基，阿纳托利·瓦西里也维奇（Луаачарский，Анатолий Васнльевич，1875—1933）苏联政治家，社会主义文化的著名建设者之一。十月革命后至1929年任教育人民委员，后任苏联中共执行委员会学术委员会主席。政治家，剧作家，写有多种关于文学艺术的著作。

鲁达什·拉兹洛（Rudas，LaszIó，1885—1950），匈牙利政治家和新闻工作者。匈牙利共产党的创始成员和它在1919年苏维埃共和国期间的主要机关报《红色新闻》的编辑。流亡苏联期间在共产国际的党校任教，第二次世界大战期间在国际反法西斯学校任教。1944年回到匈牙利，成为中央委员会学院的院长，后来又成为经济科学学院的院长。

伦节尔·久洛（Lengyel，Gyula，1888—1941），匈牙利苏维埃共和国的外贸人民委员。死于苏联肃反扩大化。

罗森堡，阿尔弗勒德（Rosenberg，Alfred，1893—1946），纳粹主义的意识形态家。1919年参加新成立的纳粹党，编辑出版《人民观察家报》，进行反犹太的种族主义宣传。在第二次世界大战中负责把劫掠到的艺术品运往德国，1941年7月以后任东方事务部部长。1946年在纽伦堡被审判并被绞死。

M

马蒂斯，昂利（Matisse, Henri, 1869—1954），法国画家，野兽派的代表人物。

马尔菲·奥敦（Marify, ödön, 1878—1959），匈牙利画家。曾在巴黎学习（1902—1904），受到塞尚和福维的强烈影响。1908 年他帮助创建艺术家社团"自己人"和"八人社"。

马尔库什·捷尔吉（Márkus, György, 1934—2016），匈牙利哲学家。在莫斯科学习到 1957 年。从 1959 年起在匈牙利科学院哲学研究所工作。1968 年被开除出党，1973 年失去在科学院的职务。1977 年以后主要生活在西方。

马尔洛，安德烈（Malraux, Audré, 1901—1976），著名的法国小说家、考古学家、艺术理论家，第二次世界大战时的反法西斯战士、戴高乐政府中的内阁部长。无论在现代法国文坛还是政界，都很有影响。

马卡连柯，安东·谢苗诺维奇（Макаренко, Антон Семёнович, 1888—1939），苏联教育家和作家。1920 年起全力从事流浪儿童和少年违法者的教育改造工作，先后领导创办高尔基劳动教养院和捷尔仁斯基公社。他最著名的作品是《教育诗》（1933—1935）。

马罗山·捷尔吉（Marosán, György, 1908—1992），1948 年以前是左翼社会民主党人。1950 年被监禁。1956 年恢复名誉。

冯萨里克，让（Masaryk, Jan, 1886—1948），捷克政治家。在伦敦的捷克流亡政府中任外交部部长，后来在捷克斯洛伐克任外交部部长（1945—1948）。托马斯·马萨里克之子。

马萨里克，托马斯·加里格（Masaryk, Tomas Garrigue, 1850—1937），捷克政治家，1918—1935年期间捷克斯洛伐克的总统。

马斯洛夫，阿尔卡迪（Maslow, Arcady, 1891—1941），出生在俄国，母亲是德国人。德国共产党的极左反对派的领导人之一，1926年8月由于极左宗派活动被开除出党。

曼，托马斯（Mann, Thomas, 1875—1955），德国小说家，1926年获诺贝尔文学奖。1933—1938年住在瑞士，后迁居美国，1944年入美国籍。他的第一部小说《布登勃洛克一家》（1901）描写了德国一个资产阶级家庭的兴衰史，被公认为世界文学中的经典作品。《魔山》（1924）反映了第一次世界大战前资产阶级的病态生活。

曼海姆，卡尔（Mannheim, KarI, 1893—1947），匈牙利裔的社会学家，曾在布达佩斯、弗赖堡、柏林、巴黎和海德堡学习。马克斯·韦伯的学生。1926年成为海德堡的讲师，1930年成为法兰克福的教授，1933年侨居英国，在那里继续执教。1942年成为伦敦教育学院的教授。

曼努伊尔斯基，德米特里·扎哈罗维奇（Мануилbский,

Дмитрий Захарович，1883—1950），俄国革命者，1905 年由于在圣彼得堡的大学中进行鼓动而被逮捕和流放。他逃到巴黎，参加了孟什维克派。1917 年参加了布尔什维克派。1924年起任共产国际执行委员会主席团委员，1928—1943 年任共产国际执行委员会书记。作为日丹诺夫的心腹朋友，他权力很大。在第二次世界大战期间和以后曾是乌克兰外交部部长和驻联合国代表。

曼佐尼，亚历山德罗（Manzoni, Alessandro, 1785—1873），19 世纪意大利民族复兴运动时期最重要的浪漫主义作家。

毛勒，格奥尔格·路德维希（Maurer, Georg Ludwig, 1790—1872），德国资产阶级历史学家，古代和中世纪的日耳曼社会制度的研究者，在研究中世纪马尔克公社的历史方面作出了重大的贡献。

梅烈日柯夫斯基，德米特里·谢尔盖也维怪（Мережковский, Дмитрий Сергеевич, 1866—1941），俄国作家和文学评论家，新基督教象征主义的代表。革命后侨居巴黎。俄罗斯象征主义的创始人之一。

梅林，弗兰茨（Mehring, Franz, 1846—1919），德国社会民主党左翼领袖和理论家。历史学家、政论家和文艺学家。在整理出版马克思、恩格斯和拉萨尔的遗著方面做了大量工作。

孟德维尔，贝尔纳德（Mandeville，Bernard，1670—1733），英国民主主义的伦理学作家和经济学家。

摩尔根，路易斯·亨利（Morgan，Lewis Henry，1818—1881），杰出的美国学者，民族志学家、考古学家和原始社会史学家，自发的唯物主义者。

莫尔纳尔·费伦茨（Molnar，Ferenc，1878—1952），匈牙利的社会喜剧作家。1940年侨居美国。他以在戏剧结构、剧场效果和诙谐机智的对话方面表现出的非凡技巧著称。

莫里奇·日格蒙德（Moricz，Szigmond，1979—1942），写作长篇小说、短篇小说和剧本。曾和巴比茨一起编辑《西方》杂志（1933—1938）。在1938年创办了一个新刊物《东方民族》。在两次大战之间作为剧本作者很受欢迎。

N

纳吉，伊姆雷（Nagy，Imre，1896—1958），农业专家和政治家，第一次世界大战中在俄国当战俘时加入了共产党。曾在非法共产党中工作（1921—1928）和在苏联过流亡生活（1929—1944）。在1944和1953年之间在几届政府中担任部长职务，曾短期内做过国民议会议长和大学教授。在1955年受到左倾偏向的尖锐批评并被开除出党，一年之后才恢复名誉。在1956年10月的事件中，他被任命为总理。被流放到罗马尼亚，并于1958年6月被处决。

纳吉·拉约什（Nagy，Lajos，1883—1954），现实主义小说家。他的作品以批评社会弊端著称。

内麦什－拉姆帕特·尤若夫（Nemes Lampérth，Jozsef，1891—1924），匈牙利画家，纳吉巴尼亚的艺术家公社的成员，这个公社致力于外光派的绘画。现代匈牙利绘画基本上是这个公社的产物。其他画家倾向于巴黎，其中为首的是里普尔－罗纳伊。内麦什则师法德国表现派。

内麦特·拉兹洛（Németh，László，1901—1975），匈牙利的小说、散文和剧本作者，也是评论家和翻译家。1925年他的一篇小说获得《西方》杂志社的奖金。1932—1935年为《见证人》杂志当编辑。1934年创办一个叫作《回答》的刊物。1945年以后，他主持一个外省的初级中学，进行教育实验。1948—1956年从事俄文书的翻译。他写了二十个剧本、好几卷评论文章，还有几部自传性作品。

尼采，弗里德里希（Nietzsche，Friedrich，1844—1900），德国唯心主义哲学家、唯意志论者。他的思想反映了正在形成的垄断资产阶级的要求和愿望。

诺尔道，麦克斯（Nordau，Max，西蒙·久德菲尔德的笔名，1849—1923），德国医生、作家和政治家。他父亲是布达佩斯的犹太教经师加布里埃尔·本·阿塞·久德菲尔德。他的国际声望是在1883年出版了《我们文明的传统谎言》一书后建立起来的。他成了坚决的犹太复国主义者。

诺瓦利斯（Novalis，弗里德里希·玛·哈登堡的笔名，1772—1801），德国早期浪漫主义诗人和散文家。他的作品绝大部分都表达了一种对死亡的神秘主义的向往。

P

潘涅库克，安东尼（Pannekoek，Antoinie，1873—1960），荷兰社会民主党人，1918年加入荷兰共产党，并参加共产国际的工作。采取极左的宗派主义立场。1921年退党。

裴多菲·山多尔（Petöfi，Sándor，1823—1849），匈牙利诗人和1848年革命的领袖人物。1844年成为编辑，从1845年起作为自由职业的作家生活。1849年在特兰西瓦尼亚作为匈牙利革命军队的少校在反抗沙皇军队的战斗中牺牲。

皮克勒尔·久洛（Pikler，Gyula，1864—1937），匈牙利法学家、社会学家和心理学家。1903—1919年布达佩斯大学的文学教授。社会科学学会的创建人和会长（1905—1919）。

普列汉诺夫，格奥尔基·瓦连廷诺维奇（Плеханов，Георяий Валентинонич，1856—1918），俄国第一个马克思主义的宣传家，工人运动的杰出活动家，写了许多有关哲学、社会政治学说史以及文艺理论问题的著作。

普罗哈斯卡·奥托卡尔（Prohaszka，Ottokár，1858—1927），匈牙利塞克什白堡的天主教主教。作家。1904年起为大学教授。基督教社会主义运动的领导人之一。参加创建天主

教人民党。第一次世界大战后是议员和基督教"统一党"主席。他的全集在 1929 年分十五卷出版。由于他的现代思想，他的著作有三本被罗马教廷列入禁书目录。

Q

西尔马伊·伊什特万（Szirmai, István, 1906—1969），匈牙利共产党新闻工作者，从 1957 年起进入党的领导层。

西格蒂·尤若夫（Szigeti, József, 1921—2012），匈牙利哲学家。卢卡奇过去的学生。

乔托（Giotto di Bondone, 1267—1337），意大利文艺复兴初期的画家、雕刻家和建筑师。他的艺术对意大利艺术的发展有很大的影响。

乔柯纳伊·维切兹·米哈伊（Csokonai, Vitéz Mihály, 1773—1805），启蒙时代匈牙利最重要的诗人，也是戏剧家和哲学家。

R

饶勒斯，让（Jaurés, Jean, 1859—1914），法国社会党右翼改良派的领导人，哲学家，历史学家。他为和平而斗争，在第一次世界大战前夕被沙文主义者杀害。

日丹诺夫，安德烈·亚历山德罗维奇（Жданов, Андрей Александрович, 1896—1948），苏联政治家。1912 年参加革

命，1916 年加入布尔什维克党。参加过十月革命，1934—1944
年为列宁格勒党委书记，二次大战中直接领导了列宁格勒的保
卫战。1930 年起为中央委员，1939 年起为政治局委员。他的
名字与苏联制定"社会主义现实主义"的文化政策有密切联系。

荣格尔，弗里德里希·格奥尔格（Jünger, Friedrich
Georg, 1898—1977），德国存在主义哲学家。

尤哈斯·久洛（Jühasz, Gyula, 1883—1937），匈牙利诗
人，写了一些关于爱情和大自然的动人诗篇。是和《西方》杂
志有联系的印象派。自杀。

S

萨博·埃尔温（Szabó, Ervin, 1877—1918），匈牙利政
治家和学者，左翼社会民主党人。从 1911 年起是首都图书馆馆
长。在匈牙利翻译和出版了马克思恩格斯的著作。在第一次世
界大战中，是反战运动的知识分子领袖。

萨博尔契·本采（Szabolcsi, Bence, 1899—1973），匈
牙利音乐理论家，科达伊的学生。1947 年起为布达佩斯音乐
学院教授。对音乐民族学进行了重要研究。编辑出版了巴尔托
克·贝洛的著作。

萨博尔契·米克洛什（Szabolcsi, Miklós, 1921—2000），
文学史家，编辑，布达佩斯大学教授，匈牙利科学院成员。

萨德侯爵（Sade, Marquisde, 1740—1814），法国作家，

他创作的一系列小说淋漓尽致地描写了性反常行为。医学上把施虐淫、性虐待狂称作萨德症（Sadisme）。

萨拉伊·伊姆雷（Sallai, Imre, 1897—1932），匈牙利新闻工作者，伽利略集团的成员。1918年被逮捕。匈牙利共产党的创始成员。1919年苏维埃共和国的内务人民委员。流亡到维也纳，1924年到莫斯科。负责非法匈牙利共产党的书记处。1932年被逮捕并被处死。

萨穆埃里·蒂博尔（Szamuely, Tibor, 1890—1919），匈牙利新闻工作者和革命家。1915年成为俄军的战俘，帮助组织了国际战俘运动。1919年回到匈牙利，成为匈牙利共产党中央委员。《红色新闻》的编辑。在匈牙利苏维埃共和国期间是副国防人民委员。1919年8月2日企图越过奥地利边界时被俘，自杀。

萨特，让-保尔（Sartre, Jean-Paul, 1905—1980），法国存在主义的主要倡导者之一。曾参加法国抵抗运动，战后积极参加左翼政治运动，并在50年代初一度加入法国共产党（1956年匈牙利事件后退出）。留下大量文学和哲学著作，主要的有《呕吐》《有与无》《辩证理性批判》等。

塞尚，保尔（Cézanne, Paul, 1839—1906），法国画家，后印象主义的主要代表人物。

桑巴特，威纳尔（Sombart, Werner, 1863—1941），德国资产阶级庸俗经济学家。在活动初期用马克思主义色彩粉饰他的社会自由主义，后来变成马克思主义的公开敌人，晚年转向法西斯主义立场，吹捧希特勒制度。

塞德列尔·埃尔诺（Seidler，Ernö，1886—1940），匈牙利共产党政治家。1919 年流亡国外。伽利略集团和匈牙利共产党的创始成员。死于苏联肃反扩大化。塞德列尔·伊尔玛之弟。

塞德列尔·伊尔玛（Seidler，Irma，1883—1911），匈牙利画家。卢卡奇最早的恋人。塞德列尔·埃尔诺之姐。

森科·埃尔温（Sinko，Ervin，1898—1967），匈牙利作家。曾流亡维也纳、南斯拉夫、法国和苏联。战后在南斯拉夫诺维萨德大学开匈牙利文学讲座。在小说《乐观主义者》中，他描写了匈牙利苏维埃共和国时期。在《小说的小说》中，他描写了 20 世纪 30 年代中期莫斯科和共产国际的文学政策。

山托·佐尔坦（Szántó，Zoltán，1893—1977），匈牙利作家和政治家。1918 年以前服兵役。参加 1918 年的资产阶级革命，成为共产党的创始成员。1920—1926 年在维也纳过流亡生活。然后，积极参加匈牙利地下共产主义运动。1927—1935 年在狱中度过。获释后在捷克斯洛伐克和苏联生活。1945 年回到匈牙利，担任了各种党政职务。

施米特，艾里希（Schmidt，Erich，1853—1913），德国文学史家、教授，从 1885 年起任魏玛的歌德和席勒档案馆馆长。

斯特罗姆菲尔德·奥列尔（Stromfeld，Aurel，1878—1927），原来匈牙利总参谋部的上校。第一次世界大战中为总参谋长。在苏维埃共和国时期，他先在幕后活动，但是当红军

在 1919 年 4 月陷入困境时，他接管了最高指挥权，为此在共和国失败后被判处三年徒刑。

史文朋，阿尔格农·查理（Swinburne, Algernon Charles, 1837—1909），英国诗人。早期作品中带有资产阶级自由主义思想，晚年趋向反动。主要作品有诗剧《阿塔兰塔》等。

索列尔，若尔日（Sorel, Georges, 1847—1922），法国社会学家和哲学家，无政府工团主义理论家，在哲学上是折中主义者。

朔姆约·捷尔吉（Somlyó, György, 1920—2006），匈牙利诗人和散文家。

索姆洛·波多格（Somló, Bodog, 1873—1920），匈牙利律师和社会学家。曾在克卢日、莱比锡和海德堡学习。1898—1918 年在克卢日，1918—1919 年在布达佩斯当教授。社会科学杂志《二十世纪》编辑。1901 年创建社会科学学会。

苏瓦林，波里斯（Souvarine, Boris, 1895—1984），法国社会党人，新闻工作者，第一次世界大战期间为中派分子，托洛茨基的支持者。1921 年加入法国共产党，因进行托派活动于 1924 年被开除出党。

T

塔尔海默，贝尔塔（Thalheimer, Berth, 1883—1959），德国社会民主主义运动的著名参加者。参加创建斯巴达克派，之后加入德国共产党，1929 年被开除出党。

泰纳，伊波利特·阿尔道夫（Taine，Hippolyte Adolphe，1828—1893），法国文艺理论家、史学家，孔德实证论哲学的继承人之一。曾任巴黎美术学院美术史和美学教授。对自然主义文学创作和理论起过影响。

托尔奈，沙尔·德（Tolnay，Charlesde，1899—1981），匈牙利艺术史家。1933—1939 年在索邦任教。1939 年去美国，在普林斯顿和哥伦比亚任职。从 1965 年起是佛罗伦萨的收藏米开朗琪罗作品的"卡萨－比奥纳罗提"美术馆馆长。

托克维尔，阿列克西斯（Tocqueville，Alexis，1805—1859），法国资产阶级历史学家和政治活动家，正统主义者和君主立宪制的拥护者，第二共和国时期为制宪议会和立法议会议员，曾任外交部部长（1849 年 6—10 月）。

托勒，恩斯特（Toller，Ernst，1893—1939），德国作家，表现主义的领袖之一。1919 年为巴伐利亚苏维埃共和国政府成员，共和国失败后被监禁，在狱中写出多部作品。1933 年逃往美国，出版了自传《青年时代在德国》和关于集中营的剧本《哈尔牧师》。因目睹现实与他的社会主义信念背道而驰，在精神苦闷中自杀。

托特·阿尔帕德（Toth，Árpád，1886—1928），匈牙利诗人，《西方》杂志集团的成员。以高度哀怨的情调、旋律优美的语言和完美的形式著称。匈牙利最重要的翻译家之一，翻

译过密尔顿、王尔德、波德莱尔、莫泊桑、福楼拜和契诃夫的作品。

W

瓦尔达普菲尔·尤若夫（Waldapfel, József, 1904—1968），匈牙利文学史家。

瓦尔加·耶诺（Varga, Jenö, 1879—1964），匈牙利经济学家。匈牙利苏维埃共和国失败后侨居苏联，成为苏联科学院院士。从1920年起为苏共党员。曾积极参加共产国际的工作。1927—1942年为世界经济和世界政治研究所所长。他在逝世前不久写了批评苏联经济的文章，在他逝世后在国外发表出来。

瓦戈·贝洛（Vágó, Béla, 1881—1939），匈牙利社会民主党人，后来是共产党政治家。曾参加匈牙利苏维埃共和国。死于苏联肃反扩大化。

瓦什·佐尔坦（Vas, Zoltán, 1903—1983），匈牙利共产党人。1921—1940年在匈牙利坐牢，然后去苏联，1945年回到匈牙利，在党政机关工作。1956年和纳吉集团在一起工作。1956年以后主要作为作家活动。他1981年在匈牙利发表的回忆录引起了轰动。

瓦伊达·米哈伊（Vajda, Mihály, 1935年生），赫勒尔·阿格底斯的学生。1961—1973年在匈牙利科学院哲学研究所工作。1973年被辞退并被开除出党，从那以后主要生活在西方。

威尔逊，詹姆斯·哈罗德（Wilson，James Harold，1916—1995），英国政治家。1963 年起为工党领袖，1964—1970 年任首相。下台后，继续任工党领袖，1974 年再度任首相，1976 年宣布辞去首相职务，以便给继承人让路。

魏特夫，卡尔·奥古斯特（Wittfogel，Karl August，1896—1988），德国表现主义剧作家，魏玛德国的共产党文学评论家，侨居美国，《东方专制主义》（1939）一书的作者。

韦伯，马克斯（Weber，Max，1864—1620），德国社会学家，先后在柏林、弗赖堡、海德堡和慕尼黑各大学任教授。他反对马克思的历史唯物论，力图证明宗教和伦理思想在社会发展中具有最重要的意义。

维德勒什·马尔克（Vedres，Mark，1870—1961），匈牙利雕塑家，曾在慕尼黑和巴黎学习。他的早期作品表现出罗丹的影响。在匈牙利苏维埃共和国期间，他在艺术学院任教。共和国失败后定居佛罗伦萨。

维尔德·亚诺什（Wilde，Janos，1891—1971），匈牙利艺术史家。1919 年流亡国外，大部分时间在英国。

维尔特纳·雅卡布（Weltner，Jakab，1873—1936），匈牙利社会民主党政治家。

维尔特什·捷尔吉（Vértes，György，1902—1976），匈牙利作家，政治家，国会图书馆馆长。1929 年加入匈牙利共产党。研究匈牙利文学和艺术史。

维勒什·彼特（Veres，Péter，1867—1970），匈牙利小说家、新闻工作者和政治家，农民党的意识形态家。出身贫苦农家，勤奋自学，直至 1945 年以前靠作为农业工人的收入过活。年轻时就参加农业社会主义运动，为民粹派的和社会主义的报刊写稿。他以自传体长篇小说《清算》取得了作为作家的声誉。曾担任全国农民党主席（1945—1949）、重建部长（1947）、国防部长（1947—1948）和匈牙利作家联合会主席（1954—1956）。1950 年以后，维勒什专心从事写作。

魏尔伦，保尔（Verlaine，Paul，1844—1896），法国诗人。初期属于巴那斯派，后来成为象征派的代表，作品浸透着世纪末的颓废情绪。

文德尔班，威廉（Windelband，Wiehelm，1848—1915），德国唯心主义哲学家，新康德主义弗赖堡学派的创始人。

沃尔夫纳（法尔卡什），帕尔（Wolfner〔Farkas〕，Pál，1878—1921），匈牙利作家、社会学家和保守派政治家。

乌伊赫尔伊·西拉尔德（Újhelyi，Szilárd，1915—1996），匈牙利共产党政治家，1947—1948 年为国务秘书。拉伊克审判案后被逮捕和监禁，后来恢复名誉。1967—1968 年负责国家出版社，1968 年是教育部电影局局长。

乌西也维奇，叶列姆·费利克索夫娜（Усиевяч，Елена Феликсовна，1893—1968），俄国文学评论家。国际工人运动著名活动家费·雅·柯恩的女儿。1915 年的党员，曾参加十月革命和国内战争。1932 年毕业于红色教授学院后，从事文学出版工作和写作。著有《弗拉基米尔·马雅科夫斯基》《万达·华西列夫斯卡》《文艺真理的道路》等书，还写过许多关于苏联文学问题的文章。

X

希罗西克·亚诺什（Hirosik, János，生卒年月不详），匈牙利共产党人，在匈牙利苏维埃共和国期间负责民族政策。1933 年退党。

西格斯，安娜（Seghers, Anna, 1900—1983），德国现实主义作家。1928 年加入德共。和匈牙利人拉德瓦尼·拉兹洛结婚。1933 年以后，她的书被禁，她流亡到法国，1940 年希特勒军队侵入法国，她于次年来到墨西哥。流亡期间，她竭力促进反法西斯作家统一战线的实现。1948 年回到民主德国，担任一系列领导职务，包括作协主席的职务。

西美尔，格奥尔格（Simmel, Georg, 1858—1918），德国哲学家和社会学家，曾在柏林和斯特拉斯堡的大学任教授。是"生命哲学"的最重要代表之一。

萧伯纳（Shaw, George Bernard, 1856—1950），爱尔兰剧作家、小说家，1879 年起开始文学活动，一生共写剧本五十多部、小说五部和其他著作多种。1884 年参加费边社，写了许多有关社会和政治的著作，包括《费边宣言》。

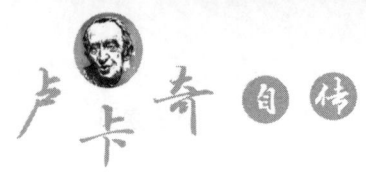

肖普弗林·阿拉达尔（Schöpflin，Aladar，1872—1950），匈牙利文学史家、评论家、小说家和剧作家。《西方》杂志社最重要的成员之一。匈牙利第二次大战前最大的文学出版社"富兰克林社"的总编辑。

Y

雅济·奥斯卡（Jászi，Oszkár，1875—1957），匈牙利资产阶级激进主义的理论家。1912年前后和奥第同为激进派的主要新闻记者。《二十世纪》的发行人，这家杂志在资产阶级民主政权1919年垮台后被禁止。他先流亡到维也纳，然后到美国。

雅诺西·费伦茨（Jánossy，Ferenc，1914—1997），卢卡奇的第二任妻子波尔特斯梯贝·盖尔特鲁德的儿子。和卢卡奇一起在苏联生活，1942年被逮捕，在西伯利亚集中营中待了三年。按职业是经济学家，1945年以后回到匈牙利。

亚历山大·贝尔纳特（Alexander，Bernát，1850—1927），匈牙利哲学家和美学家。

亚米契斯，埃德蒙多·德（Amicis，Edmondo De，1846—1908），意大利作家。1866年参加意大利反对奥地利统治的民族解放战争，后曾加入意大利社会党。所作日记体小说《心》（即《爱的教育》），流传甚广。

雅斯贝斯，卡尔（Jaspers，Karl，1883—1969），德国存

在主义哲学家，早年曾从事精神病治疗工作。

扬乔·米克洛什（Jancsó，Miklós，1921—2014），匈牙利电影导演。他毕业于电影学院，在入电影学院以前曾学过法学、民族志和艺术史。

伊叶什·久洛（Illyés，Gyula，1902—1982），匈牙利诗人、剧作家和小说家。在匈牙利苏维埃共和国失败后去巴黎，在索邦学院学习，然后于 1926 年回到匈牙利。他属于《西方》杂志集团，在 20 世纪 30 年代中期与民粹派有联系。尤以《普兹塔的人民》（1936）一书闻名。

伊格诺图什（胡果·维格尔斯堡）〔Ignotus（Hugó Veigelsberg），1869—1949〕，匈牙利评论家，《西方》杂志的创办人之一和主编。他的观点反映了宽裕的中等阶级的自由主义。

伊勒什·贝洛（Illés，Béla，1895—1974），匈牙利共产党流亡者中最重要的散文作家。1945 年回到匈牙利。

尤涅斯库，欧仁（Ionesco，Eugène，1912—1994），法国剧作家，荒诞派戏剧的创始者和最重要的代表。1970 年被选为法兰西学士院院士。

尤若夫·阿蒂拉（József，Attila，1905—1937），和奥第同为 20 世纪匈牙利最伟大的诗人。非法共产党党员。他在理论著作中企图把马克思主义和精神分析学协调起来，因此被开除出党。

尤若夫·约兰（József, Jolán, 1899—1950），尤若夫·阿蒂拉之姐，她写了一本关于阿蒂拉一生的书，资料不大可靠。

越飞，阿道夫·阿布拉莫维奇（Иоффе, Адольф Абрамович, 1883—1927），苏联外交家，托洛茨基的朋友，和托洛茨基一起在1917年加入布尔什维克党。成为中央委员和驻柏林、维也纳和东京的大使。为抗议托洛茨基被开除出党，故而自杀。他的葬礼是左倾反对派的最后一次大示威。

尤金，帕维尔·费多罗维奇（Юдин, Павел Фёдоровин, 1889—1968），苏联哲学家，斯大林的忠实信徒。1938—1944年苏联科学院哲学研究所所长；1946—1953年《共产国际》杂志的主编；1953—1959年驻中国大使，1952—1961年苏共中央委员。

Z

扎拉伊·贝洛（Zalai, Béla, 1882—1915），匈牙利哲学家，在第一次世界大战中牺牲。

宰佩尔，伊格纳茨（Seipel, Ignaz, 1876—1932），奥地利政治家和天主教神父。基督教社会党领导人之一。1922年5月—1924年11月和1926年10月—1929年4月任奥地利总理，1930年任外交部部长，是奥地利法西斯主义思想家之一。

塞列尼·山多尔（Szerényi，Sándor，代号萨斯，1905—2007），匈牙利共产党人。1929—1931年为匈牙利共产党第一书记。

佐尔塔伊·德内什（Zoltai，Dénes，1928—2008），卢卡奇的学生，专攻音乐美学。

索马哈齐·伊什特万（Szomaházy，István，1864—1927），匈牙利剧作家，创作了许多受人欢迎的话剧和轻歌剧。